[개정1판]

상법총칙·상행위법 개설

[개정1판]

상법총칙·상행위법 개설

상법의 입문서

나승성 지음

한국학술정보㈜

　상법의 정리 작업은 평생에 걸쳐 꾸준히 연구하면서 얻은 지식을 나름대로 소화하여 필자의 방식과 체계로 정리함으로써 필자만의 종합적인 체계를 만드는 작업을 생각하게 되면서 시작되었고, 그 결과 2002년 상법개설서를 발간한 바 있다. 상법개설서는 상법의 입문서라는 시각에서 복잡하고 난해한 학설 위주의 설명은 배제하고 법령과 판례를 중심으로 하여 나름대로 재구성한 체계로 간략하게 구성하였다. 따라서 흐름의 맥을 끊는 학설의 논쟁은 최대한 억제하였고, 학설을 인용하는 경우에도 다수설이나 통설을 위주로 하여 상법 전체의 흐름을 이해하기 쉽게 쓰려고 했다. 이렇듯 상사 관련 법령과 판례를 중심으로 구성하다 보니 내용이 간결하고 명쾌한 점은 있지만 그 내용이 풍부하지 못한 점이 있다. 따라서 향후에는 연구를 통하여 좀 더 깊은 내용으로 채워 가고자 한다.

　이번 개설서 시리즈는 2002년 상법개설서와는 달리 면수와 관계없이 「상법개설서」를 「상법총칙·상행위법 개설」, 「회사법 개설」, 「어음·수표법 개설」, 「보험법 개설」, 「해상법 개설」로 분철하여 시리즈 형태로 꾸미고자 한다. 이렇게 함으로써 책을 이용함에 있어서 편리하게 하고, 상법의 일부 개정 시 그 부분만을 교정함으로써 잦은 교정을 억제하고자 하는 데 그 취지가 있다.

본 개설서는 상법을 법조문 및 판례를 토대로 간략하면서도 명쾌하게 살펴보는 것을 목표로 하였기 때문에 상법을 처음 접하는 법대생이나 비법대생이 중요한 핵심을 쉽게 접할 수 있는 교재이기를 희망해 본다.

이 개설서 시리즈는 필자의 능력 부족으로 부족한 점이 매우 많을 것이라 생각된다. 이러한 점은 필자가 계속 연구하면서 보충하고 독자들의 질정을 반영하면서 계속 질적 제고를 위하여 노력하고자 한다.

본서를 세밀하게 교정해 준 고려대학교 박사과정에 재학 중인 권은경 법학석사에게 감사를 드립니다. 아울러 본서를 출간하기 위해 애쓰신 편집부 이지연 씨에게도 감사를 드립니다.

2009년 2월
나승성

▶ 차례

제1편 상법총칙

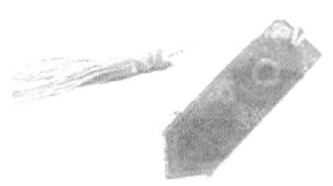

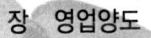

서 론

▶ 1.1.1. 상법의 의의

상법은 형식적 의의의 상법과 실질적 의의의 상법으로 구별된다. 형식적 의의의 상법이란 '상법'이라는 이름으로 제정된 성문법전을 의미하고, 실질적 의의의 상법이란 상사에 관한 내용을 규율하는 법을 말한다.

1.1.1.1. 형식적 의의의 상법

형식적 의의의 상법인 상법전은 제1편 총칙, 제2편 상행위, 제3편 회사, 제4편 보험, 제5편 해상으로 구성되어 있다.

1.1.1.2. 실질적 의의의 상법

실질적 의의의 상법은 상적 생활관계를 규율하는 법이라고 할 수 있는데, 이러한 실질적 의의의 상법의 기준이 되는 상적 생활관계를 어떻게 정의하느냐에 따라 상법의 대상 및 적용범위가 결정된다.

일반적으로 상법을 기업(회사)에 관한 법으로 이해하는 것이 일반적이다(기업법설, 통설). 즉 상법의 적용범위는 상인이 하는 상행위라고 할 수 있을 것인데, 이러한 상인에는 상행위를 하는 자연인보다는 영리활동을 하는 기업이 더 일반적이다. 따라서 상법은 원시생산업이나 변호사·의사 등과 같은 자유업이 상법의 적용대상이 되는가에 대해 기업의사를 객관적으로 인식할 수 있게 하는 기업적인 설비와 방법에 의하여 운영되면 상법의 적용대상이 된다는 견해와 상법 제5조의 경영설비요건을 갖추지 않은 원시생산업·의사·변호사 등은 상법의 적용을 받지 않는다고 하는 견해로 나누어져 있다.

1.1.1.3. 상법의 대상론

이러한 실질적 의의의 상법 기준이 되는 상적 생활관계를 어떻게 정의하느냐에 따라 상법의 대상 및 적용범위가 결정되게 되는데, 이와 관련하여 논의되는 것이 상법의 대상론이다. 상법의 대상론에 관한 학설은 다음과 같이 다양하다.[1]

(1) 실증설

상법은 경제상의 상에 필요한 여러 법률제도를 모아 놓은 것에 불과하다고 보는 것으로 이 실증설에 따르게 되면 실질적 의의의 상법을 부인하는 결과가 된다.

(2) 생활관계의 내용으로 상법을 통일적으로 파악하려는 견해

① 발생사적 관련설: 발생사적으로 재화의 전환을 매개하는 경제상의 상으로부터 분리 · 발전한 영업의 총체로 보는 견해이다.
② 매개행위본질설: 상은 본질적으로 매개행위에 불과하다.

(3) 생활관계의 성격으로부터 접근하는 견해

① 집단거래설: 상법은 집단으로 이루어지는 거래나 경영에 대해 규율하는 법이다.
② 상적 색채설: 상법은 일반 사법생활 관계에서 상적 색채를 띠는 것을 규율하는 법이다.

---

1) 자세한 설명은 정동윤, 상법(上), 법문사, 2008, 7 - 8면 참조.

(4) 생활관계의 내용과 성격을 종합적으로 고려하는 견해

① 기업법설(통설): 상법을 기업(회사)에 관한 법으로 이해하는 견해이다.
② 상인법설: 상법은 상인이 관련된 생활관계를 규율하는 법으로 본다.

1.1.1.4. 실질적 의의의 상법과 형식적 의의의 상법의 상호관계

실질적 의의의 상법은 법령의 존재 형식 등을 떠나 상법과 관련된 내용을 종합적으로 상법의 영역으로 이해하므로 상법전의 존재를 전제로 하는 형식적 의의의 상법보다 더 넓다고 할 수 있으며, 상법전 내용 중 순수하게 상행위와 관련 없는 형벌 규정 등은 실질적 의의의 상법이 아니라고 보는 것이 일반적이다.

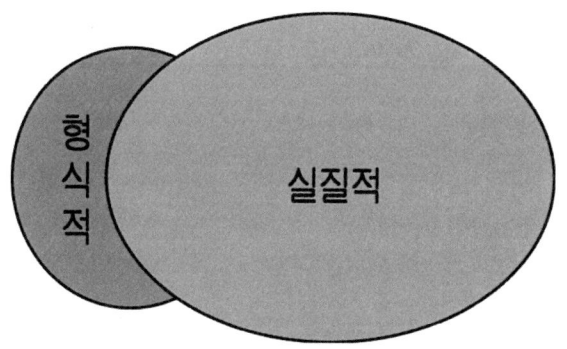

▶ 1.1.2. 상법의 지위

상법도 다른 법들처럼 일상생활을 둘러싸고 있는 여러 법 영역 중 한 부분이다. 따라서 일상의 생활이 하나의 법 영역에만 머무르지 않고 여러 법 영역에 걸쳐서 형성되는 경우 적용되는 법규에 따라 결론이 달라질 수 있다. 그러므로 상법의 지위를 다른 법들과 비교하여 검토하는 것은 상법의 적용여부 및 그 법적 효과 등을 이해하는 데 필요하게 된다. 따라서 이하에서는 다른 법들과의 비교를 통한 상법의 법적 지위에 대해서 검토하기로 한다.

1.1.2.1. 상법과 민법과의 관계

민법이나 상법은 개인이나 법인들의 사법적 생활관계에 적용되는 법들이라는 점에서는 공통점을 가진다. 따라서 이러한 사법적 생활관계를 규율하는 민법과 상법을 별도로 분리하여 인정하지 말고, 민법과 상법을 통일하여 하나의 법체계로 하자는 논의가 민·상법 통일론이다. 그러나 민법은 일반적인 생활관계를 바탕으로 하나, 상법은 상인이라는 특별한 신분에 일정한 행위(상행위)만을 규율대상으로 한다는 점에서 두 법의 구별이 의미 있다고 할 것이다.

반면에 민법과 상법이 서로 영향을 미치고 서로 접근하는 경향도 생겨나서 두 법이 명확하게 구별되지 못하는 민법의 상화현상이 생겨날 수 있다. 그러나 상법은 영리추구를 목적으로 하는 상인들의 상행위와 관련한 내용을 다루는 법이기 때문에 그 내용이 개별적이고 시대변화에 빠르게 적용하기 위한 제도들이 새롭게 생겨나게 마련이다. 따라서 상법은 상행위 내지 기업적 생활관계를 규율하고 부단히 발전하는 특성상 새로운 규범에 대한 수요로 인하여 상법은 민법보다 빠른 속도로 새로운 법질서를 창조해 나가는 점에서 민법이 상법의 내용을 흡수해 가는 민법의 상화현상과는 구별되는 점이 있다.

☞ **민법의 상화로서의 제도**

민법원칙변경 또는 보충	법정이율, 유질계약허용, 상사유치권, 금전소비대차, 수임자의 보수, 시효 등
민법제도를 특수화한 제도	상인(人), 상업사용인(대리), 운송계약(도급계약), 회사(법인)
민법에 없는 특수한 제도	상호, 상업장부, 상업등기, 상호계산, 보험, 공동해손, 해난구조.

1.1.2.2. 상법과 노동법과의 관계

상법이 기업을 대상으로 하는 경우에는 기업의 조직의 특성에서 비롯되는 고용관계나 그 고용인의 제3자에 대한 대표관계 등의 문제가 생기게 된다. 고용관계에 관한 것이 노동법적 문제이고, 상행위의 영위와 관련하여 제3자에 대한 회사와 그 사용인의 대표성이나 책임문제 등은 상법의 문제이다. 최근에는 양자가 접목하려는 시도가 나타나는데, 프랑스의 노동주, 독일의 공동결정제도, 종업원지주제도 등이 그 예이다.

1.1.2.3. 상법과 경제법과의 관계

상법이나 경제법 모두 기업을 대상으로 하는 점에서는 유사점이 있다. 그러나 경제법은 자본주의의 고도화에 따른 폐단을 시정하고자 하는 법임에 반하여, 상법은 기업활동에 관한 자유의사결정을 원칙으로 하고 기업의 외적 규율을 목적으로 하지 않고 있다. 따라서 상법은 개개 경제 주체의 이익을 기초로 하여 이들 상호간의 이익조정을 목적으로 하는 데 반하여, 경제법은 국민경제 전체의 이익의 실현을 기초로 하여 개개 경제 주체의 이익을 초월하여 전체적인 이익을 목적으로 한다.

상법과 경제법의 관계에 대해 양자는 다른 이념과 원리 하에 존재하는 법이므로 상법과 경제법은 전혀 별개의 법이라는 학설(분리설, 대립설)이 다수설이다. 반면에 소수설인 합일설(통합설)은 상법의 이념은 입법정책에 따라 달라질 수 있는 것이고, 상법이 발전함에 따라 경제법의 통제주의적 정책은 상법의 이념에 포함되어 경제법이 상법에 흡수·통합된다는 설이다(소수설).

1.1.2.4. 상법과 어음법·수표법과의 관계

어음·수표는 결제의 수단으로서 주로 기업에 의하여 이용되고 있는 점에서, 상법 역시 상행위와 관련한 법이라는 점에서 모두 상행위와 관련성을 갖는다는 점에서는 비슷하다. 그러나 어음·수표는 지급의 수단이라는 점에서 실체적인 내용을 규율하는 상법과 차이가 있을 뿐만 아니라, 어음·수표가 상인이 아닌 경우에도 이용되고 있다는 점에서는 구별된다.

▶ 1.1.3. 상법의 이념과 특성

1.1.3.1. 상법의 이념

상법의 이념은 기업을 유지·강화하고 기업활동을 왕성하게 하며, 거래를 보호하는 데 있다.

1.1.3.1.1. 기업의 유지·강화

상법은 기업의 유지·강화를 위하여 기본적으로 영리성을 보장하고, 인력보충과 자본의 집중을 용이하게 하되, 소유와 경영을 분리시킴으로써 위험을 분산시키고 기업의 해소를 방지함으로써 기업의 유지를 강화하고 있다.

(1) 영리성의 보장

상법은 영리성을 보장하기 위하여 상인의 보수청구권과 상인이 상인에게 금전을 대여한 때 또는 타인을 위하여 대신 금전을 지급한 때에는 그 상인은 법정이자를 청구할 수 있다는 규정을 두고 있다. 민사 법정이율이 연 5%임에 비하여 상사법정이율은 연 6%인 것도 같은 취지이다.

(2) 자본의 조달과 집중

기업은 영업에 소요되는 자금을 원활하게 조달하게 하기 위하여 상법은 이를 위하여 소규모 기업에 적합한 익명조합제도를 두어 익명조합원은 출자만 하고 영업자는 영업만 담당하도록 하는가 하면, 각종 회사는 필요한 경우에 합병도 자유롭게 할 수 있도록 하고 있다. 주식회사는 주식과 사채의 증권화로 유통성을 보장함으로써 대규모 자본의 조달이 용이하다.

(3) 노무의 보충

기업이 필요한 노동력의 공급을 위해 상법은 상인에게 종속한 보조자인 상업사용인과 독립한 상인으로서 보조적 활동을 업업으로 하는 대리상, 중개인, 위탁매매인 등에 관한 규정을 두고 있으며, 합명회사 사원에게는 당연기관의 지위를 부여하여 경영에 참여할 수 있도록 하고 있다.

(4) 위험부담의 완화

기업에 출자한 자들의 위험분산과 유한책임은 기업을 유지하는 데 매우 중요하여 출자자는 보험제도 등을 이용하여 위험을 분산할 수 있으며, 주식회사나 유한회사 사원의 유한책임제도 역시 같다. 운송인의 책임과 관련하여 고가물에 대한 특칙을 두거나 정액배상주의를 택한 것도 같은 취지이다.

(5) 기업소멸의 방지

설립된 기업이 쉽게 소멸하는 것도 방지할 필요가 있는데, 상법은 이를 위하여 ① 영업이 양도되어도 그 동일성을 유지하는 영업양도에 관한 규정, ② 상호는 영업과 함께 양도하여야 한다는 상호만의 양도제한, ③ 본인이 사망하여도 영업이 존속하는 한 상사대리권은 존속한다는 특칙, ④ 회사의 합병, 계속, 조직변경, 분할 및 분할합병, 주식교환 및 주식이전에 관한 규정을 두고 있다. 이 외에도 주식회사의 1인회사 인정, 회사설립의 무효와 취소는 소에 의해서만 할 수 있으며, 소의 심리 중 하자의 보완을 인정하고 법원의 재량권에 의한 소의 기각도 인정한다. 설립에 관여한 발기인이나 성립 후에 신주를 발행하는 경우에 이사는 자본충실책임을 진다.

(6) 기업의 강화

1) 독립성의 보장

회사의 법인성을 인정한 것은 회사가 구성원의 사망, 능력에 따라 법률적으로 영향을 받지 않도록 하기 위한 것인데, 특히 개인기업의 독립성을 보장하기 위하여 다음과 같은 규정을 두고 있다. 또한 본인 사망 시 상사대리권이 존속하는 것도 기업은 자연인으로부터 독립한 것임을 나타내고자 한 것이다.

상호제도는 기업주와 기업을 구별하고, 상업장부제도는 기업재산과 사용재산을 구별하고, 상업사용인제도는 기업의 사용인과 가사 사용인을 구별하고 영업소는 기업의 주소로서 개인의 주소와 구별하는 개념이다.

2) 기업경영의 전문화

기업경영의 전문화는 기업의 소유와 경영의 분리에서 찾을 수 있는데 회사에서는 기관자격과 사원자격을 분리한다. 주식회사의 이사회제도, 인적 회사의 업무집행사원제도가 있으며, 지배인, 익명조합, 영업의 임대차 및 경영위임 등이 이에 속한다.

☞ **기업의 유지 · 강화제도**

1. 기업존립의 기반형성	
영리성의 보장	영리성을 전제로 하는 상인 · 상행위 · 회사개념(46, 169), 유상성을 인정하여 상사법정이율의 인상(54; 민379), 상인 간의 소비대차 및 체당금의 이자청구권(55), 상인의 보수청구권(61)
자본집중의 촉진	익명조합제도(78), 합병제도(174~175), 주식회사제도(288 이하), 수권자본제도(289), 주권제도(355), 주주유한책임(331), 상환주식 · 전환주식 · 전환사채 · 신주인수권부사채; 선박공유(753 이하) 등
인력의 보충	상업사용인 · 대리상 · 중개인 · 위탁매매인 · 합명회사 제도 등
위험부담의 완화	① 기업위험의 분산: 회사제도, 보험제도, 공동해손제도 등 ② 기업담당자의 유한책임: 합자회사 유한책임사원 · 주주 및 유한회사의 사원의 유한책임, 선박소유자 등의 책임제한(746), 공동해손분담의무자의 책임제한(835), 해난구조료지급의무자의 책임제한(852) 등
2. 기업활동의 보장	
기업의 독립성 보장	상호, 상업장부, 본인의 사망 시 대리권의 불소멸, 회사의 법인격 부여
기업경영의 합리화	기업의 소유와 경영의 분리, 이사회, 기업의 임내차 · 기업의 경영위임
3. 기업해소의 방지	
	영업양도, 회사의 조직변경, 회사계속제도, 합병제도, 분할제도, 주식교환 · 주식이전, 정리제도, 회사설립무효의 소의 제소의 제한 등

1.1.3.1.2. 기업활동의 원활도모와 거래의 안전보호

상법은 기업활동의 원활을 도모하면서도 기업의 활동과정에서 비롯되는 거래의 안전을 보호하고 있다. 예컨대, 기업에 각종의 공시의무를 부여하여 외관을 존중하며 책임을 가중하고 있는 경우 등이 그러한데, 이는 민법에서는 거래의 실체적 진실에 중점을 두는 것에 비해 기업활동에 있어서는 거래의 정형화 및 거래를 신속하게 처리함으로써 거래를 보호하고자 하는 것이다.

(1) 거래객체의 유가증권화

운송물에 대한 권리를 유가증권화한 화물상환증($\frac{\text{상}}{\text{제128}}$)과 선하증권($\frac{\text{상}}{\text{제813}}$), 임치물에 대한 권리를 증권화한 창고증권($\frac{\text{상}}{\text{제156}}$), 주식과 관련한 주권($\frac{\text{상}}{\text{제355}}$), 신주인수권증서, 신주인수권증권, 그리고 사채권($\frac{\text{상}}{\text{제78}}$)에 관한 규정을 두고 있다.

(2) 간이·신속주의

기업활동은 동종의 행위가 반복적으로 행하여지는 것이므로 편리하고 신속하여야 한다는 취지에서 다음과 같은 규정을 두고 있다.
① 상행위의 대리: 상행위에서는 대리인이 본인을 위한 것임을 표시하지 아니하여도 본인에게 법률효과가 귀속되는데(비현명주의), 민법은 본인을 위한 것임을 대리인이 표시하여야 한다(현명주의).
② 상사계약의 청약의 효력: 대화자 간의 청약의 효력은 상대방의 즉시승낙이 필요하다(민법과 동일). 그러나 격지자 간에는 승낙기간을 정하지 않은 청약을 받은 자는 승낙의 통지(상당한 기간 내)를 하여야 청약의 효력이 발생하고 승낙의 통지가 없으면 실효한다. 상법은 발신주의이나 민법은 도달주의를 취하고 있다. 한편, 지연된 승낙은 청약의 효력이 발생하는 것이 아니라 새로운 청약으로 의제된다.
③ 상시거래관계가 있는 경우 계약의 청약에 대한 상인의 승낙여부 통지의무: 격지자 간에 승낙기간을 정하지 않은 경우 청약을 받은 자가 상인인 경우에는 지체 없이 낙·부의 통지를 하여야 한다. 이를 해태하면 청약

을 승낙한 것으로 본다(민법은 통지의무가 없음).

④ 상인 간의 매매 시 매도인의 공탁 및 경매권: 매수인이 목적물의 수령을 거부하거나 이를 수령할 수 없는 때에 매도인이 선택적으로 행사한다. 민법상 매도인은 이러한 권리가 없다.

⑤ 상인 간의 매매 시 확정기 매매의 해제권: 당사자 일방이 이행시기를 경과한 때 상대방이 즉시 청구하지 않으면 계약은 해제된 것으로 보나 민법의 확정기 매매는 계약해제 시에 의사표시가 필요한 점에서 차이가 있다.

⑥ 상인 간의 매매 시 매수인의 목적물검사·하자통지의무: 매수인이 목적물을 수령한 때 지체 없이 이를 검사하고 하자 또는 수량부족이 있음을 발견한 때에는 즉시 매도인에게 통지를 발송하지 아니하면 대금감액, 계약해제 또는 손해배상 청구권을 상실한다. 의무를 위반하면 매도인에게 하자담보책임을 묻지 못한다. 그러나 민법은 매수인이 6월 내에 발견하면 된다.

⑦ 상사채권의 소멸시효: 상사채권의 소멸시효는 5년의 단기시효(상64, 민사채권의 소멸시효는 10년)를 적용하며, 유가증권을 상실한 때에는 제권판결에 의하여 증권의 효력을 상실시킨다(상65, 민 521).

☞ 거래의 원활과 안전을 위한 상법상의 제도

1. 거래의 원활화		
(1) 계약자유주의	유질계약의 허용(95) 등	
(2) 간이신속주의	①계약체결상의 간이신속	상행위의 대리(48), 계약체결의 효과(51, 52), 계약청약에 대한 낙부통지의무(53) 등
	②계약이행상의 간이신속	매도인의 공탁 및 자조매각권(67), 운송인의 운송물공탁경매권(142, 143)
	③계약관계처리상의 간이신속	확정기매매의 해제(68), 매수인의 목적물검사 및 하자통지의무(69), 상사채권의 단기소멸시효 등
	④대금지급상의 간이신속	상호계산(72 이하), 어음교환제도 등
	⑤채권양도추심상의 간이신속	주권, 화물상환증 등 각종의 유가증권제도
	⑥거래방식의 정형화	주식과 사채의 청약서 제도, 보통거래약관

2. 거래의 안전			
(1) 공시주의	①등기제도	상업등기제도(34 이하), 선박등기(743) 등
	②공고제도	상업등기의 공고, 정관에 의한 공고방법의 확정(289①)
	③열람제도	재무제표 등 서류의 비치 및 열람제도(448) 등
(2) 외관주의	표현지배인(14), 명의대여자의 책임(24), 부실등기에 의한 책임(37), 상호속용 양수인의 책임(42), 자칭사원의 책임(215), 유사발기인의 책임(327), 표현대표이사의 행위에 대한 회사의 책임(395), 사실상의 회사제도(190, 328, 562 등), 유가증권의 문언성(131, 157)		
(3) 엄격책임주의	①주의의무의 가중	상인의 목적물보관공탁의무(60, 70, 71), 매수인의 목적물검사 및 하자통지의 무(69), 해상운송인의 감항능력주의의무(787)
	②무과실 책임	공중접객업자의 수하물에 관한 책임(152) 발기인의 자본충실책임(321)
	③연대책임	다수당사자 간의 채무의 연대책임(57①), 순차운송인의 연대손해배상책임 (138①), 이사감사의 책임(399①, 401①, 414) 등
	④이행담보책임	중개인의 개입의무(99), 위탁매매인의 이행담보책임(105) 등

1.1.3.2. 상법의 특성

상법은 민법에 비하여 경제의 발전에 대응하기 위하여 매우 유동적이고 진보적이며, 국가 간에 교역에 의한 국가 간 제도의 절충으로 세계적으로 통일화되는 경향이 있다. 즉 상법은 지역적·민족적 특성에 의하여 영향을 받는 것이 아니라 합리적인 이해관계에 따라 정해지는 세계보편적인 것이라 할 수 있을 것이다.

상법의 특성으로 영리성, 기업의 유지의 이념, 거래의 원활과 안전(공시주의, 외관주의), 국제성(세계통일적 경향), 진보성 등이 있다.

▶ 1.1.4. 상법의 법원과 효력

1.1.4.1. 상법의 법원

법원(法源)이라 함은 법의 존재형식을 말한다. 즉 법원은 법의 존재형식 내지는 자료를 의미하므로 상법의 법원이라 함은 상사에 관한 법의 존재형식 내지는 법의 인식근거로서 실질적 의의의 상법과 범위가 같다. 상법 제1조의 상사의 의미는 실질적으로는 기업생활과 관련된 모든 재산법적 생활관계를 의미하며, 형식적으로는 상법전이 규정하여야 할 모든 사항을 말한다.

그 법의 존재 형식은 제정법 또는 관습법, 판례 등의 형태로 존재하는데, 상법의 법원이라고 할 수 있는 것에는 상사제정법, 상관습법, 상사자치법이 있다. 그러나 보통거래약관, 판례, 학설, 조리는 상법의 법원성에 대해서는 의견이 나뉘어 있다.

1.1.4.1.1. 상사제정법

상사제정법이란 국가가 그 입법권에 근거하여 성문의 형식으로 제정한 법으로 상법전, 상사특별법, 국제상사조약이 있다. 상사특별법령에는 상법시행 내지는 그 부속특별법령이 있으며 독립한 상법의 특별법령이 있다. 상법전 시행에 관한 특별법령으로 상법시행법이 있으며, 상법전에 부속된 특별법령으로는 상법의 일부 규정의 시행에 관한 규정, 선박소유자 등의 책임제한에 관한 법률, 상업등기처리규칙, 외국인의 서명날인에 관한 법률 등이 있다. 독립한 특별법령으로는 은행법, 상표법, 부정경쟁방지법, 약관규제에 관한 법률 등이 있다. 국제상사조약 및 일반적으로 승인된 국제법규는 국내법과 같은 효력을 가지므로 상법의 중요한 법원이 된다.

(1) 상법전

가장 기본적인 상법의 법원인 상법전(법 제1000호)은 1962년 1월 20일 공포되고 1963년 1월 1일부터 시행되고 있다. 그 후 상법은 1984년(법 제1721호, 1984.4.10 공포, 1984.9.1 시행), 1991년(법 제1770호, 1991.12.13 공포, 1993.1.1 시행), 1995년(법 제5053호, 1995.12.29 공포, 1996.10.1 시행), 1998년(법 제5591호, 1998.12.28 공포, 1998.12.28 시행), 1999년(법 제6086호, 1999.12.31 공포, 1999.12.31 시행), 2001년(법 제6488호, 2001.7.24 공포, 2001.7.24 시행), 2007년(법 제8582호, 2007.8.3 공포)에 개정되었다.

(2) 상사특별법령

상사특별법령은 상법전의 규정을 시행하거나 구체적인 세목을 정하는 부속특별법령과 상법전의 규정을 보충하거나 변경하는 독립상사특별법령으로 나뉜다. 상법전에 부속된 상사특별법령으로는 상법시행법(1962.12.12, 법 제1213호)·상법의일부규정의시행에관한규정(1984.8.16, 대통령령 제11485호)·선박소유자등의책임제한절차에관한법률(1991.12.31, 법 제4471호)·선박의속구목록에관한규정(1970.1.19, 대통령령 제4542호)·상업등기처리규칙(1962.1.20, 대법원규칙 제90호) 등이 있다.

상법전과 독립한 상사특별법령으로는 은행법·증권거래법(1962.3.20, 법 제3511호)·보험업법(1980.12.31, 법 제3340호)·독점규제및공정거래에관한법률(1980.12.31, 법 제3320호)·주식회사의외부감사에관한법률(1980.12.31, 법 제3297호)·약관의규제에관한법률(1986.12.31, 법 제3922호)·소비자기본법(2006.9.27, 법 제7988호)·신용카드업법(1987.5.30, 법 제3928호) 등이 있다.

(3) 상사관계 조약 및 국제법규

조약은 국내법과 동일한 효력을 가지는데(헌법 6 ①), 국제조약은 주로 해상법과 국제 항공운송과 관련하여 발달되어 있다.

1.1.4.1.2. 상관습법

관습법이란 성문법령의 형식을 갖추고 있지는 않지만 인간의 행동을 규율하는 법적 규범인 관습률을 의미하며 상관습과는 다르다. 상관습은 상인 간의 거래에 있어서 보편화된 관행으로서 상거래의 특수성에 따라 일반적으로 또는 지역적으로 특정분야에서 형성되는 것이고, 상관습법은 상관습으로부터 더 나아가 법적 확신을 얻어 기업에 관한 법으로서 인정되는 상법의 원칙이다.

상관습법으로 인정된 것 중 중요한 것으로는 백지어음의 유효성($^{여}_{10}$) 등이 있었으나 성문화되었고, 현재로는 국제무역과 관련된 상업신용장에 관한 관습, 해상화물운송에 있어서의 보증도 등이 있다.

판례도 국제상거래에 있어서 일방당사자의 채무불이행에 관하여는 일반적으로 승인된 적절한 국제 금리에 따른 지연손해금의 지급을 명함이 관행이라 할 것인데, 영국 런던중재법원이 일반적으로 적용되는 국제금리인 미국은행 우대금리에 따른 지연손해금의 지급을 명한 것은 상당하므로 우리나라의 공공질서에 반하지 아니한다고 판시함으로써 국제적인 관습을 인정하고 있다.[2]

☞ **관습법**

관습법이라 함은 사회생활 속에서 관습이 반복하여 행하여짐으로써 일반인의 법적 확신을 얻은 불문형식의 법을 말한다. 관습법은 사회생활 가운데 단순한 사회적 사실로서 존재하며 법적 확신의 단계에까지 이르지 못한 사실인 관습과 다르다.

관습이 관습법이 되기 위해서는 다음의 요건을 갖추어야 한다. ① 같은 행위가 다수인에 의하여 반복, 계속되는 사실적인 관습이 존재하여야 한다. ② 관습이 법적 확신을 얻어야 한다. ③ 관습이 공공의 질서와 선량한 풍속인 공서양속에 반하지 않아야 한다. ④ 관습이 법령의 규정에 의하여 인정되거나 또는 원칙적으로 법령에 규정이 없는 사항에 관한 것이라야 한다.

관습법과 성문법과의 관계에 대해서 관습법은 성문법에 대하여 보충적 효력을 갖는 것이 원칙이나 예외적으로 법률을 개폐하는 법률변경적 효력을 갖기도 한다.

1.1.4.1.3. 상사자치법

상사자치법은 회사 또는 단체가 조직 및 구성원에 관한 사항을 스스로 제정

---

2) 大判 1990.4.10. 89다카20252.

한 자치법규를 말하는데, 회사의 정관이나 어음교환소 또는 증권거래소의 업무규정이 이에 속한다. 회사의 정관은 회사의 조직 및 구성원에 관하여 법규로서의 효력을 갖는다. 판례도 정관을 자치법규로 인정한다.

1.1.4.1.4. 보통거래약관

약관이라 함은 그 명칭이나 형태 또는 범위를 불문하고 계약의 일방당사자가 다수의 상대방과 계약을 체결하기 위하여 일정한 형식에 의하여 미리 마련한 계약의 내용이 되는 것을 말한다(약관의규제에관한 법률 2 ①). 이러한 보통거래약관에 의한 계약에서는 그 약관의 적용에 관하여 당사자가 구체적이고 명시적으로 개별적 합의를 하지 않더라도 일반적으로 그 약관은 당사자를 구속한다. 이를 부합계약이라 한다.

약관이 상법의 법원이 되는가 여부에 대하여 크게 약관의 법원성을 긍정하는 견해와 부정하는 견해로 나누어진다. 약관의 규범성을 부정하는 의사설에 의하면 보통보험약관이 법원성이 부정되지만 법적 구속력을 갖는 것은 계약당사자가 약관의 내용을 법률행위의 내용으로 하려는 의사가 있기 때문에 구속력이 인정되는 것이라고 한다. 약관의 규범성을 긍정하는 규범설에 의하면 보통보험약관은 상관습 또는 자치법이기 때문에 구속력이 인정된다는 것이다.

판례[3]는 보통보험약관이 계약당사자에 대하여 구속력을 갖는 것은 그 자체가 법규범 또는 법규범적 성질을 가진 약관이기 때문이 아니라 보험계약당사자 사이에서 계약내용에 포함시키기로 합의하였기 때문이라고 볼 것인바, 일반적으로 당사자 사이에서 보통보험약관을 계약내용에 포함시킨 보험계약서가 작성된 경우에는 계약자가 그 보험약관의 내용을 알지 못하는 경우에도 그 약관의 구속력을 배제할 수 없는 것이 원칙이나 다만 당사자 사이에서 명시적으로 약관에 관하여 달리 약정한 경우에는 위 약관의 구속력은 배제된다고 판시함으로써 의사설을 취하고 있다.

약관은 일반적으로 경제적 강자에 의하여 유리하게 작성되므로 약관을 해석

---

3) 大判 1985.11.26. 84다카2543; 大判 1986.10.14. 84다카122; 大判 1989.3.28. 88다4645; 大判 1989.11.14. 88다카29177; 大判 2001.11.27. 2000다66492.

할 때에는 ① 개별약정 우선의 원칙, ② 신의성실의 원칙, ③ 객관적해석의 원칙, ④ 작성자불리해석의 원칙 등에 따라야 한다.

1.1.4.1.5. 상사판례법

판례의 법원성에 대해 학설이 나뉘나 부정설이 다수설이다.

1.1.4.1.6. 학설

학설은 학자들의 견해로서, 이는 판사들이 법을 적용하기 위하여 법을 해석함에 있어서 참고하는 자료가 될 수 있기 때문에 간접적으로 영향을 미칠 뿐 현실적으로 법적 구속력을 갖는 것은 아니라고 할 것이다.

1.1.4.2. 법규의 적용순서

1.1.4.2.1. 상법전과 상관습법

상법 제1조는 상사에 관하여 상법전에 규정이 없으면 상관습법을 적용하고 상관습법이 없으면 민법의 규정에 의한다고 규정하고 있다. 상관습법은 상법전이 발전하는 기업관계에 적응하지 못하여 새로운 상관습이 생기게 되면 이에 의하자는 것으로 상관습법이 상법의 법원이 됨을 인정한 것이다.

1.1.4.2.2. 상관습법과 민법전

상사에 관하여 상법전에 규정이 없고 상관습법도 없는 경우에는 민법을 적용한다($^{\circ}_{\circ}$). 이것은 상사에 관하여 상법전과 더불어 기술적이며 합리적인 상관습법의 적용을 일반인의 생활관계를 대상으로 하여 고정적이며 전통적인 민법전의 적용보다 우선시킨 것이다. 상법 제1조는 관습법인 상관습법이 제정법인 민법보다 우선하는 특징을 보이고 있다.

☞ **상사관계의 상법 적용순서**

상사자치법(정관) → 상사특별법령·상사조약 → 상법 → 상관습법 → 민사자치법 → 민사특별법령·민사조약 → 민법전 → 민사관습법 → 조리

1.1.4.3. 상법의 효력

상법의 효력은 시·장소·인 및 사항에 의한 제한을 받는다. 즉 상법의 효력은 때, 장소, 사람에 관하여 상법의 적용상 일정한 제한을 받는데 그 범위 내에서 상법의 특수성과 관련하여 상사에 관한 사항에 한정하여 효력이 발생한다.

1.1.4.3.1. 시에 관한 효력

법이 개정된 경우에 구법과 신법과의 적용순서에 관하여 어느 법을 우선 적용할 것인가 문제될 수 있다. 이 경우 동 순위의 법에는 신법은 구법을 변경하는 것이 원칙이므로 신법이 우선 적용되지만, 보통법과 특별법의 관계에 있는 경우에는 보통법의 신법은 특별법의 구법을 변경하지 않는다(상법시행규칙³). 즉 신상법은 동 순위의 구상법을 변경하나 신상법은 상사특별법을 변경하지 않는다.

상법에서도 법적 안정성과 기득권 존중이라는 차원에서 법률불소급의 원칙이 적용되므로, 신상법은 그 시행 후에 발생한 사항만을 지배하고 그 시행 전에 발생한 사항에는 효력이 미치지 않는 것이 원칙이다. 다만 소급적용이 기득권을 침해하지 않고 당사자에게 이익이 되며 법률적용의 통일성을 기하는 경우에는 소급 적용한다.

1.1.4.3.2. 장소에 관한 효력

상법은 국내법이므로 한국 내에 적용된다. 따라서 외국법인도 국내에서 영업을 하는 한 상법의 적용을 받는다. 다만 예외적으로 국제사법에 의한 준거법에 의하여 우리 상법이 한국 외에서 적용되는 일도 있고, 이와 반대로 외국상법이 한국 내에서 적용되는 경우도 있다.

1.1.4.3.3. 인에 관한 효력

상법은 속인법주의에 따라 한국인에게 적용된다. 그러나 예외적으로 국제사법상 특정한 경우에는 우리 상법이 외국인에 대하여 적용되는 경우가 있고, 반대로 외국 상법이 한국인에게 적용되는 경우가 있을 수 있다. 그리고 소상인에게는 지배인, 상업등기, 상호, 상업장부에 관한 규정이 적용되지 아니한다.

1.1.4.3.4. 사항에 관한 효력

상법은 상사에 관한 사항에 대해서만 적용된다. 어음·수표행위를 포함하여 거래행위와 관련하여 일정한 사항이 발생한 때에 당사자 일방에게만 상행위가 되는 행위를 일방적 상행위라 하고, 당사자 쌍방 모두에게 상행위가 되는 행위를 쌍방적 상행위라 하는데, 상법이 적용되기 위해서 모든 당사자가 상사에 관한 행위를 하여야 하는 것은 아니고 당사자 중 그 1인의 행위가 상행위인 때에는 전원에 대하여 상법을 적용한다(³). 일방적 상행위는 당사자 일방에게는 상행위이지만 다른 당사자 일방에게는 상행위가 아니나 법률관계를 간명하고 신속하게 해결하기 위하여 당사자 쌍방 모두에게 상법을 적용하고 또 당사자 일방이 수인인 경우에 그 1인을 위한 상행위인 경우에도 그 전원에게 상법을 적용한다. 또한 공법인의 상행위에도 상법이 적용되며 당사자 쌍방이 모두 상인이며 이들에게 상행위가 되는 쌍방적 상행위에만 적용하는 규정도 있다.

1.2.1.1. 총 설

1.2.1.1.1. 상인의 의의

상인이란 영리행위를 하는 주체이다. 즉 상인이란 권리의무를 처리하기 위한 법적 주체이다. 영리행위를 개인이 하는 경우에는 자연인 그 자체가 상인이 되지만, 법인이 하는 경우에는 상인인 법인을 대표하여 법률행위를 할 주체가 필요하게 된다. 이처럼 상인은 형식적으로는 기업생활관계에서 발생하는 권리의무의 귀속의 주체이고, 실질적으로 보면 기업에 내재하여 기업활동을 영위하는 자라고 할 것이다. 하지만 반드시 실질적으로 경영활동의 담당자가 되어야 하는 것은 아니다. 개인기업의 경우에는 영업주가 상인이지만, 회사기업의 경우에는 회사 그 자체가 상인이 된다.

1.2.1.1.2. 상인에 관한 입법주의

상법은 양 당사자가 모두 상인인 경우뿐만 아니라 당사자의 일방만이 상인인 경우에도 그 전원에게 상법이 적용되므로 상법의 적용범위를 명확히 하기 위하여 상인의 개념을 정해야 한다. 그 정하는 방법에는 세 가지의 입법주의가 있다.

(1) 실질주의(상행위법주의·객관주의·상사법주의)

이는 실질적으로 특정한 행위를 상행위로 정하고 이러한 상행위를 영업으로 하는 자를 상인으로 하는 입법주의로 상행위의 개념을 전제로 하여 상인의 개념을 끌어내는 입법주의이기 때문에 상행위법주의라고도 한다.

(2) 형식주의(상인법주의·주관주의)

실질주의와는 달리 행위의 실질적인 내용을 구별하지 않고 어떠한 행위든지 일정한 형식을 갖추고 상인적 방법으로 영업을 하는 자를 상인으로 하는 입법주의로 상행위의 개념을 전제로 하지 않고 상인의 개념을 끌어내는 입법주의이기 때문에 상인법주의라고도 한다.

(3) 절충주의

이는 실질주의와 형식주의를 절충하여 상행위를 영업으로 하는 자뿐만 아니라 일정한 형식을 갖추고 상인적 방법으로 영업을 하는 자도 상인으로 인정하는 입법주의이다.

1.2.1.1.3. 상법의 입법주의

상법은 제4조에서 기본적 상행위를 전제로 하여 당연상인을 규정하고 있고, 제5조에서 상행위를 전제로 하지 않은 의제상인을 규정하고 있다. 당연상인은 상행위를 전제로 하여 상인개념을 정하고 있는 점에서는 실질주의의 입법이나 의제상인은 상행위를 전제로 하지 않고 상인개념을 정하고 있으므로 이는 형식주의의 입법이다. 따라서 우리 상법은 어느 입법주의를 취하고 있는지에 대해, 대체로 절충주의의 입법으로 보는 견해, 형식주의 입법으로 보는 견해, 형식주의에 가까운 절충주의의 입법이라는 견해 등으로 나뉜다.

형식주의설은 상법 제4조의 당연상인은 영업적 상행위를 기초로 하고 있는데, 이때의 영업적 상행위는 영업의 주체인 상인과의 관련에서만 그 상행위성이 인정되므로, 결국 우리 상법은 형식주의라는 견해이고, 절충주의설은 상법 제4조의 당연상인은 영업적 상행위를 기초로 해서 상인개념을 정하고 있고, 의제상인은 상행위와는 무관하게 상인개념을 정하고 있어, 전체적으로 절충주의라는 견해이며, 형식주의에 가까운 절충주의설은 절충주의의 특색으로 절대적 상행위의 존재를 강조하면, 우리 상법이 절대적 상행위를 인정하고 있지 않기 때문에 형식주의라고 볼 수 있으나, 순수한 형식주의가 아니기 때문에 형식주의에 가까운 절충주의라는 견해이다.

1.2.1.2. 당연상인

1.2.1.2.1. 의의

당연상인이란 자기명의로 상행위를 하는 자를 말한다(⁴₄). 이는 상인에 관한 실질주의 입법에 의한 상인이라 할 수 있다.

1) 자기명의는 자기의 계산으로와 구별된다. 자기명의로 한다는 것은 자기가 그 상행위의 권리와 의무의 주체가 된다는 뜻이지 계산을 자기가 해야 한다는 것은 아니다. 또한 자기 계산으로 한다는 것은 경제적 이익을 자기에게 귀속한다는 것을 의미하나 당연상인에 있어서는 자기계산으로 할 필요는 없으므로 자기가 이익귀속의 주체가 될 필요는 없다.

2) 자기명의는 영업행위의 담당자와 구별된다. 자기의 명의로 하는 이상 스스로 영업행위를 하지 않고 대리인을 통하여 상행위를 하여도 무방하다.

3) 자기명의는 기업을 소유하는 것이나 기업위험을 부담하는 것과 구별된다. 즉 기업을 소유하지 않는 경우나 또는 기업위험을 부담하지 않는 경우에도 상인이 된다.

4) 자기명의는 행정관청에 대한 신고명의인이나 납세명의인과 구별된다. 즉 행정관청에 대한 신고명의인이나 납세명의인과 반드시 일치할 필요는 없다.

5) 자기명의는 타인의 명의로 영업을 하는 경우에 그 명의인과 구별된다. 자기명의라고 하는 것은 형식적으로 이름을 쓰는 것을 의미하는 것이 아니라 타인명의를 쓰더라도 상행위를 하는 자에, 즉 실제 권리·의무의 주체가 되는 자가 당연상인이 된다. 따라서 명의대여가 있는 경우에는 명의대

여자는 상인이 되지 못하고 명의차용자가 상인이 된다.

상행위라는 것은 상법 제46조에 열거된 기본적 상행위를 말한다(한정적 열거). 이 상행위를 영업으로 하여야 하는데, 영업으로 한다는 것은 영리의 목적을 가지고 동종행위를 반복하여 계속하는 것을 의미한다. 다만 특별법상의 상행위는 영업으로 하지 않아도 상행위가 될 수 있다.

상행위가 되기 위해서는 영업으로 하여야 하므로 가령 약 5,000평의 사과나무 과수원을 경영하면서 그중 약 2,000평 부분의 사과나무에서 사과를 수확하여 이를 대부분 대도시의 사과판매상에 위탁판매 한다면 이는 영업으로 사과를 판매하는 것으로 볼 수 없으니 상인이 아니다.[4] 그리고 영업에는 영리성이 요구되므로 농업협동조합법에 의하여 설립된 조합이 영위하는 사업의 목적은 조합원을 위하여 차별 없는 최대의 봉사를 함에 있을 뿐 영리를 목적으로 하는 것이 아니므로, 동 조합이 그 사업의 일환으로 조합원이 생산하는 물자의 판매사업을 한다 하여도 동 조합을 상인이라 할 수는 없다. 수산업협동조합도 같다.[5]

의사, 변호사, 화가, 음악가 등의 자유직업인은 상인으로 보지 아니하는데, 이는 그들의 업무의 성질이 고도의 기능이 필요하고 개성적이고 공익성 때문이라 한다.

종합하건대, 당연상인의 요건으로는 ① 자기명의로, ② 46조의 상행위를, ③ 영업으로(영리목적+계속성) 하여야 한다. 또는 자기명의로 특별법상의 상행위를 하여야 한다.

1.2.1.2.2. 당연상인의 상행위

당연상인이 되기 위한 상행위는 상법 제46조에 규정된 기본적 상행위를 말한다. 상행위란 상법 제46조에 열거된 기본적 상행위와 특별법에서 상행위로 인정한 것으로 상법 제46조의 기본적 상행위가 되기 위해서는 영업성과 기업성이라는 요건이 필요하다. 영업성이란 영리성, 계속성 및 영업의사를 그 요건으로 한다.

---

4) 大判 1993.6.11. 93다7174, 7178(반소).
5) 大判 2000.2.11. 99다53292; 大判 2001.1.5. 2000다50817; 大判 2006.2.10. 2004다70475.

① 영리성: 이익을 추구하려는 의도가 있어야 한다.

② 계속성: 동종의 행위를 계속적으로 하려는 의도가 있어야 한다.

③ 영업의사의 객관적 인식 가능성: 행위가 대외적으로 인식될 수 있어야 한다.

기업성이 있어야 하므로 오로지 임금을 받을 목적으로 물건을 제조하는 자는 기업성이 없으므로 상행위에서 제외된다.

(1) 기본적 상행위

영업으로 하는 다음의 행위를 상행위라 한다. 그러나 오로지 임금을 받을 목적으로 물건을 제조하거나 노무에 종사하는 자의 행위는 그러하지 아니하다($\frac{상}{46}$). 기본적 상행위는 열거된 것에 한하며, 열거되지 아니한 것을 기업형으로 하더라도 상행위가 되지 않는다(열거주의, 한정주의).

1) 동산, 부동산, 유가증권 기타의 재산의 매매($\frac{상}{i}\frac{46}{}$)

2) 동산, 부동산, 유가증권 기타의 재산의 임대차($\frac{상}{ii}\frac{46}{}$)

3) 제조, 가공 또는 수선에 관한 행위($\frac{상}{iii}\frac{46}{}$)

4) 전기, 전파, 가스 또는 물의 공급에 관한 행위($\frac{상}{iv}\frac{46}{}$)

5) 작업 또는 노무의 도급의 인수($\frac{상}{v}\frac{46}{}$)

6) 출판, 인쇄 또는 촬영에 관한 행위($\frac{상}{vi}\frac{46}{}$)

7) 광고, 통신 또는 정보에 관한 행위($\frac{상}{vii}\frac{46}{}$)

8) 수신·여신·환 기타의 금융거래($\frac{상}{viii}\frac{46}{}$)

9) 객의 집래를 위한 시설에 의한 거래($\frac{상}{ix}\frac{46}{}$)

10) 상행위의 대리의 인수($\frac{상}{x}\frac{46}{}$)

11) 중개에 관한 행위($\frac{상}{xi}\frac{46}{}$)

12) 위탁매매 기타의 주선에 관한 행위($\frac{상}{xii}\frac{46}{}$)

13) 운송의 인수($\frac{상}{xiii}\frac{46}{}$)

14) 임치의 인수($\frac{상}{xiv}\frac{46}{}$)

15) 신탁의 인수($\frac{상}{xv}\frac{46}{}$)

16) 상호부금 기타 이와 유사한 행위($\frac{상}{xvi}\frac{46}{}$)

17) 보험($\frac{상}{xvii}\frac{46}{}$)

18) 광물 또는 토석의 채취에 관한 행위($_{XVIII}^{상 46}$)

19) 기계 · 시설 기타 재산의 물융에 관한 행위($_{XIX}^{상 46}$)

20) 상호 · 상표 등의 사용허락에 의한 영업에 관한 행위($_{XX}^{상 46}$)

21) 영업상 채권의 매입 · 회수 등에 관한 행위($_{XXI}^{상 46}$)

(2) 특별법상 상행위

특별법상의 상행위로는 담보부사채신탁법에 의한 사채총액의 인수($_{23 ②}^{담법}$) · 신탁법에 의한 신탁의 인수($_{4}^{신탁}$)가 있다. 담보부사채라 함은 사채권의 담보를 위하여 물상담보가 붙여진 사채인데, 신탁회사는 사채발행회사와의 신탁계약에 의하여 자기에게 신탁적으로 귀속된 담보권을 피사채권자를 위하여 보존 · 실행할 의무를 부담한다. 신탁법 제4조는 신탁의 인수를 업으로 하는 때에는 이를 상행위로 한다고 규정하고 있으나, 이는 상법 제46조 제15호에 의하여 이미 기본적 상행위로 인정받고 있으므로 무의미하다.

1.2.1.3. 의제상인

1.2.1.3.1. 서

상법에 한정적으로 열거된 상행위와는 관계없이 그 상인적 설비와 상인적 방법에 의하여 상인을 정한 것이 의제상인이다. 의제상인이 되기 위하여는 상법이 열거한 상행위 이외의 행위를 반드시 '영업으로' 하여야 함을 요한다. 이렇게 의제상인 규정을 두고 있는 것은 기본적 상행위에 포함되지 않는 행위를 일정한 경우에 상법의 적용을 받도록 하기 위함이다. 의제상인에는 설비상인과 민사회사가 있는데, 설비상인이란 점포 기타 유사한 설비에 의하여 상인적 방법으로 영업을 하는 자를 상행위를 하지 아니하더라도 상인으로 보는 것이고($_{①}^{상 5}$), 민사회사는 회사가 상행위를 하지 아니하더라도 상인으로 보는 것이다($_{②}^{상 5}$). 의제상인의 행위에는 상행위편 통칙의 규정이 준용되며, 의제상인의 행위를 준상행위라 한다.

1.2.1.3.2. 설비상인

설비상인이란 점포 기타 유사한 설비에 의하여 상인적 방법으로 상행위 이외의 영업 예컨대, 농업, 임업, 수산업 등과 같은 원시산업이나 새로운 유형의 영업을 하는 자를 말한다($\frac{\text{상}^5}{①}$). 이러한 설비상인은 ① 상인적 설비인 점포 기타 유사한 설비와 ② 상인적 방법의 두 가지 요건을 요한다.

상인적 설비란 물적 설비뿐만 아니라 인적 설비를 포함한다고 본다. 예를 들어 농산물을 행상하는 자는 의제상인이 될 수 없으나 농산물을 점포 기타 유사한 설비에 의하여 판매하는 자는 의제상인이 될 수 있다.

상인적 방법이란 당연상인이 기업을 경영함에 있어서 보통 필요로 하는 설비를 갖추고 당연상인과 같은 방법으로 영업을 하는 것을 말한다.

위의 사례(1.2.1.2.1.)에서 보았듯이 약 5,000평의 사과나무 과수원을 경영하면서 그중 약 2,000평 부분의 사과나무에서 사과를 수확하여 이를 대부분 대도시의 사과판매상에 위탁판매한 경우에 당연상인이라고 할 수 없고, 점포 기타 유사한 설비에 의하여 상인적 방법으로 영업을 하지도 않았으므로 의제상인에도 해당하지 않는다.[6] 그러나 만약 도로변에 원두막을 설치하여 팔았다면 의제상인에 해당한다.

또한 가령 계주가 여러 개의 낙찰계를 운영하여 얻은 수입으로 가계를 꾸려왔다 할지라도 계주가 상인적 방법에 의한 영업으로 계를 운영한 것이 아니라면 계주를 상법 제5조 제1항 소정의 의제상인이나 같은 법 제46조 제8호 소정의 대금, 환금 기타 금융거래를 영업으로 운영한 것에 해당한다고 볼 수 없다.[7]

---

6) 大判 1993.6.11. 93다7174, 7178(반소).
7) 大判 1993.9.10. 93다21705.

1.2.1.3.3. 민사회사

 민사회사란 상행위 이외의 행위를 영리의 목적으로 하는 회사를 말한다($^{상}_{①}$⁵). 회사($^{상}_{⑩}$)에는 상사회사와 민사회사가 있는데, 상행위($^{상}_{⑥}$)를 영리의 목적으로, 즉 영업으로 하는 회사가 상사회사(당연상인)이고, 상행위 이외의 행위를 영리의 목적으로 하는 회사가 민사회사(의제상인)인 점에서 양자는 차이가 있다.
 민사회사도 상사회사의 설립의 조건에 따라 설립되고($^{민}_{①}$³⁹), 또한 민사회사에도 모두 상사회사에 관한 규정이 준용되므로($^{민}_{②}$³⁹), 양자는 모두 상법의 적용 면에서는 같으므로 구별할 실익은 없다. 이러한 민사회사의 대표적인 예는 농업·축산업·수산업 등 원시산업을 목적으로 하는 회사를 들 수 있다.

1.2.1.4. 소상인

 상인은 영업규모를 기준으로 하여 완전상인과 소상인으로 구분할 수 있는데, 소상인이란 자본금이 1,000만 원 미만으로 회사가 아닌 자를 말한다($^{상법의 일부규정의}_{시행에 관한 규정 2}$). 자본금은 단순히 '영업재산의 현재가격'으로서 자기자본뿐만 아니라 타인자본도 포함한다. 상법상 회사의 종류 중 합명회사와 합자회사는 자본금이 없으므로 소상인에 해당될 수는 있으나 소상인이 되기 위해서는 회사가 아니어야 하므로 모든 회사는 소상인이 되지 않는다.
 지배인, 상호, 상업장부와 상업등기에 관한 규정은 소상인에게 적용하지 아니한다($^{상}_{⑨}$). 적용되지 않는다는 뜻은 소상인이 그러한 제도를 이용하여야 할 상법상의 의무가 없다거나 또는 소상인이 그러한 제도를 이용하더라도 상법상 보호받지 못한다는 의미이다. 그러나 소상인은 지배인이나 상업사용인을 둘 수 있고, 상호를 사용한다고 하더라도 상법이 적용되지 않으므로 상법상의 상호는 아니나 상호의 개별규정은 적용될 수 있다. 소상인은 또한 상업장부를 작성할 수 있으나 상법이 적용되지 않고 상업등기는 근본적으로 적용될 수 없다.

▶ 1.2.2. 상인자격의 득실

1.2.2.1. 서설

상인으로 존속하는 동안은 그의 행위에 대하여 상법이 적용되므로 언제 상인이 되고 언제 상인자격을 상실하느냐는 것은 상법의 적용범위를 정하는 또 하나의 중요한 표지이다.

민법상 권리능력자는 상인능력이 있으며, 이러한 상인능력자 중 상법상 상인자격에 요구되는 요건을 갖추어 상인이 된다. 다만 자연인이냐 법인이냐에 따라 그 성질상 차이가 있다.

1.2.2.2. 자연인의 상인자격

1.2.2.2.1. 상인자격의 취득

(1) 자연인

자연인은 생존한 동안 권리능력이 있으므로, 생존한 동안 원칙적으로 아무런 제한 없이 자기의 의사에 기하여 상법 제4조 또는 제5조의 요건을 구비하여 상인자격을 취득하게 된다.

(2) 회사

회사는 설립등기를 할 때 법인격과 상인자격을 취득하는 태생적 상인이다.

(3) 회사 이외의 법인·자연인

회사 이외의 법인 또는 자연인은 영업 준비행위(점포의 임차, 사용인의 고용 등)가 객관적으로 인정될 때 상인자격을 취득하게 된다. 이때의 영업의 준비행위는 보조적 상행위가 된다.

상인이 되는 구체적인 시기에 대해 판례는 영업의 목적인 기본적 상행위를 개시하기 전에 영업을 위한 준비행위를 하는 자는 영업으로 상행위를 할 의사를 실현하는 것이므로 그 준비행위를 한 때 상인자격을 취득함과 아울러 이 개업 준비행위는 영업을 위한 행위로서 그의 최초의 보조적 상행위가 되는 것이고, 이와 같은 개업 준비행위는 반드시 상호등기·개업광고·간판부착 등에 의하여 영업의사를 일반적·대외적으로 표시할 필요는 없으나 점포구입·영업양수·상업사용인의 고용 등 그 준비행위의 성질로 보아 영업의사를 상대방이 객관적으로 인식할 수 있으면 당해 준비행위는 보조적 상행위로서 여기에 상행위에 관한 상법의 규정이 적용된다고 한다.[8]

1.2.2.2.2. 상인자격의 상실

(1) 자연인

자연인의 상인자격은 영업의 종료로써 소멸한다. 즉 자연인의 상인자격은 영업의 종료와 영업을 양도할 때에 상인자격을 상실한다. 영업을 종료한 후 영업 중의 거래에 관한 잔무를 처리하는 범위에서는 상인자격을 유지한다고 할 것이다. 영업 종료의 원인은 의사에 의한 것이든, 법률에 의한 것이든 불문한다.

(2) 회사

회사는 청산절차의 종결로 법인격이 소멸하게 된다. 사법인 중 영리회사인 경우에는 청산을 사실상 종결한 때에 법인격의 소멸과 함께 상인자격을 상실하게 되고 사법인 중 공공법인 및 일반공법인이 부수적으로 영업을 함으로써 상인자

---

8) 大判 1999.1.29, 98다1584.

격을 취득하는 경우, 그 상인자격의 상실시기는 자연인인 상인의 경우와 같다.

(3) 회사 이외의 법인 · 자연인

회사 이외의 법인 또는 자연인의 경우에는 영업폐지 등 기업활동을 사실상 종결한 때에 상인자격을 상실한다.

	취득	상실
자연인	개업준비행위	영업폐지(파산, 사망, 영업양도)
법인	설립등기	실질적 청산 종결 시(파산)

1.2.2.3. 법인의 상인자격

법인은 자연인의 경우와는 달리 일정한 목적을 중심으로 하여 권리능력이 인정되어 있으므로 그 본래의 목적에 의하여 제약을 받는다. 뿐만 아니라 법인의 종류에 따라 상인이 될 수 있는 것과 그렇지 않은 것이 있다.

1.2.2.3.1. 법인의 상인자격의 취득

(1) 사법인

1) 영리법인

영리법인은 회사이며 회사에는 상행위를 목적으로 하는 상사회사와 상행위 이외의 영리를 목적으로 하는 민사회사가 있는데, 상사회사는 당연상인이고 민사회사는 의제상인이다. 이러한 회사의 상인자격은 회사의 성립에 의하여 취득하게 되고, 청산의 종결에 의하여 상인자격을 상실한다. 따라서 회사의 성립은 설립등기 시에 이루어지므로 회사의 상인자격의 취득은 설립등기 시이다. 회사는 법인격을 취득하기 이전에는 설립 중의 회사로서 여러 가지 설립준비행위를 하게 되는데, 이러한 설립 중의 회사의 행위를 보조적 상행위로 인정하고 있다.

2) 비영리법인

비영리법인 예컨대, 공익법인은 비영리법인 중에서 학술·종교·자선 등과 같은 공익사업을 목적으로 하는 단체인데, 공익법인은 그 본래의 목적이 비영리사업이므로 이와 관련해서는 상인이 될 수 없다. 다만 공익법인도 공익을 달성하는 데 필요한 또는 유익한 수단으로서 영업을 하는 경우에는 그 범위 내에서는 상인자격을 취득한다고 본다(통설).

3) 중간법인

중간법인(협동조합, 새마을금고, 신용조합)은 조합의 성질을 가지고 있어서 원칙적으로 상인자격이 인정되지 않는다. 그러나 여신행위를 회원에게 하는 경우에는 상인이 안 되나 비회원에게 비회원에 대한 신용사업을 영위하는 경우에는 그 범위 안에서 상인이 된다고 본다.

(2) 공법인

국가나 지방자치단체와 같은 일반공법인은 그 목적이나 활동에 제한이 없으므로 상인능력이 있고, 따라서 상인자격을 취득할 수 있다($\frac{?}{?}$). 특별법에 의하여 설립되는 특별공법인(농지개량조합법에 의한 농지개량조합)은 각각의 법률에 의하여 법인격 부여의 목적이 비영리적인 특정사업에 한정되어 있고 이외의 사업은 할 수 없으므로 상인자격을 취득할 수 없다.

1.2.2.3.2. 상인자격의 상실

사법인 중 회사는 청산을 사실상 종결한 때에 법인격의 소멸과 함께 상인자격을 상실한다. 즉 해산한 때가 아니라 청산의 종결로 이루어지게 되는데, 반드시 청산등기 시에 이루어지는 것은 아니다. 사법인 중 공익법인 및 일반공법인이 부수적으로 영업을 함으로써 상인자격을 취득하는 경우, 그 상인자격의 상실시기는 영업을 종료하거나 영업을 양도하는 경우 상인자격을 상실한다.

▶ 1.2.3. 영업능력

1.2.3.1. 서

상인이 유효한 영업행위를 할 수 있는 능력인 영업능력은 법인이 상인인 경우에는 기관을 통하여 영업행위를 하므로 영업능력이 문제되지 않는다. 다만 농지개량조합, 상호보험회사, 협동조합과 같은 특수공법인이나 특수사법인은 영업능력이 제한된다.

상인이 자연인 경우에는 그 상인의 영업능력은 그 자연인의 행위능력과 관련된다. 즉 민법상 행위무능력자는 상법상 영업무능력자로서 일정한 제한을 받는다. 다만 상법은 집단성·반복성·거래안전 등과 같은 영업행위의 특수성으로 인하여 약간의 특별규정을 두고 있다.

1.2.3.2. 미성년자

1.2.3.2.1. 법정대리인의 허락을 얻어서 영업을 하는 경우

미성년자는 상인자격을 취득하여도 원칙적으로 스스로 유효한 영업을 할 수 없고, 법정대리인의 허락을 얻은 경우에만 유효하게 영업행위를 할 수 있다. 미성년자가 법정대리인으로부터 허락을 얻은 특정한 영업에 관하여는
성년자와 동일한 영업능력이 있다. 법정대리인은 위의 허락을 취소 또는 제한할 수 있으나 선의의 제3자에게 대항하지 못한다($_{8}^{민}$). 미성년자 또는 한정치산자가 법정대리인의 허락을 얻어 영업을 하는 때에는 등기를 하여야 한다($_{6}^{상}$).

1.2.3.2.2. 법정대리인이 미성년자의 영업을 대리하는 경우

법정대리인이 미성년자를 위하여 영업을 하는 때에는 등기를 하여야 한다($\frac{상8}{①}$). 법정대리인의 대리권에 대한 제한은 선의의 제3자에게 대항하지 못한다($\frac{상8}{②}$). 법정대리인이 미성년자를 대리하여 영업을 할 수 있는데, 이 경우에는 미성년자가 상인이 되는 것이지 법정대리인이 상인이 되는 것이 아니다.

1.2.3.2.3. 미성년자가 인적 회사의 무한책임사원인 경우

미성년자 또는 한정치산자가 법정대리인의 허락을 얻어 회사의 무한책임사원이 된 때에는 그 사원자격으로 인한 행위에는 능력자로 본다($\frac{상}{7}$). 사원자격으로 인한 행위란 출자의무의 이행, 지분의 양도, 의결권의 행사와 같은 내부관계를 말하고 대표행위를 포함하지 않는다.

1.2.3.3. 한정치산자

한정치산자의 영업능력은 미성년자의 능력과 같다($\frac{민10,}{5~8}$). 다만 미성년자의 법정대리인에는 친권자와 후견인이 있으나, 한정치산자의 보호기관은 후견인이라는 점이 다르다.

1.2.3.4. 금치산자

금치산자는 영업능력이 인정되지 않으므로, 허락을 얻든 얻지 아니하든 자신이 직접 영업행위를 하지 못하므로, 항상 법정대리인이 대리하여 영업을 하여야 한다. 이 경우에 미성년자 또는 한정치산자의 경우와 같이 법정대리인(후견인)이 이를 등기하여야 한다($\frac{상8}{①}$). 이 경우에 법정대리인의 대리권에 대한 제한은 선의의 제3자에게 대항하지 못한다($\frac{상8}{②}$).

상업사용인

1.3.1.1. 상업사용인의 의의

기업은 인적 설비와 물적 설비의 결합으로 이루어지는데, 기업의 경영 규모가 커질수록 경영자(상인) 혼자서 모든 영업행위를 할 수가 없으므로 이들 영업행위와 관련한 업무를 보조할 자가 필요하게 되어 이용되는 자가 상업사용인이다. 이 상업사용인은 특정상인(영업주)에 종속하여 그 대외적인 영업활동을 보조하는 자이다.

이러한 상업사용인은 일반적으로 기업 내부의 조직에 속하면서 기업 경영자를 보조하는 자이므로 기업 외부에서 독립적으로 영업행위를 하면서 영업상 보조하는 관계인 대리상·중개인·위탁매매인·운송주선인·운송인·창고업자 등과 구별되며, 이사·감사 등과 같은 회사의 기관을 이루는 자는 상인인 회사 조직의 일부가 되는 것으로 회사에 종속하는 것이 아니므로 상업사용인이 아니다. 또한 상업사용인은 영업활동과 관련하여 대외적으로 활동하는 보조자이므로 외부적 영업활동과 관계없는 내부적 활동보조자 예컨대, 근로자 등은 상업사용인이 아니다.

상업사용인과 영업주와의 사이에 반드시 고용계약이 있어야 하는 것은 아니며, 상업사용인은 영업주의 영업활동을 보조하는 자이므로 자연인에 한한다.

상업사용인은 상인(영업주)을 위하여 외부적 영업활동을 하기 위해서는 대리의 법리에 의하게 된다. 상업사용인의 영업행위는 거래의 안전 및 이해관계자를 보호하기 위하여 강행법규로 규율하고 있다.

1.3.1.2. 상업사용인의 종류

상업사용인은 대리권의 범위에 따라 포괄적 대리권을 가지는 ① 지배인, ② 부분적 포괄대리권을 가진 상업사용인, ③ 물건판매점포사용인(의제상업사용인) 등 세 가지가 있다.

▶ 1.3.2. 지배인

1.3.2.1. 지배인의 의의

　지배인은 영업주에 갈음하여 그 영업에 관한 재판상 또는 재판 외의 모든 행위를 할 수 있는 상업사용인이다($\frac{\text{상}11}{①}$). 대리권의 범위는 구체적인 범위에 한하는 것이 아니라 영업에 관한 한 모든 행위를 할 수 있으므로 포괄적이다. 지배인에 해당하는지에 대해서는 그 명칭에 관계없이 포괄적인 대리권을 수여받고 있는지의 여부(지배권기준설)에 따라 결정하여야 할 것이다.

　판례도 회사원이 회사 지점에서 자금과장으로 호칭되고 지점장 바로 다음 직위에 있으며, 그 회사원이 지점장 명의로 은행지점에 개설된 위 회사의 보통예금계좌에서 예금을 인출하거나 또는 이에 입금한 사실이 있었다 하여 이 사실만으로 바로 회사원이 회사로부터 회사지점장 명의의 예금계좌에서 예금을 인출할 수 있는 권한을 포괄하여 위임받은 상업사용인이라고는 할 수 없다[9]고 판시하고 있다.

1.3.2.2. 지배인의 선임 · 종임

1.3.2.2.1. 선임

(1) 선임권자

　상인 또는 그 대리인은 지배인을 선임할 수 있다($\frac{\text{상}}{10}$). 선임권자로 대리인의 범

---

9) 大判 1987.6.23, 86다카1418.

위에 대해 법정대리인만이 지배인을 선임할 수 있다는 견해와 임의대리인도 지배인을 선임할 수 있다는 견해로 나뉘어 있다. 상인이 법인인 경우에는 회사의 유형에 따라 선임권자가 다르다. 즉 합명회사와 합자회사는 무한책임사원의 과반수로 선임하게 되고, 주식회사는 이사회의 결의, 유한회사의 경우에는 이사회 과반수나 사원총회의 결의로 선임하게 된다.

지배인은 다른 지배인을 선임할 수 없다. 따라서 상인으로부터 선임받은 지배인은 지배인이 아닌 점원 기타 사용인을 선임 또는 해임할 수 있을 뿐이다 (상11).

(2) 자격

지배인은 자연인에 한할 뿐 반드시 행위능력자일 필요도 없고(민), 특별한 자격을 갖고 있을 필요도 없다. 다만 직무의 성질상 감사와의 겸임은 허용되지 않으나 (상III.), 이사는 지배인을 겸할 수 있다. 즉 주식회사의 기관인 상무이사도 동 회사의 사용인을 겸임할 수 있다.[10]

(3) 선임방식 성질

선임방식에는 특별한 제한은 없지만 포괄적 대리권을 수여하므로 어느 정도는 명시적인 방법에 의하여야 할 것이다. 선임행위의 성질은 지배권의 수여행위로 고용계약이나 위임계약과의 결합일 필요는 없다고 보는 견해와 대리권수여행위와 결합한 고용계약 또는 위임계약으로 보는 견해로 나뉜다.

1.3.2.2.2. 종임

지배인은 그 선임계약에 의한 종료사유 또는 대리권의 소멸사유에 의하여 종임된다(민127, 128). 이러한 대리권 소멸사유로는 지배인의 사망, 금치산 또는 파산, 영업주의 또는 지배인의 상호간의 위임계약의 해지, 영업주의 파산 등이다. 다

---

10) 大判 1968.7.23. 68다442.

만 민법상 본인의 사망은 대리권의 소멸사유이나 상행위의 위임에 의한 대리권은 본인의 사망으로 인하여 소멸하지 아니하므로($\frac{상}{50}$), 영업주의 사망은 지배인의 대리권의 소멸원인이 되지 않는다. 이는 기업의 유지를 위해서 인정되는 제도이다.

1.3.2.2.3. 등기

상인은 지배인의 선임과 그 대리권의 소멸에 관하여 그 지배인을 둔 본점 또는 지점소재지에서 등기하여야 한다. 공동지배인에 관한 사항과 그 변경도 같다($\frac{상}{13}$). 지배인의 선임과 종임은 등기사항이나 대항요건에 불과하므로 등기하지 않아도 선임 또는 해임의 사실만으로 즉시 지배권이 발생 또는 소멸되는 효력 발생한다. 그리고 지배인의 대리권 제한은 등기사유가 아니므로 등기할 수 없다.

1.3.2.3. 지배인의 권한

1.3.2.3.1. 지배권의 특성 · 내용

지배인의 대리권(지배권)의 범위는 영업에 관한 모든 재판상 · 재판 외의 행위에 미친다는 점($\frac{상}{11}$)에서는 포괄성과 정형성을 가지며 그 범위에 대한 제한이 없다(불가제한성). 따라서 지배인은 영업주에 갈음하여 그 영업에 관한 재판상 또는 재판 외의 모든 행위를 할 수 있고, 지배인의 대리권에 대한 제한은 선의의 제3자에게 대항하지 못한다. 제3자의 악의 또는 중대한 과실에 대한 주장 · 입증책임은 영업주가 부담한다.[11] 재판상의 행위라 함은 소송행위와 관련하여 지배인이 소송대리인이 되거나 소송대리인을 선임할 수 있고, 재판 외의 행위라 함은 영업에 관한 모든 적법행위를 말한다.

지배인의 어떤 행위가 영업주의 영업에 관한 것인가의 여부는 지배인의 행위

---

11) 大判 1997.8.26. 96다36753; 大判 1987.3.24. 86다카2073.

당시의 주관적인 의사와는 관계없이 그 행위의 객관적 성질에 따라 추상적으로 판단되어야 한다.[12]

지배인의 대리권은 영업과 관련하여서만 인정되는 것이므로 영업을 넘어서는 정관의 변경 등과 같은 기본적 행위와 영업과 관련이 없는 영업주의 일신전속적 성질의 것은 지배권의 범위에 포함되지 않는다. 영업주와 지배인 간에는 인적 신뢰를 바탕으로 하고 있으므로 지배인의 대리권의 양도는 할 수 없다.

1.3.2.3.2. 지배권의 제한

(1) 서

지배인의 대리권은 포괄적이고 정형화되어 있으므로 원칙적으로 제한이 없지만 영업주의 특정한 영업에 한한다는 점에서 제한이 있다. 따라서 일반적으로 상업사용인은 상인의 영업범위 내에 속하는 일에 관하여 그 상인을 대리할 수 있고 영업과 관계없는 일에 관하여는 특별한 수권이 없는 한 대리권이 없다. 그러므로 상업사용인이 권한 없이 상인의 영업과 관계없는 일에 관하여 상인의 행위를 대행한 경우에 특별한 수권이 있다고 믿을 만한 사정이 없는 한 상업사용인이라는 이유만으로 그 대리권이 있는 것으로 볼 수 없다.[13]

물론 지배인의 행위가 그 객관적 성질에 비추어 영업주의 영업에 관한 행위로 판단되는 경우에도 지배인이 자기 또는 제3자의 이익을 위하여 또는 그 대리권에 관한 제한에 위반하여 한 행위에 대하여는 그 상대방이 악의인 경우에 한하여 영업주는 그러한 사유를 들어 상대방에게 대항할 수 있다.[14] 나아가 제3자가 위 대리권의 제한 사실을 알지 못한 데에 중대한 과실이 있는 경우에도 영업주는 그러한 사유를 들어 상대방에게 대항할 수 있다. 이러한 제3자의 악의 또는 중대한 과실에 대한 주장·입증책임은 영업주가 부담한다.[15] 즉 지배인의 대리권 제한을 대항할 수 없는 선의의 제3자란 과실 있는 제3자를 포함

---

12) 大判 1987.3.24. 86다카2073.
13) 大判 1984.7.10. 84다카424, 425.
14) 大判 1987.3.24. 86다카2073.
15) 大判 1997.8.26. 96다36753.

하지만 중과실 있는 제3자를 포함하지 않는다. 어음행위와 관련하여 제3자의 범위에는 어음을 취득한 상대방뿐만 아니라 그로부터 어음을 다시 배서양도받은 제3취득자도 포함한다.[16)]

이렇게 제한되는 지배인의 대리권은 특정한 영업에 한정되지 않는 대표권과 구별된다. 그러므로 수 개의 영업이 있는 경우에는 각 영업마다 지배권이 성립하기도 하고, 지배인이 여러 개의 영업에 관한 지배권을 가질 수도 있고, 하나의 영업에 대해 공동으로 지배권을 행사할 수 있도록 할 수도 있다.

(2) 공동지배인

1) 의의

공동지배인이란 수인의 지배인이 영업에 대하여 공동으로 지배권을 행사하는 것을 말한다. 이 공동지배인은 주식회사의 공동대표이사제도처럼 지배인의 대리권 오용이나 남용을 방지하기 위한 것이다.

2) 능동대리의 경우

상인은 수인의 지배인에게 공동으로 대리권을 행사하게 할 수 있다(상12①). 따라서 공동지배인이 능동대리를 하는 경우에는 공동으로 하여야만 그 법률효과가 발생한다. 공동지배인의 능동대리에 있어서 문제가 되는 것은 공동지배인 중의 일부가 다른 공동지배인에게 지배권을 위임할 수 있는지 여부이다.

지배권의 포괄적 위임은 명백히 공동지배인제도의 입법취지에 반하므로 인정될 수 없다고 할 수 있으나, 특정한 사항에 관한 지배권의 개별적 위임은 공동지배인 제도의 입법취지에 반한다고 볼 수 없다는 이유로 이를 긍정하는 견해와 부정하는 견해로 나뉜다. 개별적 위임은 허용하여야 할 것이다. 판례도 주식회사의 공동대표제도의 경우에 공동대표이사의 1인이 일반적, 포괄적으로 위임함은 허용되지 아니하나 그 대표권의 행사를 특정사항에 관하여 개별적으로 다른 공동대표이사에게 위임할 수도 있다고 판시하고 있다.[17)]

---

16) 大判 1997.8.26. 96다36753.

3) 수동대리의 경우

공동지배인이 수동대리를 하는 경우에는 그중 1인만이 하여도 그 법률효과가 발생한다. 즉 공동지배인의 경우 지배인 1인에 대한 의사표시는 영업주에 대하여 그 효력이 있다(상12). 이는 공동지배인의 취지가 대리권의 남용으로 인한 영업주의 불이익을 방지하기 위한 것이므로, 단순히 상대방으로부터 의사표시를 수령하는 수동대리의 경우에는 영업주의 이익이 침해되지 않기 때문에 공동지배인 각자가 대리권을 행사할 수 있도록 한 것이다.

4) 등기

공동지배인제도는 그와 거래하는 상대방에게 이해관계가 크므로 공시할 필요가 있다. 따라서 영업주가 공동지배인을 둔 경우에는 이에 관한 사항과 그 변경 또는 소멸에 관하여 등기하여야 한다(상13).

1.3.2.3.3. 지배권의 남용

지배권의 남용이란 지배인이 객관적으로는 대리권의 범위 내에 속하지만, 주관적으로 자기 또는 영업주 이외의 제3자의 이익을 꾀하기 위하여 대리행위를 하는 것을 말한다. 지배권 남용행위의 효력에 대해 ① 원칙적으로 유효하나 상대방이 지배인의 대리권의 남용을 알았거나 알았을 경우에는 무효로 하는 심리유보설, ② 원칙적으로 유효하지만 상대방이 지배권남용행위를 안 경우에는 영업주에 대한 권리행사는 허용되지 않는다는 권리남용설, ③ 원칙적으로 유효하나 제3자가 알았거나 알지 못한 데 중대한 과실이 있는 경우에만 그에게 무효를 주장할 수 있다는 대리권제한설, ④ 지배권남용행위는 영업주의 이익을 침해하여 지배인의 의무에 반하므로 원칙적으로 무효이나 상대방이 중대한 과실 없이 그 사정을 모른 경우에는 상대방의 이익을 보호하기 위하여 무효를 주장할 수 없다는 이익형량설로 나뉘어 있다.

---

17) 大判 1989.5.23. 89다카3677.

1.3.2.4. 표현지배인

1.3.2.4.1. 의의

표현지배인이란 외관상 지배인의 권한이 있는 것처럼 본점 또는 지점의 영업주임 기타 유사한 명칭을 가진 상업사용인으로 실질적으로는 지배인의 권한이 없는 자를 말한다. 이러한 표현지배인은 재판상의 행위를 제외하고는 본점 또는 지점의 지배인과 동일한 권한이 있는 것으로 본다($\frac{상 14}{①}$).

1.3.2.4.2. 요건

표현지배인이 되기 위해서는 ① 영업주임 등 표현지배인을 나타내는 명칭을 사용할 것, ② 본점 또는 지점의 실질을 갖출 것(다수설·판례), ③ 영업주의 표현명칭 사용에 대한 명시적·묵시적인 허락(귀책사유), ④ 지배인의 권한 내의 행위(재판행위와 불법행위는 적용 안 됨), ⑤ 상대방의 선의 및 중과실이 없어야 하는 등의 요건을 갖추어야 한다.

(1) 영업주임 등 표현지배인을 나타내는 명칭을 사용할 것

영업주임 기타 유사한 명칭은 예시에 불과하고, 기타 영업부장, 지점장 등이 표현지배인의 범주에 포함될 수 있다. 그러나 보험회사의 영업소장, 지점장 차장, 증권회사의 지점장대리는 그 명칭 자체로서 상위직의 사용인의 존재를 추측할 수 있게 하는 것이므로 표현지배인에 해당되지 않는다.[18]

① 지점장, 영업부장, 상무(判例): 지배인을 지칭하는 명칭

② 지점차장(判例), 지점장대리, 영업소주임: 명칭 자체로 표현지배인 불가. 명칭자체로서 상위직의 사용인의 존재를 추측할 수 있게 하는 것이며 표현지배인이 아님

---

18) 大判 1983.10.25, 83다107; 大判 1993.12.10, 93다36974; 大判 1994.1.28, 93다49703.

③ 지사장, 영업소장: 보험회사의 경우 부정됨(判例)

④ 건설회사 현장소장: 특정된 건설현장에서 공사의 시공에 관련된 업무만을 담당하는 자이므로 특별한 사정이 없는 한 표현지배인이라고 할 수 없음(判例). 부분적 포괄대리권을 가진 상업사용인으로 봄.

⑤ 기타 유사명칭 사용(영업주임): 지점차장은 유사명칭 아님(판례)

(2) 본점 또는 지점의 실질을 갖출 것(다수설·판례)

영업소의 실질여부에 관한 학설에는 영업소의 외관만 있으면 충분하다는 형식설과 영업소로서의 실질을 갖추어야 한다는 실질설(다수설, 판례)로 나뉘어 있다.

표현지배인이 성립하려면 당해 사용인의 근무 장소가 상법상의 영업소인 '본점 또는 지점'의 실체를 가지고 어느 정도 독립적으로 영업 활동을 할 수 있는 것임을 요하고, 단순히 본·지점의 지휘감독 아래 기계적으로 제한된 보조적 사무만을 처리하는 영업소는 상법상의 영업소라 볼 수 없으므로 동 영업소의 소장은 표현지배인이 아니다.[19]

(3) 영업주의 표현명칭 사용에 대한 명시적·묵시적인 허락(귀책사유)

제3자의 영업주의 명칭사용 사실을 영업주가 알지 못하고, 또 사용을 제지하지 못한 점에 과실이 있다고 하더라도 영업주는 그 자의 행위에 대해 책임이 없다.

(4) 지배인의 권한 내의 행위

재판행위와 불법행위는 적용 안 된다.

(5) 상대방의 선의 및 중과실이 없을 것

지배인의 행위가 영업주의 영업에 관한 것인가의 여부는 지배인의 행위 당시

---

19) 大判 1978.12.13, 78다1567; 大判 1998.8.21, 97다6704; 大判 1998.10.13, 97다43819.

의 주관적인 의사와는 관계없이 그 행위의 객관적 성질에 따라 추상적으로 판단하여야 할 것이다. 예컨대, 지배인이 영업주 명의로 한 어음행위는 객관적으로 영업에 관한 행위로서 지배인의 대리권의 범위에 속하는 행위라 할 것이므로 지배인이 개인적 목적을 위하여 어음행위를 한 경우에도 그 행위의 효력은 영업주에게 미친다 할 것이다.[20] 악의 여부는 거래 시를 기준으로 판단한다. 악의의 증명책임은 영업주가 부담한다.

1.3.2.4.2. 효과

본점 또는 지점의 지배인과 동일한 권한이 있는 것으로 본다. 따라서 영업주는 상대방에 대하여 책임을 진다. 그러나 재판상의 행위에 관하여는 그러하지 아니하다(상14①). 다만 상대방이 악의인 경우에는 적용하지 아니한다(상14②).

---

20) 大判 1998.8.21. 97다6704.

1.3.3.1. 의의

부분적 포괄대리권을 가진 상업사용인이란 영업의 특정한 종류 또는 특정한 사항에 관한 재판 외의 모든 행위를 할 수 있는 권한을 위임을 받은 사용인을 말한다. 보통 회사의 부장·과장·계장·대리 등의 명칭을 가진 상업사용인이 이에 해당한다.

① 회사의 경영부장과 과장대리가 거래선 선정 및 계약체결, 담보설정, 어물구매, 어물판매, 어물재고의 관리 등의 업무에 종사하고 있었다면 비록 상무, 사장 등의 결재를 받아 그 업무를 시행하였더라도 상법 제15조 소정의 "영업의 특정한 종류 또는 특정한 사항에 대한 위임을 받은 사용인"으로서 그 업무에 관한 부분적 포괄대리권을 가진 사용인이라 할 것이다.[21]

② 도로공사를 도급받은 회사에서 그 공사의 시공에 관련한 업무를 총괄하는 현장소장의 지휘 아래 노무, 자재, 안전 및 경리업무를 담당하는 관리부서장은 그 업무에 관하여 부분적 포괄대리권을 가지고 있다고 할 것이지만, 그 통상적인 업무가 공사의 시공에 관련된 노무, 자재, 안전 및 경리업무에 한정되어 있는 이상 일반적으로 회사의 부담으로 될 채무보증 또는 채무인수 등과 같은 행위를 할 권한이 있다고 볼 수는 없다.[22]

③ 일반적으로 주식회사의 경리부장은 경상자금의 수입과 지출, 은행거래, 경리장부의 작성 및 관리 등 경리사무 일체에 관하여 그 권한을 위임받은 것으로 봄이 타당하고 그 지위나 직책, 회사에 미치는 영향, 특히 회사의 자금차입을 위하여 이사회의 결의를 요하는 등의 사정에 비추어 보면 특별한 사정이 없는 한 독자적인 자금차용은 회사로부터 위임되어 있지 않다고 보아야 할 것이므로 경리부장에게 자금차용에 관한 상법 제15

---

21) 大判 1989.8.8. 88다카23742.
22) 大判 1999.5.28. 98다34515.

조의 부분적 포괄대리권이 있다고 할 수 없다.[23]

1.3.3.2. 선임 · 종임

부분적 포괄대리권을 가진 사용인의 선임 · 종임은 지배인의 경우와 비슷하나 다른 점은 영업주(상인)뿐만 아니라 지배인도 부분적 포괄대리권을 가진 사용인을 선임할 수 있으며, 지배인의 선임 · 종임은 등기사항이지만 부분적 포괄대리권을 가진 상업사용인의 선임과 종임은 등기사항이 아니라는 점이다.

1.3.3.3. 권한

부분적 포괄대리권을 가진 상업사용인은 영업의 특정한 종류 또는 특정한 사항에 대한 재판 외의 모든 행위를 할 수 있다($\frac{3}{1}$15). 부분적 포괄대리권을 가진 상업사용인은 ① 그 대리권이 특정사항에 관하여만 포괄성과 정형성을 갖는 점 ② 그 대리권은 재판상의 행위에는 미치지 않는 점 ③ 지배인이 선임할 수 있는 점 ④ 등기사항이 아닌 점 등에서 지배인과 구별된다. 다만 부분적 포괄대리권을 가진 상업사용인도 위임받은 사항에 대해서는 포괄적인 대리권을 가지고 있고(포괄성), 대리권을 제한하여도 선의의 제3자에게 대항할 수 없는 점(정형성, 불가제한성)은 지배인과 같다.

부분적 포괄대리권을 가진 상업사용인은 특정한 영업이나 특정된 사항에 대하여 권한이 있기 때문에 특정된 영업이나 특정된 사항에 속하지 않는 행위를 한 경우 영업주가 책임을 지기 위하여는 민법상의 표현대리의 법리에 의하여 그 상업사용인과 거래한 상대방이 그 상업사용인에게 그 권한이 있다고 믿을 만한 정당한 이유가 있어야 한다.[24]

---

23) 大判 .1990.1.23. 88다카3250.
24) 大判 1999.7.27. 99다12932.

▶ 1.3.4. 물건판매점포사용인

　물건판매점포사용인은 판매에 관한 모든 대리권이 있는 것으로 보는 자를 말한다. 물건을 판매하는 점포의 사용인은 비록 영업주로부터 판매에 관한 위임을 받지 않은 경우라도 그 판매에 관한 모든 권한이 있는 것으로 본다($\frac{상}{①}$ ^{16}). 이는 물건판매점포사용인이 그 점포에 있는 물건의 판매에 대한 대리권이 있는 것과 같은 외관이 있으므로 그 외관을 믿고 거래한 자의 거래의 안전을 위하여 인정된 것이다. 물건판매점포사용인의 대리권의 의제는 악의의 제3자에게는 적용되지 않는다($\frac{상}{②}$ ^{16}).

　이러한 물건판매점포사용인의 권한이 인정되기 위한 요건으로는 ① 점포 내이어야 하고 ② 물건을 판매하는 것이고 ③ 구매자(제3자)가 선의이어야 한다. 점포 내이어야 하므로 점포 외에서 판매하거나 대금을 수령하는 것은 원칙적으로 할 수 없으며,[25] 같은 취지에서 백화점의 외무사원이 점포 외에서 물건을 판매하는 행위에 대해서는 물건판매점포사용인에 관한 상법의 규정이 적용되지 않는다.[26]

---

25) 대판 1971.3.30, 71다65.
26) 大判 1976.7.13, 76다860.

▶ 1.3.5. 상업사용인의 의무

1.3.5.1. 서설

영업주와 상업사용인 간에는 인적 신뢰가 깊고, 상업사용인은 영업주의 영업에 관한 기밀에 접근하기 쉽기 때문에 상업사용인에게 일정한 의무를 부과하지 않는다면 이 정보를 이용함으로써 영업주에게 손해를 입히게 되고, 또한 인적 신뢰관계를 훼손할 수 있으므로 상법은 일정한 의무를 규정하고 있다. 영업양도인, 대리상, 합명회사 사원, 합자회사 무한책임사원, 물적 회사의 이사에게도 이와 유사한 의무를 부여하고 있다.

1.3.5.2. 의무의 내용

상법은 상업사용인의 부작위의무로 경업금지의무와 겸직금지의무를 규정하고 있다.

1.3.5.2.1. 경업금지의무

(1) 의의

상업사용인은 영업주의 허락 없이 자기 또는 제3자의 계산으로 영업주의 영업부류에 속한 거래를 할 수 없다(상_①). 영업주의 허락은 방법을 묻지 않으며, 계산으로 한다는 것은 거래로 인한 경제적 효과의 주체가 된다는 뜻이며, 영업주의 영업부류에 속하는 거래란 영업주의 영업목적인 거래를 말한다.

(2) 경업금지의무위반의 효과

1) 탈취권(개입권)

지배인이 경업금지의무위반의 규정에 위반하여 거래를 한 경우에 그 거래가 자기의 계산으로 한 것인 때에는 영업주는 이를 영업주의 계산으로 한 것으로 볼 수 있고 제3자의 계산으로 한 것인 때에는 영업주는 사용인에 대하여 이로 인한 이득의 양도를 청구할 수 있다(상¹⁷). 이를 탈취권 또는 개입권이라 한다.

탈취권은 영업주가 지배인에 대하여 일방적 의사표시로 행하는 형성권이며, 이러한 권리는 영업주가 그 거래를 안 날로부터 2주간을 경과하거나 그 거래가 있는 날로부터 1년을 경과하면 소멸한다(상¹⁷). 이 기간은 제척기간이다.

2) 계약해지권·손해배상청구권

영업주는 사용인에 대한 계약의 해지 또는 손해배상을 청구할 수 있다(상¹⁷). 이러한 권리는 영업주가 그 거래를 안 날로부터 2주간을 경과하거나 그 거래가 있는 날로부터 1년을 경과하면 소멸한다(상¹⁷). 이 기간은 제척기간이다.

1.3.5.2.2. 겸직금지의무

(1) 의의

상업사용인은 영업주의 허락 없이 다른 회사의 무한책임사원, 이사 또는 다른 상인의 사용인이 되지 못한다(상¹⁷).

(2) 겸직금지의무위반의 효과

겸직금지의무위반의 경우 그러한 지위에 취임한 행위 그 자체는 유효하고, 영업주는 그 상업사용인에 대하여 계약을 해지하거나 또는 손해배상을 청구할 수 있을 뿐(상¹⁷), 탈취권의 행사는 인정되지 않는다.

상 호

▶ 1.4.1. 상호의 의의

　상호란 상인이 영업상 다른 상인과 식별되고 자기를 표시하기 위하여 사용하는 명칭이다. 상호는 명칭이므로, 문자로 표시되고 발음될 수 있는 것이어야 하므로 기호·도안 등은 상호가 될 수 없다. 또한 상호는 영업상의 명칭이므로 영업과는 관계없이 자연인을 표시하는 성명·아호·예명 등은 상호가 아니다. 외국문자로 된 상호는 법률상 등기할 수 없으므로 외국어는 그 발음을 한자 또는 한글로 표시하는 경우에만 등기할 수 있는 상호로 인정된다. 상호는 상인의 명칭이므로 상인이 아닌 상호보험회사 또는 협동조합이 사용하는 상호는 상법상의 상호가 아니다. 소상인이 그의 영업을 위하여 특별한 명칭을 사용하더라도 소상인에게는 상호에 관한 규정을 적용하지 않기 때문에 상호가 아니다(상9 참조).

　상호는 상인이 다른 상인과 식별되기 위한 것이므로, 상호는 곧 상인의 신용 등을 나타내어 중요한 경제적 가치를 갖게 된다. 따라서 상호를 보호할 이유가 있게 된다. 이러한 상호는 인격권적 성격(성명권 같은 지배권적인 성격)을 갖는 재산권(향수하는 이익, 양도성)으로서의 성질을 가지고 있다. 이러한 상호를 보호하기 위한 상호를 규율하는 법으로는 상법 이외에도 부정경쟁방지 및 영업비밀보호에 관한 법률, 상표법 등이 있다.

1.4.2.1. 상호 선정에 관한 입법주의

상호와 영업의 실체를 어느 정도 일치시킬 것인가에 대하여 입법례는 상호자유주의, 상호진실주의, 절충주의가 있다. 상호자유주의란 상호를 영업의 실체적 내용과는 관계없이 아무렇게나 쓸 수 있다는 주의이며, 상호진실주의란 상호를 영업의 실체와 합치되게끔 사용하여야 한다는 주의이다. 절충주의는 상호선정 시에는 영업의 실체와 부합하게 함으로써 상호진실주의를 기초로 하지만 영업의 양도나 상속에 있어서는 종전 상호의 속용을 인정하는 주의이다. 상법은 상호의 선정에 관하여 특별한 제한을 두지 않는 것을 원칙으로 하면서, 회사 등 특별한 경우에 그 예외를 인정하고 있으므로 절충주의를 취하고 있다고 할 수 있다.

1.4.2.2. 상법상의 상호선정 자유와 예외

1.4.2.2.1. 원칙: 상호선정 자유주의

상인은 그 성명 기타의 명칭으로 상호를 정할 수 있다(상⅛)고 함으로써, 상법은 상인으로 하여금 상호를 자유롭게 정할 수 있도록 함으로써 상호자유주의를 채택하고 있다. 따라서 상호에는 자기의 이름뿐만 아니라 타인의 이름을 사용하는 것도 가능하며, 타인의 사용과 구별되는 용어가 아닌 통속적인 용어로 쓰이는 경우에는 무한대로 사용할 수 있다. 즉 상인의 실체와 상호가 반드시 일치하여야 하는 것이 아니기 때문에 박사도 아닌 사람이 박사라는 상호를 사용해도 무방하다. 상호는 발음이 가능한 문자로 표시될 수 있어야 한다.

1.4.2.2.2. 예외

(1) 서

상호는 상인을 다른 상인과 식별하는 표지의 역할을 함으로써 신용 등의 경제적 효과가 있으므로 이를 악용하는 것을 막기 위하여 일정한 제한을 가하고 있다. 상법은 회사의 상호, 회사상호의 부당사용 금지, 주체를 오인시킬 상호의 사용금지, 명의대용자의 책임 등을 규정하고 있다.

(2) 회사상호의 예외

회사의 상호에는 그 종류에 따라 합명회사, 합자회사, 주식회사 또는 유한회사의 문자를 사용하여야 하며($^{\text{상}}_{19}$), 회사가 아니면 상호에 회사임을 표시하는 문자를 사용하지 못한다. 회사의 영업을 양수한 경우에도 같다($^{\text{상}}_{20}$).

(3) 부정목적의 타인상호사용금지

누구든지 부정한 목적으로 타인의 영업으로 오인할 수 있는 상호를 사용하지 못한다($^{\text{상}}_{①}$25). 부정한 목적이란 "어느 명칭을 자기의 상호로 사용함으로써 일반인으로 하여금 자기의 영업을 그 명칭에 의하여 표시된 타인의 영업으로 오인시키려고 하는 의도"를 말한다.[27] 타인이 영업으로 오인할 수 있는 상호에는 ① 그 타인의 영업과 동종 영업에 사용되는 상호 ② 각 영업의 성질이나 내용, 영업방법, 수요자층 등에서 서로 밀접한 관련을 가지고 있는 경우 ③ 타인의 상호가 현저하게 널리 알려져 있어 일반 수요자들로부터 기업의 명성으로 인하여 절대적인 신뢰를 획득한 경우 등이 있다.

판례도 타인의 영업으로 오인할 수 있는 상호는 그 타인의 영업과 동종 영업에 사용되는 상호만을 한정하는 것은 아니고, 각 영업의 성질이나 내용, 영업 방

---

27) 大判 1995.9.29. 94다31365, 31372(반소); 大判 2004.3.26. 2001다72081.

법, 수요자층 등에서 서로 밀접한 관련을 가지고 있는 경우로서 일반 수요자들이 양 업무의 주체가 서로 관련이 있는 것으로 생각하거나 또는 그 타인의 상호가 현저하게 널리 알려져 있어 일반 수요자들로부터 기업의 명성으로 인하여 절대적인 신뢰를 획득한 경우에는, 영업의 종류와 관계없이 일반 수요자로 하여금 영업 주체에 대하여 오인·혼동시킬 염려가 있는 것에 해당한다고 판시하고 있다.[28] 그러나 '주식회사 천일약방'과 '천일한약주식회사'라는 2개의 상호는 상법상 동일상호로 볼 수 없다.[29] 부정목적의 타인상호 사용금지는 가등기 상호뿐만 아니라, 미등기 상호의 부정한 사용도 방지하기 위한 것으로, 부정한 목적으로 사용하는 이상 그 상호가 현실로 타인의 상호인지 아닌지, 그것이 상호로서 등기되어 있는지 어떤지 묻지 않는다.

이에 위반하여 상호를 사용하는 자가 있는 경우에 이로 인하여 손해를 받을 염려가 있는 자 또는 상호를 등기한 자는 그 폐지를 청구할 수 있다($\frac{상 23}{②}$). 이 경우 손해가 있으면 손해배상을 청구할 수 있다($\frac{상 23}{③}$). 동일한 특별시·광역시·시·군에서 동종 영업으로 타인이 등기한 상호를 사용하는 자는 부정한 목적으로 사용하는 것으로 추정한다($\frac{상 23}{④}$).

1.4.2.2.3. 상호의 단일성

(1) 상인의 경우

동일한 영업에는 단일상호를 사용하여야 한다($\frac{상 21}{①}$). 이를 상호단일의 원칙이라 한다. 동일한 영업에 대한 상호 단일의 원칙을 명문화한 것은 소비자를 보호하고 타인의 상호선정 자유의 부당한 제약을 방지하고자 하는 데 있다.[30] 하나의 영업에 관하여는 수 개의 영업소를 가지고 있더라도 하나의 상호밖에 가질 수 없으므로, 지점의 상호에는 본점과의 종속관계를 표시하여야 한다($\frac{상 21}{②}$).

---

28) 大判 1996.10.15. 96다24637.
29) 大判 1970.9.17. 70다1225. 1226.
30) 제주지법 1998.4.23. 97가합3244.

(2) 회사기업의 경우

회사의 상호는 회사의 전인격을 표시하는 유일한 명칭으로서 하나만이 있으므로, 회사가 수 개의 영업을 하더라도 한 개의 상호만을 사용할 수 있다. 이 경우 영업소에는 본점과의 종속관계를 표시하여야 한다(상21③).

1.4.2.2.4. 상호의 등기

상호는 상인과 그 거래상대방인 일반대중에게 큰 이해관계가 있으므로 법률은 상호를 공시하기 위하여 상호등기제도를 마련하고 있다. 개인상인의 경우에는 상업등기부에 자유로이 할 수 있고, 회사의 경우에는 회사등기부에 반드시 등기하여야 한다. 상호를 선정한 경우뿐만 아니라 상호를 변경 또는 폐지한 경우에도 이를 등기하여야 한다. 상호를 등기하면, 동일상호의 등기배척 및 부정목적의 사용이 추정되는 효과가 있다.

▶ 1.4.3. 상호권

1.4.3.1. 상호권의 의의

상인이 상호를 사용하게 되면 일정한 권리, 즉 상호권이 발생하는데, 이러한 상호권에는 상호사용권과 상호전용권이 있다. 상호사용권은 상인이 적법하게 선정한 상호를 타인의 방해를 받지 않고 사용할 수 있는 권리이고, 상호전용권은 타인이 부정한 목적으로 자기가 사용하는 상호와 동일 또는 유사한 상호를 사용하는 경우에 이를 배척할 수 있는 권리를 말한다.

1.4.3.2. 상호권의 법적 성질

상호는 상인을 나타내는 명칭이므로 명예권 등과 관련하여 인격권적 성질을 가지고 있으며, 아울러 상호를 양도함으로써 재산적 이익을 얻을 수도 있으므로 재산권적 성질도 아울러 갖고 있다(겸유설, 다수설).

1.4.3.3. 상호권의 내용

1.4.3.3.1 상호사용권

상호사용권은 상인 자신이 적법하게 선정한 상호를 타인의 방해를 받지 않고 사용할 수 있는 권리이다. 상호사용권은 다른 상인이 동일상호로 등기한 경우에도 사용폐지를 요구받지 아니할 뿐만 아니라 손해배상청구를 받지 않고 계속해서 자기의 미등기상호를 계속하여 사용할 권리를 갖는다.

1.4.3.3.2. 상호전용권

상호전용권이란 상인이 전용하여 배타적으로 사용할 수 있는 권리이다. 이 상호전용권은 등기여부에 관계없이 인정되는 권리이지만(통설), 등기에 의하여 상호전용권의 배타성이 더욱 강화된다.

(1) 등기전의 상호전용권

1) 사용폐지청구권

사용폐지청구권이란 상호사용자가 다른 상인이 사용하는 자기의 상호사용을 못 하게 하는 권리이다. 즉 누구든지 부정한 목적으로 타인의 영업으로 오인할 수 있는 상호를 사용하지 못하는데($\frac{\text{상 23}}{①}$), 이에 위반하여 상호를 사용하는 자가 있는 경우에 이로 인하여 손해를 받을 염려가 있는 자 또는 상호를 등기한 자는 그 폐지를 청구할 수 있다($\frac{\text{상 23}}{②}$).

등기 전의 상호사용권은 타인의 영업으로 오인시킬 의도가 없다면 누구든지 지역에 관계없이 사용할 수 있다. 다만 타인이 자기로 오인시키고자 부정한 목적으로 상호를 사용하는 경우에는 그 상호권자가 타인의 부정한 목적에 대해 입증을 하여야 한다. 이는 등기되어 있지 않기 때문에 입증책임이 상호권자에게 있는 것이다. 그리고 상호는 반드시 동일할 필요는 없지만 적어도 인식가능한 유사한 상호이어야 한다.

부정한 목적이란 "어느 명칭을 자기의 상호로 사용함으로써 일반인으로 하여금 자기의 영업을 그 명칭에 의하여 표시된 타인의 영업으로 오인시키려고 하는 의도"를 말한다.[31] 판례를 보면 '허바허바칼라' 상호 양도 후 '새 허바허바칼라' 사건에서는 부정목적을 인정하였으나 마산의 '고려당'에 서울의 '고려당 마산분점' 사건과 '수원의 보령약국'의 서울의 '보령제약'과

---

31) 大判 1995.9.29, 94다31365,31372(반소).

오인할 가능성에 관한 사건에는 부정목적을 부인하였다.

그리고 타인의 영업으로 오인할 수 있는 상호는 그 타인의 영업과 동종 영업에 사용되는 상호만을 한정하는 것은 아니라고 할 것이나, 어떤 상호가 일반 수요자들로 하여금 영업 주체를 오인·혼동시킬 염려가 있는 것인지를 판단함에 있어서는, 양 상호 전체를 비교 관찰하여 각 영업의 성질이나 내용, 영업방법, 수요자층 등에서 서로 밀접한 관련을 가지고 있는 경우로서 일반 수요자들이 양 업무의 주체가 서로 관련이 있는 것으로 생각하거나 또는 그 타인의 상호가 현저하게 널리 알려져 있어 일반 수요자들로부터 기업의 명성으로 인하여 절대적인 신뢰를 획득한 경우에 해당하는지 여부를 종합적으로 고려하여야 한다.[32]

2) 손해배상청구권

상호의 부정사용자에 대하여 상호권자는 위의 상호사용폐지청구권을 행사할 수 있음은 물론 손해배상을 청구할 수 있다($\frac{상\ 23}{③}$). 동일한 특별시·광역시·시·군에서 동종 영업으로 타인이 등기한 상호를 사용하는 자는 부정한 목적으로 사용하는 것으로 추정한다($\frac{상\ 23}{④}$).

손해배상청구권 규정을 민법상의 불법행위에 기한 손해배상청구권을 주의적으로 규정한 것이라고 하는 견해와 민법상의 불법행위에 기한 손해배상청구권을 특수화하여 규정한 것이라고 보는 견해가 있다. 후자의 견해에 따르면 상호권자는 불법행위의 요건을 전부 입증할 필요는 없고 상호의 부정사용으로 인하여 실제로 손해가 발생하였음을 입증하면 된다.

3) 과태료의 제재

타인의 상호를 부정 사용한 자는 200만 원 이하의 과태료에 처한다($\frac{상}{28}$).

(2) 등기 후의 상호전용권

상호를 등기하면 첫째 상호사용폐지청구권의 요건이 완화되고, 둘째 유사상호의 등기배척권이 발생하는 등 상호권이 강화된다.

---

32) 大判 2002.2.26, 2001다73879.

상법은 부정 상호에 관한 규정에 위반하여 상호를 사용하는 자가 있는 경우에 이로 인하여 손해를 받을 염려가 있는 자 또는 상호를 등기한 자는 그 폐지를 청구할 수 있다(상23②)고 규정함으로써 상호전용권의 배타성을 인정하고 있다. 즉 상호를 등기한 경우에는 동일한 서울특별시·광역시·시·군에서 동종 영업으로 타인이 등기한 상호를 사용하는 자는 부정한 목적으로 사용하는 것으로 추정되기 때문에(상23④) 이 경우에는 가해자가 부정목적이 아니라는 점을 입증해야 하고, 피해자가 등기상호권자인 경우에는 상호의 부정사용으로 인하여 손해를 받을 염려가 있음을 입증하지 않아도 당연히 상호전용권을 행사할 수 있다(상23②후단). 따라서 상호권자가 등기를 하지 않았을 경우에는 손해의 염려가 있다는 것을 입증하여야 하나, 상호를 등기한 자는 등기하지 아니한 자에 비하여 쉽게 폐지를 청구할 수 있다.

1.4.3.4. 등기상호권자의 사전등기배척권

타인이 등기한 상호는 동일한 특별시·광역시·시·군에서 동종 영업의 상호로 등기하지 못한다(상22). 이를 등기상호권자의 사전등기배척권이라 한다. 위 규정의 취지는 일정한 지역 범위 내에서 먼저 등기된 상호에 관한 일반 공중의 오인·혼동을 방지하여 이에 대한 신뢰를 보호함과 아울러, 상호를 먼저 등기한 자가 그 상호를 타인의 상호와 구별하고자 하는 이익을 보호하는 데 있다.[33]

회사의 경우는 ① 주식회사 또는 유한회사를 설립하고자 할 때(상22의2①), ② 회사의 상호나 목적 또는 상호와 목적을 변경하고자 할 때(상22의2②), ③ 회사의 본점을 이전하고자 할 때(상22의2③)에는 가등기를 할 수 있는데, 이때의 상호의 가등기는 상호등기로 보므로(상22의2④) 이러한 경우에도 등기상호권자는 타인에 대한 사전등기배척권을 갖는다(상22의2). 가등기와 관련한 특징으로는 회사설립 시에는 주식회사와 유한회사의 경우에만 가등기를 할 수 있다는 점이다. 상호의 가등기에 있어

---

33) 大判 2004.3.26, 2001다72081.

서 본등기를 할 때까지의 기간, 공탁금의 공탁과 그 회수, 가등기의 말소 기타 필요한 절차는 대법원규칙으로 정한다(상22의2 ③).

상호전용권	등기 전	등기 후	
① 상호사용폐지청구권 손해배상청구권	절반 있음 (상호권자가 등기 전에는 부정목적 손해를 입증해야 함)	있음	
② 등기배척권	없음	있음	
③ 등기말소권	없음	있음	① 의 청구권과 경합

▶ 1.4.4. 상호의 이전과 폐지

1.4.4.1. 상호의 이전

1.4.4.1.1. 상호의 양도

(1) 원칙

상호의 양도란 상호권자가 상호권을 타인에게 양도하는 것을 말한다. 상법은 영업을 폐지하는 경우와 영업을 양도하는 경우에만 상호를 양도할 수 있는 것으로 하였다($^{상25}_{①}$). 상호는 재산적 가치가 있으므로 이를 양도할 수 있도록 한 것이다. 영업과 분리하여 상호만을 양도하는 것은 영업의 폐지의 경우에 한하여 인정되는데, 이는 양도인의 영업과 양수인의 영업과의 사이에 혼동을 일으키지 않고 또 폐업하는 상인이 상호를 재산적 가치물로서 처분할 수 있도록 하기 위한 것이다. 여기에서 영업의 폐지란 정식으로 영업폐지에 필요한 행정절차를 밟아 폐업하는 경우에 한하지 아니하고 사실상 폐업한 경우도 이에 해당한다.[34]

(2) 양도방법

상호는 당사자 간의 합의에 의하여 양도를 할 수 있으며, 특별한 방식을 요하지 않는다. 다만 등기된 상호의 양도는 등기하지 아니하면 제3자에게 대항하지 못하도록 하고 있다($^{상25}_{②}$). 이에 대하여 미등기 상호의 양도도 상호의 양수인이 새로이 상호등기를 하여야 제3자에게 대항할 수 있다는 견해가 있다. 그 이유는 이렇게 해석하지 않으면 미등기상호의 양수인이 등기상호의 양수인보다

---

34) 大判 1988.1.19. 87다카1295.

더 두텁게 보호받는 결과가 되어 부당하다는 것이다. 이러한 상호양도의 변경 등기의 대항력은 제3자의 선의·악의를 불문하고 발생하는 것으로서 상호등기의 일반적 효력으로서의 대항력($^{상}_{\underline{37}}$)과는 그 취지를 달리한다.

1.4.4.1.2. 상호의 상속

상호는 재산권적 성질을 가지므로 양도와 함께 상속도 가능하다. 상호상속의 등기는 상호양도의 등기와는 달리 상호이전의 대항요건이 아니다(통설). 등기상호를 상속한 경우에 상속인 또는 법정대리인이 등기신청을 해야 한다.

1.4.4.2. 상호의 폐지·변경

상인은 상호자유의 원칙의 범위 내에서 자유로이 상호를 변경하거나 자유로이 폐지할 수 있다. 상호를 등기한 자가 그 상호를 폐지 또는 변경하였을 때, 즉 등기한 사항에 변경이 있거나 그 사항이 소멸한 때에는 지체 없이 변경 또는 소멸의 등기를 하여야 한다($^{상}_{40}$). 상호를 변경 또는 폐지한 경우에 2주간 내에 그 상호를 등기한 자가 변경 또는 폐지의 등기를 하지 아니하는 때에는 이해관계인은 그 등기의 말소를 청구할 수 있다($^{상}_{27}$). 상호를 등기한 자가 정당한 사유 없이 2년간 상호를 사용하지 아니하는 때에는 이를 폐지한 것으로 본다($^{상}_{26}$).

▶ 1.4.5. 명의대여자의 책임

1.4.5.1. 의의

타인에게 자기의 성명 또는 상호를 사용하여 영업을 할 것을 허락한 자는 자기를 영업주로 오인하여 거래한 제3자에 대하여 그 타인과 연대하여 변제할 책임이 있다(§24). 즉 타인에 대하여 자기사업을 자기이름으로 대행할 것을 허용한 사람은 그 사업을 대행한 사람 또는 그 피용자가 그 사업에 관하여서 한 법률행위에 관하여 제3자에게 책임이 있다.[35] 이는 그 명의를 믿고 거래한 외부의 제3자를 보호하기 위한 것으로 외관주의와 금반언의 원칙을 명문화한 것이다.

1.4.5.2. 요건

명의대여자의 책임이 인정되기 위해서는 ① 외관의 존재(명의차용자의 성명 또는 상호 사용) ② 명의대여자의 명시적 또는 묵시적 사용허락 ③ 제3자의 선의(중과실의 경우에는 명의대여자 면책)의 요건을 갖추어야 한다.

(1) 외관의 존재(명의차용자의 성명 또는 상호 사용)

명의차용자가 명의대여자의 성명 또는 상호를 사용하여야 한다. 명의대여자로 인정됨에는 상호는 물론 명의를 대여한 경우도 포함되므로 명의대여자가 상인임을 요하지 않으며, 국가나 지방자치단체 기타 공공기관도 명의대여자가 될 수 있다.그러나 명의차용자는 상인이어야 한다. 다만 명의차용자의 영업은 상행

---

35) 大判 1970.9.29. 70다1703.

위가 아니어도 무방하다.[36] 명의차용자가 그 빌린 성명 또는 상호를 영업상 사용하여야 하고 아울러 동종의 영업에 사용하여야 한다.

(2) 명의대여자의 명시적 또는 묵시적 사용허락

명의대여자가 자기의 성명 또는 상호를 사용하는 것을 허락하였어야 하는데, 그 허락은 명시적인 방법이든 묵시적인 방법이든 묻지 않는다. 묵시적 명의대여자의 책임을 인정하기 위해서는 영업주가 자기의 성명 또는 상호를 타인이 사용하는 것을 알고 이를 저지하지 아니하거나 자기의 성명 또는 상호를 타인이 사용함을 묵인한 사실 및 제3자가 타인의 성명 또는 상호를 사용하는 자를 영업주로 오인하여 거래를 한 사실이 인정되어야 할 것이다.[37] 타인의 사용을 저지하여야 하므로 단순히 사용사실만을 아는 경우에는 단순 부작위로서 묵시적 허락이 되지 않는다.

(3) 제3자의 선의(중과실의 경우에는 명의대여자 면책)

명의대여자의 책임은 명의자를 영업주로 오인하여 거래한 제3자를 보호하기 위한 것이므로 거래 상대방이 명의대여사실을 알았거나 모른 데에 대하여 중대한 과실이 있는 때에는 명의대여자는 책임을 지지 않는다.[38] 또한 거래가 아닌 불법행위의 경우에는 설령 피해자가 명의대여자를 영업주로 오인하고 있었더라도 그와 같은 오인과 피해의 발생 사이에 아무런 인과관계가 없으므로 명의대여자는 책임이 없다.[39]

1.4.5.3. 효과

명의대여자는 자기를 영업주로 오인하여 거래한 제3자에 대하여 명의차용자

---

36) 大判 1987.3.24. 85다카2219.
37) 大判 1982.12.28. 82다카887.
38) 大判 1991.11.12. 91다18309.
39) 大判 1998.3.24. 97다55621.

와 연대하여 변제할 책임이 있고, 이 경우 명의대여자와 명의차용자의 책임은 부진정 연대책임관계에 있게 된다. 명의대여자가 제3자에게 변제한 경우에는 명의 차용자에게 구상할 수 있다. 다만 책임범위는 영업 범위 내, 즉 명의대여자는 명의차용자가 부담한 영업상의 거래로 인한 책임을 진다. 영업상의 거래로 인한 책임에는 거래상의 이행책임, 목적물에 대한 담보책임, 불이행 시의 손해배상책임, 계약해제 시의 원상회복의무에 대한 채무도 책임의 범위에 포함된다는 것이 판례의 입장이다.

명의대여자가 명의차용자의 불법행위로 인한 손해배상채무도 변제할 책임이 있는가에 대해 통설과 판례는 부정하고 있으나 경우에 따라서는 대법원은 명의대여자에게 사용자책임을 묻는 경우가 많다. 즉 명의사용을 허가받은 사람이 업무수행을 함에 있어 고의 또는 과실로 다른 사람에게 손해를 끼쳤다면 명의사용을 허가한 사람은 민법 제756조에 의하여 그 손해를 배상할 책임이 있으며, 그 명의대여로 인한 사용관계의 여부는 실제적으로 지휘·감독하였느냐 여부에 관계없이 객관적으로 보아 사용자가 그 불법행위자를 지휘·감독할 지위에 있었느냐 여부를 기준으로 결정하여야 한다고 판시하고 있다.[40] 즉 객관적으로 보아 명의대여자가 명의차용자를 지휘·감독할 지위에 있었으면, 명의대여자는 명의차용자의 불법행위에 대하여 민법 제756조의 사용자배상책임을 진다.

명의대여자가 자기의 명의를 사용하여 영업을 할 것을 허락한 경우에 명의차용자가 그 영업과 관련하여 명의대여자의 이름으로 어음행위를 한 때에는 상법 제24조가 당연히 적용된다. 그러나 명의대여자가 특정한 어음행위에 대해서만 명의대여를 한 경우에 관하여는 양자의 연대책임을 인정하는 견해(다수설)와 부정하는 견해로 나뉜다.

---

40) 大判 1996.5.10. 95다50462.

제1장   제2장   제3장   제4장   **제5장**   제6장   제7장   제8장

상업장부

상업장부의 의의   1.5.1

상업장부의 종류   1.5.2

상업장부란 상인이 영업활동과 관련하여 그 영업상의 재산 및 손익의 상황을 명백하게 하기 위하여 상법상 작성이 강제되는 장부이다. 즉 상법은 상인이 영업상의 재산 및 손익의 상황을 명백히 하기 위하여 회계장부 및 대차대조표를 작성하도록 하고 있는 것이다(상 $\frac{29}{0}$). 상인이 아닌 상호보험회사나 각종의 협동조합이 작성하는 장부나 상법상 작성의무가 없는 소상인이 작성하는 상업장부는 상법상의 상업장부가 아니다. 또 상인이 임의로 작성하는 장부도 상업장부는 아니다.

상업장부와 구별되는 것에 재무제표가 있는데, 둘 다 상법상의 의무로서 작성되는 점에서는 같지만 종류 등에 있어서 차이가 있다. 즉 대차대조표는 상업장부와 재무제표에 모두 포함되지만, 회계장부는 상업장부이지만 재무제표가 아니다. 또, 손익계산서·이익잉여금처분계산서, 결손금처리계산서는 재무제표이지만 상업장부가 아니다.

☞ **상업장부와 재무제표의 이동(異同)**

	상업장부	재무제표
공통점	① 상인이 작성하는 장부이다. ② 상법상의 의무로서 작성한다. ③ 대차대조표는 상업장부와 재무제표에 다 같이 포함된다.	
종류	① 대차대조표 ② 회계장부	① 대차대조표 ② 손익계산서 ③ 이익잉여금처분계산서 또는 결손금처리계산서 ④ 현금흐름표(기업회계기준)
차이점	① 모든 상인에게 적용된다. ② 법원에 제출의무가 있다. ③ 후일의 분쟁에 대비하기 위한 것	① 주식회사·유한회사에만 적용된다. ② 감사에게 제출의무가 있다. ③ 모든 이해관계인의 이익을 보호하기 위한 것
자산평가방법	① 유동자산의 평가: 원가주의, 시가주의, 저가주의(삼원주의) ② 고정자산의 평가: 원가주의, 통상감가상각, 우발감가상각	① 유동자산의 평가: 원가주의, 저가주의(이원주의)(상 452조) ② 고정자산의 평가: 원가주의, 통상감가상각, 우발감가상각 ※ 특칙(무형의 영업권 평가): 상 452 vi, 583

▶ 1.5.2. 상업장부의 종류

상법상 상업장부의 종류에는 회계장부와 대차대조표가 있다($\frac{상29}{①}$).

1.5.2.1. 회계장부

회계장부란 상인의 영업상의 거래 기타 기업재산의 일상의 동적 상태를 기록하기 위한 장부이다. 따라서 회계장부에는 거래와 기타 영업상의 재산에 영향이 있는 사항을 기재하여야 한다($\frac{상30}{①}$). 이러한 회계장부에는 매일매일의 거래를 기재하는 전표(입금·출금·대체), 이를 거래의 발생순서 또는 거래의 유형 등에 따라 작성하는 분개장, 종합하여 기재하는 (총계정)원장 등이 있다.

1.5.2.2. 대차대조표

대차대조표란 특정시점의 재무상태를 나타내는 정태적 재무제표로서 특정시점의 자산·부채 및 자본을 일목요연하게 표시한 것을 말한다. 상인은 영업을 개시한 때와 매년 1회 이상 일정시기에, 회사는 성립한 때와 매결산기에 회계장부에 의하여 대차대조표를 작성하고, 작성자가 이에 기명날인 또는 서명하여야 한다($\frac{상30}{②}$). 대차대조표에 기재할 재산은 동산, 부동산, 채권 기타의 재산이다. 채무도 소극재산으로 기재하여야 한다.

1.5.2.3. 상업장부에 관한 의무

1.5.2.3.1. 작성의무

소상인을 제외한 모든 상인은 상업장부를 작성할 의무를 부담한다($^{\text{상 29}}_{\text{①, 9}}$). 상인은 영업을 개시한 때와 매년 1회 이상 일정시기에, 회사는 성립한 때와 매 결산기에 회계장부에 의하여 대차대조표를 작성하고, 작성자가 이에 기명날인 또는 서명하여야 한다($^{\text{상 30}}_{\text{②}}$). 상업장부의 작성의무는 상인자격을 상실한 때에 종료한다.

상업장부의 작성에 관하여 상법에 규정이 없는 것은 일반적으로 공정타당한 회계관행에 의하여 작성하여야 한다($^{\text{상 29}}_{\text{②}}$). 상법에 있는 규정으로는 상법장부($^{\text{상 29}}_{\text{~33}}$) 및 회사편의 주식회사와 유한회사의 계산규정 등이다. 공정타당한 회계관행은 기업회계기준이라 할 수 있다. 개인상인의 경우에는 회계장부를 작성하는 것으로 확정되지만, 회사의 경우에는 별도의 확정절차가 따로 규정되어 있다.

1.5.2.3.2. 제출의무

법원은 신청에 의하여 또는 직권으로 소송당사자에게 상업장부 또는 그 일부분의 제출을 명할 수 있다($^{\text{상}}_{\text{②}}$). 제출의무를 부담하는 자는 상인 또는 상업장부의 보존의무를 지는 자로서 소송당사자이다.

1.5.2.3.3. 보존의무

상법은 후일 분쟁에 대비해 상인으로 하여금 상업장부와 영업에 관한 중요서류를 보존하도록 하고 있다. 이에 따르면 상인은 10년간 상업장부와 영업에 관한 중요서류를 보존하여야 한다($^{\text{상 33}}_{\text{①}}$). 다만, 전표 또는 이와 유사한 서류는 5년간 이를 보존하여야 한다($^{\text{상 33}}_{\text{①}}$). 기간은 상업장부에 있어서는 그 폐쇄한 날로부터 기산한다($^{\text{상 33}}_{\text{②}}$). 위 장부와 서류는 마이크로필름 기타의 전산정보처리조직에 의하여 이를 보존할 수 있다($^{\text{상 33}}_{\text{③}}$). 이 규정에 의하여 장부와 서류를 보존하는 경우 그 보존방법 기타 필요한 사항은 대통령령으로 정한다($\frac{상33}{④}$).

1.5.2.3.4. 제재

상업장부의 작성·보존의 해태 또는 부실기재에 대한 상법상의 일반적 제재는 없으므로 불완전 의무이다. 그러나 회사에 있어서는 그 부정작성 또는 부실기재에 대하여 업무집행사원·이사·감사·검사인·청산인·지배인 등은 500만원 이하의 과태료의 제재를 받는다($\frac{상 635}{IX}$ ①). 파산의 경우에는 개인상인이라도 상업장부 등을 작성하지 않거나 부실기재를 하는 등의 일정한 경우에는 형사적 제재를 받을 수 있다.

1.5.2.4. 자산평가원칙

1.5.2.4.1. 유동자산의 평가: 선택주의 및 저가주의

유동자산은 취득가액·제작가액 또는 시가에 의한다. 그러나 시가가 취득가액 또는 제작가액보다 현저하게 낮은 때에는 시가에 의한다($\frac{상31}{}$). 상법총칙상 유동자산의 평가는 취득가액(제작가액)·시가주의·저가주의의 삼원주의를 채택하고 있으나 주식회사·유한회사의 경우에는 원칙적으로는 원가주의에 의하고 예외적으로 저가주의를 취함으로써 이원주의를 채택하고 있다($\frac{상452}{}$). 유동자산이란 1년 이상 동일형태를 계속하지 못하고 빈번하게 변동하는 자산으로 현금, 재고자산 등이 이에 해당한다.

1.5.2.4.2. 고정자산의 평가

　고정자산은 취득가액 또는 제작가액으로부터 상당한 감가액을 공제한 가액에 의하되, 예측하지 못한 감손이 생긴 때에도 상당한 감액을 하여야 한다(상31). 즉 고정자산의 평가는 원가를 기준으로 하되, 여기서 내구성 등을 고려한 통상감가상각을 하고, 천재지변 등의 돌발적 사고나 사변이 있는 경우에는 다시 이에 따른 우발감가상각을 한다. 주식회사·유한회사의 경우에도 동일방법으로 고정자산을 평가하지만(상452 ii. 31 ii), 무형의 고정자산인 영업권의 평가에 관하여는 특칙(상452 vi. 583)을 두고 있다. 고정자산이란 그 성질상 형태의 변화에 1년 이상이 소요되는 자산으로 토지, 건물, 특허권 등이 이에 해당한다.

▶ 1.6.1. 영업소의 의의

영업소라 함은 상인의 영업활동의 중심지로서 자연인의 주소에 대응되는 개념이다. 이러한 영업소는 영업활동이 지속적으로 이루어지는 일정한 장소로서 영업에 관한 중심지로서 영업활동의 지휘나 명령이 이루어지고, 그 영업활동의 결과가 귀속되는 장소이다. 영업소인지의 여부는 영업활동의 실질에 의하여 객관적으로 결정된다(통설).

영업소의 속성 내지 개념적 징표로서 다음과 같은 세 가지를 들 수 있다.

① 기업활동의 장소적 중심지: 영업소는 영업활동이 지속적으로 이루어지는 일정한 장소로서 영업에 관한 중심지이다. 따라서 이러한 결정 또는 명령에 따라 구체적으로 거래를 기계적으로 하거나 사실행위를 하는 데 불과한 공장·창고 등은 영업소가 아니다. 또한 영업소는 주소의 경우와 같이 단순히 공간적 내지 장소적 관념이므로, 특정한 장소에 있는 점포 기타의 물적 설비를 뜻하는 것이 아니다.

② 계속성: 영업소는 어느 정도 시간적 계속성을 요하므로 일시적인 매점 등은 영업소가 될 수 없다.

③ 단위성: 영업소는 인적 조직과 물적 조직에 의한 하나의 단위이다.

▶ 1.6.2. 영업소의 종류

　상법상의 영업소의 종류는 본점과 지점이다. 본점은 영업활동 전체의 지휘명령의 중심점으로서의 지위를 가진 영업소를 말하고, 지점은 본점의 지휘를 받으면서 부분적으로는 독립된 기능을 하는 영업소를 말한다. 어떠한 영업장소가 상법상 지점으로서의 실체를 구비하였다고 하려면 그 영업장소가 본점 또는 지점의 지휘·감독 아래 기계적으로 제한된 보조적 사무만을 처리하는 것이 아니라, 일정한 범위 내에서 본점 또는 지점으로부터 독립하여 독자적으로 영업활동에 관한 결정을 하고 대외적인 거래를 할 수 있는 조직을 갖추어야 한다.[41] 그러므로 독립적인 결정권이 없는 보험회사의 지사는 영업소가 아니다.

---

41) 大判 1998.8.21. 97다6704.

▶ 1.6.3. 영업소의 법적 효과

1.6.3.1. 일반적 효과

자연인의 주소에 해당하는 법적 효과를 가진 영업소는 ① 상행위로 인한 채무이행의 장소이고($_{민\ 467\ ②}^{상\ 56,}$) ② 어음상의 권리의 행사 또는 보존의 장소가 되며 ③ 등기소 및 법원의 관할결정의 표준이 되며($_{민소\ +10}^{상\ 34,}$) ④ 서류송달의 장소가 된다($_{170\ ①}^{민소}$).

1.6.3.2. 지점의 법률상의 효과

지점은 독립한 영업소로서 ① 지점만을 독립적으로 영업양도의 대상으로 할 수 있고(통설) ② 지점영업만을 위하여 지배인을 선임할 수 있고($_{13}^{상\ 10,}$) ③ 상업등기의 대항력을 결정하기 위한 독립적 단위가 되며($_{38}^{상\ 34}$) ④ 본점소재지의 등기사항은 원칙적으로 지점소재지에서도 등기하여야 하며($_{35}^{상}$) ⑤ 표현지배인의 여부를 결정하는 표준이 된다.

상업등기

상업등기의 의의	1.7.1
상업등기의 목적	1.7.2
등기사항	1.7.3
상업등기의 절차	1.7.4
상업등기의 효력	1.7.5

상업등기란 일정한 사항을 공시할 목적으로 상법의 규정에 의하여 등기할 사항을 법원의 상업등기부에 하는 등기를 말한다(상 34). 상법이 상업등기에 관하여 규정하는 것은 상업등기의 실체적 법률관계 및 중요한 절차사항이며, 절차관계의 상세한 것은 비송사건절차법 및 상업등기처리규칙에서 규정하고 있다. 상업등기부에는 상호·무능력자·법정대리인·지배인·합명회사·합자회사·주식회사·유한회사·외국회사에 관한 아홉 가지가 있다(비송사건 절차법 136).

상업등기는 상호등기를 제외하고는 일정한 사실의 등기라는 점에서 권리등기인 부동산등기와 구별되며, 상업등기는 상법의 규정에 의하여 등기할 사항을 등기하는 제도라는 점에서 민법에 의한 부동산등기나 법인등기에 의한 상호회사의 등기, 특별법에 의하여 설립되는 법인의 등기 등은 상업등기가 아니다. 상업등기는 법원이 관할하는 상업등기부에 하는 등기이다. 따라서 행정관청이 취급하는 특허권, 상표권 등의 등록과도 구별된다.

▶ 1.7.2. 상업등기의 목적

　상업등기제도는 기업 공시제도의 하나로 기업에 관한 중요 사항을 일반인에게 공시함으로써 기업의 신용을 증대하고 기업과 거래하는 제3자를 보호하는 데에 그 목적이 있다. 어떠한 사항을 등기사항으로 할 것인가는 입법정책상의 문제이다. 등기사항이 너무 간단하면 기업공시의 목적을 달성할 수 없고, 그렇다고 너무 상세하면 기업의 기밀을 폭로하는 결과가 된다. 따라서 등기사항은 기업의 신용유지와 제3자의 보호에 관한 사항으로 상법에 일일이 개별적으로 규정되어 있다. 그러므로 상법에 등기사항으로 규정된 것이 아닌 사항은 등기할 수도 없고, 잘못하여 등기가 된 경우에도 등기의 효력이 발생하지도 않는다.

▶ 1.7.3. 등기사항

상법상 등기사항은 ① 상인 일반에 관한 사항, 개인상인에 관한 사항, 회사에 관한 사항 ② 반드시 등기하여야 하는 절대적 등기사항과 상대적 등기사항 ③ 법률관계의 창설에 관한 설정적 사항과 법률관계의 해소·면책에 관한 면책적 사항 등으로 분류된다.

상법총칙은 지점소재지에서의 등기사항에 관하여 특별히 규정하고 있다. 즉 본점소재지에서의 (절대적)등기사항은 다른 규정이 없으면 지점소재지에서도 등기하여야 하나($\overset{상}{35}$), 지배인은 선임된 본점 또는 지점에서만 등기하면 된다($\overset{상}{13}$). 만일 등기할 사항을 지점소재지에서 등기하지 않으면 그 지점의 거래에 관하여 선의의 제3자에게 대항하지 못한다($\overset{상}{38}$). 등기한 사항에 변경이 있거나 그 사항이 소멸한 때에는 당사자는 지체 없이 변경 또는 소멸의 등기를 하여야 한다($\overset{상}{40}$).

▶ 1.7.4. 상업등기의 절차

1.7.4.1. 신청주의

상법에 의하여 등기할 사항은 당사자의 신청에 의하여 영업소의 소재지를 관할하는 법원의 상업등기부에 등기한다($^{상}_{34}$). 당사자라 함은 기업의 법적 주체인 상인이라는 뜻이 아니고 '등기사항의 관계자'를 의미한다. 상업등기의 신청은 서면의 신청서로 하여야 하는데, 이 신청서에는 일정한 사항을 기재하고 신청인 또는 그 대표자나 대리인이 기명날인하여야 한다(비송 150조 2항). 상업등기사무는 그 전부 또는 일부를 전산정보처리조직에 의하여 처리할 수 있다($^{상처}_{의2①}$). 위의 상업등기사무의 처리절차는 대법원규칙으로 정한다($^{상처}_{의2②}$).

1.7.4.2. 등기소의 심사권

등기공무원은 신청사항이 등기사항이 아닌 경우 등에는 이유를 기재한 결정으로써 신청을 각하하여야 하는데($^{비송}_{159}$), 이때 등기공무원은 등기신청사항의 적법성에 관하여 어느 정도의 심사권을 갖는가에 대하여 학설은 ① 등기소는 그 신청이 형식상 적법한가 예컨대, 신청권한이 있는 자의 신청인가, 신청서가 그 방식에 적합한가, 신청사항이 상법의 규정에 의한 등기사항인가, 신청사항이 관할등기소에 속하는가 등과 같은 것을 심사할 권한과 의무가 있을 뿐이라는 형식적 심사주의, ② 등기소는 신청한 등기사항의 형식적 적법성을 심사할 권한과 의무가 있을 뿐 아니라, 신청사항의 진위에 관한 내용적 · 실질적 진실성의 문제도 심사할 권한과 의무가 있다는 실질적 심사주의 및 ③ 절충주의(수정형식심사주의 · 수정실질심사주의)로 나뉘어 있다. 절충주의 중 수정형식심사주의에 의하면 형식적 심사주의를 기본으로 하고 등기소는 등기신청사항의 진실성에 관하여 의심할 여지가 있는 경우에만 조사할 권한이 있다는 주의이다. 수정실질심사주의는 현저한 의문이 없는 한 심사할 의무가 없다고 보는 입장이다.

등기공무원은 기록관에 불과하므로 신청사항의 실체적 진실성까지 심사할 수 없는 점에서 보면 형식적 심사주의의 면이 있으나, 등기공무원은 등기한 사항에 관하여 착오가 있거나 빠진 것이 있음을 발견한 때에는 이를 수정할 수 있는 점(비송233조)에서 보면 실질적 심사주의 면도 있다. 따라서 우리나라의 비송사건절차법상 상업등기에 관한 등기공무원의 심사권은 절충주의의 입장이라고 할 수 있다. 그러므로 등기공무원은 신청된 등기사항의 진실성에 대하여 의문이 있는 경우에는 이를 심사할 권한이 있으나, 그렇지 않은 경우에는 이를 적극적으로 심사할 권한이 없다고 할 것이다.

1.7.4.3. 등기의 공시

상업등기의 공시방법에는 등기부를 열람하고 그 등·초본의 교부를 청구할 수 있게 하는 방법에 의한 개별적공시만 인정하고 있다.

▶ 1.7.5. 상업등기의 효력

상업등기의 효력에는 모든 상업등기에 공통된 효력인 일반적 효력($\frac{상}{①}$), 특수한 등기사항에 관하여 등기 자체에 따르는 효력인 특수적 효력 및 공신력이 인정되는 부실등기의 효력($\frac{상}{④}$)이 있다.

1.7.5.1. 일반적 효력

1.7.5.1.1. 등기 전의 효력(소극적 공시력)

등기할 사항은 이를 등기하지 아니하면 선의의 제3자에게 대항하지 못한다 ($\frac{상}{①}$). 이를 소극적 공시의 원칙이라 한다. 선의의 제3자라 함은 대등한 지위에서 하는 보통의 거래관계의 상대방을 말한다.[42] 대항하지 못한다는 의미는 선의의 제3자가 등기사항인 사실의 존재를 부인할 수 있다는 뜻이며, 제3자 측에서 이 사실을 인정하여 당사자에게 주장하는 것은 무방하다.

1.7.5.1.2. 등기 후의 효력

(1) 원칙

등기사항에 관하여 등기가 있으면 제3자에게 대항할 수 있게 된다($\frac{상 37 ①의}{반대해석}$). 즉 선의의 제3자에게도 대항할 수 있다. 이것을 등기의 적극적 공시의 원칙이라고 한다. 이러한 등기의 적극적 공시의 원칙은 제3자의 악의를 의제하므로(통설)

---

42) 大判 1978.12.26, 78누167; 大判 1990.9.28, 90누4235.

등기의무자가 보호된다.

(2) 예외

등기한 후라도 제3자가 정당한 사유로 인하여 이를 알지 못한 때에는 선의의 제3자에게 대항하지 못한다($\frac{\text{상}}{\text{③}}$). 정당한 사유란 등기부의 소실 등으로 등기부의 열람 또는 등·초본의 교부청구가 불가능한 경우 등 객관적 사유를 가리킨다. 제3자의 주관적 사유는 이에 해당하지 않는다.

(3) 외관보호규정과의 관계

등기를 하면 일단 제3자의 악의가 의제되는 상법 제37조 제2항과 외관법리에 기한 민·상법상의 여러 제도, 즉 표현대리, 표현지배인, 표현대표이사 등의 경우에는 제3자의 악의가 의제되지 않고 선의의 제3자에 대해서는 대항할 수 없도록 하여 상업등기의 적극적 공시의 효력과 상반된다. 이렇게 상업등기의 적극적 효력에 관한 제37조의 규정에 우선해서 표현책임에 관한 규정(상법 제14조 등)이 먼저 적용되는 것에 대해 학설은 상법 제14조가 상법 제37조의 예외라고 보는 예외설, 제14조가 제37조에서 규정한 정당한 사유라고 보는 정당사유설, 제14조와 제37조는 차원을 달리하는 규정이라는 이차원설 등이 대립하고 있다.

1.7.5.1.3. 일반적 효력이 미치는 범위

사법적 거래관계에서는 적용되나 공법적 거래관계에서는 적용되지 않는다.

(1) 비거래관계

비법률행위 예컨대, 불법행위·부당이득·사무관리와 같은 법률관계에도 상업등기의 일반적 효력이 미치는가에 대하여 학설은 부정설(다수설), 수정부정설(소수설) 및 긍정설(소수설)로 나뉘어 있다. 부정설에 의하면 상업등기제도는 거래의 안전과 원활을 위한 것이므로 불법행위에 의한 손해배상청구권과 같은 것은 등기·공고의 유무에 따라 제3자의 보호가 좌우될 것이 아니라는 것이다. 수정부정설은 원칙적으로 부정설을 취하면서, 예외적으로 불법행위 등이 거래관계와 불가분의 관계가 있는 경우에는 상법 제37조가 적용된다고 본다.

(2) 상호양도

상호의 양도는 등기하지 아니하면 제3자에게 대항하지 못한다(상25②). 이러한 상호양도의 변경등기의 대항력은 제3자의 선의·악의를 불문하고 발생한다. 따라서 상호의 양도는 상업등기의 일반적 효력에 대한 예외규정으로 보는 견해(다수설)와 상호양도와 상업등기는 각각 적용되는 경우가 다를 뿐 예외규정으로 볼 수 없다는 견해(소수설)로 나뉜다.

(3) 지점거래

영업소가 본점·지점 등 수 개 있을 때에는 본점소재지에서 등기할 사항은 다른 규정(상13)이 없으면 지점소재지에서도 등기하여야 하며(상35②), 지점소재지에서 이를 등기하지 않으면 본점소재지에서의 등기사항은 그 지점의 거래에 관하여는 일반적 효력이 미치지 않는다(상38). 따라서 등기할 사항을 본점에서만 등기하고 지점에서는 등기를 하지 않았다고 한다면 지점의 거래에 있어서는 그 사항을 가지고 선의의 제3자에 대항하지 못한다.

1.7.5.2. 특수적 효력

상업등기 중 일정한 사항에 대하여 제3자의 선의·악의를 불문하고 등기 그 자체만으로 효력이 발생하는 경우를 상업등기의 특수적 효력이라고 한다.

1.7.5.2.1. 창설적 효력

창설적 효력이란 등기에 의하여 비로소 법률관계가 형성 또는 설정되는 효력을 말한다. 창설적 효력은 제3자의 선의·악의에 관계없이 발생하므로 제37조는 적용되지 않는다. 창설적 효력에 관한 예는 다음과 같다.

① 상호양도등기로 특별한 대항력을 취득($\frac{상\ 25조}{2항}$)
② 상호가 그 등기로 배타성이 완성되는 것($\frac{상\ 22조}{상\ 23조}$)
③ 회사의 설립등기로 회사가 성립($\frac{상}{172조}$)
④ 회사의 합병등기로 회사합병의 효력발생($\frac{상}{234조}$)

1.7.5.2.2. 보완적 효력

보완적 효력이란 등기의 전제요건인 법률사항에 존재하는 하자가 등기에 의하여 치유되거나, 등기가 있음으로써 하자를 주장할 수 없게 되는 효력을 말한다. 예컨대, ① 설립등기 후 주식인수인이 주식청약서의 흠결을 이유로 인수의 무효를 주장하거나, 사기·강박·착오를 이유로 인수를 취소하지 못하거나 ② 증자등기 후 1년이 경과하면 주식청약서·신주인수권증서의 요건의 흠결을 이유로 그 인수의 무효를 주장하거나 사기·강박·착오를 이유로 인수를 취소하지 못하는 경우 등이 그 예에 속한다($\frac{상\ 320}{427}$).

1.7.5.2.3. 부수적 효력(해제적 효력)

부수적 효력이란 등기에 의하여 일정한 책임 또는 제한이 해제되는 효력으로 인적 회사에 있어서 사원의 퇴사등기($\frac{상\ 225}{269}$)에 의하여 사원의 책임이 해제되는 경우, 설립등기로 주권발행, 주식양도가 가능($\frac{상\ 355조,\ 상\ 335조}{2항,\ 상\ 319조}$)하게 되는 것 등이 이에 속한다.

1.7.5.3. 부실등기의 효력

1.7.5.3.1. 상업등기의 추정력

객관적 진실과 다른 사항이 등기·공고되면 그 사항은 일단 진실하다는 사실상의 추정을 받게 된다(통설, 판례). 그러나 등기소의 심사권이 철저하지 못하여 법률상 추정력을 인정하기 어렵기 때문에 이러한 추정력이 입증책임을 전환시키는 법률상 추정력을 생기게 하는 것은 아니다.

판례도 법인등기부에 이사 또는 감사로 등재되어 있는 경우에는 특단의 사정이 없는 한, 정당한 절차에 의하여 선임된 적법한 이사 또는 감사로 추정된다[43]고 판시하고 있는 점으로 미루어, 사실상의 추정력을 인정한 것으로 생각된다.

1.7.5.3.2. 제한적 공신력

상업등기에 사실상의 추정력만을 인정하게 되면 거래관계의 불안정 및 지연 등의 문제가 발생하므로, 등기의무자의 고의나 또는 과실로 부실등기를 한 경우에는 등기의무자에게 불이익을 주고 있다. 이는 금반언의 원칙에 의한 선의의 제3자를 보호하기 위한 것이다. 즉 고의 또는 과실로 인하여 사실과 상위한 사항을 등기한 자는 그 상위를 선의의 제3자에게 대항하지 못한다($\frac{9}{3}$).

이러한 제한적 공신력이 인정되기 위해서는 다음과 같은 요건이 필요하다.
① 외관의 존재: 사실과 상위한 사항이 등기되어야 한다.
② 귀책사유: 등기신청인에게 고의 또는 과실이 있어야 한다. 부실등기의 원인이 상인 자신에게 있는 경우만 해당하고 등기관의 착오나 제3자의 허위등기에 대하여는 선의의 제3자도 보호받지 못한다.
③ 제3자가 선의일 것: 선의란 등기와 사실이 상위함을 알지 못하는 것이며, 선의에 과실이 있는가는 묻지 않는다.

---

43) 大判 1983.12.27. 83다카331.

1.8.1.1. 영업양도의 개념

영업의 양도라 함은 일정한 영업목적에 의하여 조직화된 총체(영업자산), 즉 물적, 인적 조직 그리고 사실관계까지도 그 동일성을 유지하면서 일체로서 이전하는 것을 말한다.[44] 양도된 영업의 동일성 여부는 일반사회 관념에 의하여 결정되어야 한다.[45] 영업양도가 이루어졌는가의 여부는 단지 어떠한 영업재산이 어느 정도로 이전되어 있는가에 의하여 결정되어야 하는 것이 아니고 거기에 종래의 영업조직이 유지되어 그 조직이 전부 또는 중요한 일부로서 기능할 수 있는가에 의하여 결정되어야 하므로[46] 영업재산의 일부를 유보한 채 영업시설을 양도했어도 그 양도한 부분만으로도 종래의 조직이 유지되어 있다고 사회관념상 인정되면 그것을 영업의 양도라 볼 것이지만, 반면에 영업재산의 전부를 양도했어도 그 조직을 해체하여 양도했다면 영업의 양도로 볼 수 없다.[47]

영업양도가 있다고 볼 수 있는지의 여부는 양수인이 당해 분야의 영업을 경영함에 있어서 무(無)로부터 출발하지 않고 유기적으로 조직화된 수익의 원천으로서의 기능적 재산을 이전받아 양도인이 하던 것과 같은 영업적 활동을 계속하고 있다고 볼 수 있는지의 여부에 따라 판단되어야 한다. 예컨대, 슈퍼마켓의 매장 시설과 비품 및 재고 상품 일체를 매수한 것은 영업양도에 해당한다.[48]

이러한 영업양도는 채권계약이므로 양도인이 재산이전의무를 이행함에 있어서는 상속이나 회사의 합병의 경우와 같이 포괄적 승계가 인정되지 않고 특정승계의 방법에 의하여 재산의 종류에 따라 개별적으로 이전행위를 하여야 할 것이다.[49]

---

44) 大判 1994.5.28. 93다33173; 大判 1994.11.18. 93다18938; 大判 1995.7.25. 95다7987.
45) 大判 1989.12.26. 88다카10128.
46) 大判 2005.6.9. 2002다70822.
47) 大判 2003.5.30. 2002다23826; 大判 2005.6.24. 2005다8200.
48) 大判 1997.11.25. 97다35085.

즉 영업양도가 있었다고 인정하려면 당사자 사이에 영업양도에 관한 합의가 있거나 영업상의 물적, 인적 조직이 그 동일성을 유지하면서 양도인으로부터 양수인에게 일체로서 포괄적으로 이전되어야 한다.[50] 합의가 있기 위해서는 영업양도 당사자 사이의 명시적 또는 묵시적 계약이 있어야 한다.[51]

1.8.1.2. 영업양도의 법적성질

영업양도의 법적성질에 대하여 양도처분설, 지위교체이전설, 절충설로 나뉘어 있다. 양도처분설은 영업양도를 객관적 의의의 영업, 즉 영업재산을 이전하는 것으로 보는 견해로 다시 ① 영업재산양도설(다수설, 판례), ② 영업조직양도설, ③ 영업유기체양도설 등으로 나뉜다. 지위교체이전설은 영업의 양도는 영업자인 지위 또는 영업의 경영자인 지위의 교체 또는 승계라고 보는 견해이다. 절충설은 위의 두 입장을 절충한 것으로 ① 지위·재산이전설, ② 기업자체이전설 등으로 나뉜다.

판례는 영업이란 일정한 영업목적에 의하여 조직화된 유기적 일체로서의 기능적 재산을 말하고, 여기서 말하는 유기적 일체로서의 기능적 재산이란 영업을 구성하는 유형·무형의 재산과 경제적 가치를 갖는 사실관계가 서로 유기적으로 결합하여 수익의 원천으로 기능한다는 것과 이와 같이 유기적으로 결합한 수익의 원천으로서의 기능적 재산이 마치 하나의 재화와 같이 거래의 객체가 된다는 것을 뜻하는 것이므로, 영업양도가 있다고 볼 수 있는지의 여부는 양수인이 유기적으로 조직화된 수익의 원천으로서의 기능적 재산을 이전받아 양도인이 하던 것과 같은 영업적 활동을 계속하고 있다고 볼 수 있는지의 여부에 따라 판단되어야 한다고 함으로써[52] 영업유기체양도설의 입장을 취하고 있는 판례도 있다.

---

49) 大判 1991.10.8. 91다22018, 22025(반소).

50) 大判 1995.7.14. 94다20198.

51) 大判 1997.6.24. 96다2644.

52) 大判 1998.4.14. 96다8826.

1.8.1.3. 영업양도와 구별되는 개념

(1) 영업양도와 합병의 비교

1) 공통점

영업양도와 합병은 기업결합방식의 일종으로 기업유지의 이념을 실현시키는 제도라 할 수 있으며, 인적 회사는 총사원의 동의, 물적 회사는 총회의 동의와 같은 내부적 절차가 동일하나 다음과 같은 점에서 차이가 있다.

2) 차이점

☞ **영업양도와 회사합병의 비교**

구분		영업양도	합병
공통점		① 기업의 집중에 이용 ② 기업의 유지강화에 이용	
성질상의 차이		①개인법상, 거래법상 현상 ②채권계약, 혼합계약 ③특정승계 ④일부양도 가능	①단체법상, 조직법상의 현상 ②준물권계약 ③포괄승계 ④일부합병 불능
절차 상의 차이	①주체	자연인도 가능	회사만이 주체가 될 수 있다.
	②계약형식	불요식계약	요식계약(물적 회사는 합병계약서 작성필요)
	③채권자보호절차	영업양도 후 선의의 채권자, 채무자 보호규정이 있다.	합병 전에 채권자보호절차를 취한다.
	④등기	개별적인 이전등기 필요	합병등기가 효력발생요건
효과 상의 차이	①인격소멸	법인격은 소멸하지 않는다.	소멸회사의 법인격이 소멸한다.
	②이행행위	영업재산을 개별적으로 이전	재산이나 사원이 포괄적으로 이전한다.
	③경업금지의무	다른 의사표시 없는 한 부담	문제될 여지가 없다.
	④무효주장	계약의 일반원칙에 의한다. 제한 없음	제소권자가 제소기간 내(6月)에 訴만으로 주장
	⑤반대주주의 주식 매수청구권	없음	있음

▶ 1.8.2 영업양도의 절차

1.8.2.1. 양도계약의 당사자

영업의 양도인은 상인으로 개인 또는 회사이다. 영업의 양수인은 상인이든 상인이 아니든 관계없다. 영업양도의 당사자가 상인인 경우에는 아무런 문제가 없으나, 회사인 경우에는 영업의 소유자인 출자자단체의 일정한 의사결정절차를 밟아야 한다. 만일 이러한 출자자 단체의 의사결정절차를 밟지 않고 회사의 대표기관이 영업양도(양수)계약을 체결하였다면 그 계약은 무효이다.

1.8.2.2. 양도계약의 체결

영업양도 계약의 당사자가 상인 개인인 경우에는 개인의 의사에 의하여 계약이 체결되겠지만, 단체인 경우에는 단체구성원의 의사를 결정할 절차가 필요하다. 상법은 인적 회사와 물적 회사로 구별하여 규정하고 있다. 인적 회사가 회사의 존속 중에 영업양도를 하는 경우에는 총사원의 동의를 요하나($\frac{상 204}{269}$), 해산 후의 인적 회사가 영업양도를 하는 경우에는 총사원의 과반수의 결의를 요한다($\frac{상 257}{269}$). 물적 회사가 영업양도를 하는 경우에는 회사의 해산 전후를 불문하고 주주총회(사원총회)의 특별결의를 요한다($\frac{상 374 iii.}{576 ①}$). 물적 회사가 다른 회사의 영업 전부를 양수하는 경우에도 주주총회(사원총회)의 특별결의를 요한다($\frac{상 374 iii.}{576 ①}$).

영업양도에 대한 의사가 결정되면, 개인의 경우에는 개인이, 회사인 경우에는 대표이사가 영업양도계약을 체결하게 될 것이다. 양도계약의 법적성질은 영업의 양도를 목적으로 하는 채권계약이고 영업의 매매 외에 경업금지의무, 사용인의 승계 등이 포함되므로 혼합계약이다.

1.8.2.3. 양도계약의 효과

당사자 간에 영업양도계약이 체결된 경우에 양도인은 양수인에게 영업을 이전할 의무를 부담하고, 양수인은 양도인에게 양수대금을 지급할 의무를 부담한다(민§563
참조). 이전되는 재산의 범위에 대해서는 영업양도 계약에서 구체적으로 정해지겠지만 재산의 내용은 물건, 고객관계, 영업비결 등도 포함된다. 이전방법은 개별적으로 이전행위를 하여야 하고 각각 이전행위의 효력발생요건 및 대항요건을 개별적으로 갖추어야 한다.

영업양도와 관련하여 고용관계도 양수인에게 이전되는가와 관련하여 판례는 기업이 사업부문의 일부를 다른 기업에 양도하면서 그 물적 시설과 함께 양도하는 사업부문에 근무하는 근로자들의 소속도 변경시킨 경우에는 원칙적으로 해당 근로자들의 근로관계가 양수하는 기업에게 승계되어 그 계속성이 유지된다고 한다.[53]

또한 영업양도 계약에 따라 승계되는 근로관계는 계약 체결일 현재 실제로 근무하고 있는 근로자와의 근로관계만을 의미하고 계약 체결일 이전에 근무하다가 해고된 근로자로서 해고의 효력을 다투는 근로자와의 근로관계까지 승계되는 것은 아니며, 영업양도 당사자 사이에 근로관계 일부를 승계의 대상에서 제외하기로 한 특약이 있는 경우에는 그에 따라 근로관계의 승계가 이루어지지 않을 수 있으나, 그러한 특약은 실질적으로 해고와 다름이 없으므로 근로기준법상의 정당한 이유가 있어야 유효하다고 판시하여 원칙적으로 승계되나 정당한 이유가 있는 경우에는 특약으로 배제할 수 있다고 판시하고 있다.[54]

---

53) 大判 1992.7.14, 91다40276.
54) 大判 1995.9.29, 94다54245.

▶ 1.8.3. 영업양도의 효과

상법은 영업양도 후의 양수인을 보호하기 위하여 양도인에게 경업피지의무를 부여하고(상41), 또 영업으로 인한 양도인의 채권자 및 채무자를 보호하기 위하여 양수인에게 일정한 책임을 부과하고 있다(상42).

1.8.3.1. 대내관계(경업피지의무)

1.8.3.1.1. 당사자 간에 약정이 없는 경우

영업을 양도한 경우에 다른 약정이 없으면 양도인은 10년간 동일한 특별시·광역시·시·군과 인접 특별시·광역시·군에서 동종 영업을 하지 못한다 (상41). 양도인이 이에 위반한 경우에는 양수인은 양도인에 대하여 폐지청구 및 손해배상청구가 인정되나 개입권 행사는 인정되지 않는다.

양도대상인 재산에 하자가 있는 경우에 양도인은 양수인에 대하여 물건의 하자로 인한 담보책임(민 580)과 권리의 하자로 인한 담보책임(민 569-579)을 지고, 매상고나 수익에 대하여 허위의 진술을 한 경우에는 계약체결상의 과실 책임을 진다고 할 것이다.

1.8.3.1.2. 당사자 간에 약정이 있는 경우

양도인이 동종 영업을 하지 아니할 것을 약정한 때에는 동일한 특별시·광역시·시·군과 인접 특별시·광역시·시·군에 한하여 20년을 초과하지 아니한 범위 내에서 그 효력이 있다($\frac{상}{②}$41).

영업양도계약의 약정에 따라 영업양도인이 부담하는 경업금지의무는 스스로 동종 영업을 하거나 제3자를 내세워 동종 영업을 하는 것을 금하는 것을 내용으로 하는 의무이므로, 영업양도인이 그 부작위의무에 위반하여 영업을 창출한 경우 그 의무위반 상태를 해소하기 위하여는 영업을 폐지할 것이 요구되고 그 영업을 타에 임대한다거나 양도한다고 하더라도 그 영업의 실체가 남아있는 이상 의무위반 상태가 해소되는 것은 아니다.[55]

1.8.3.2. 대외관계(제3자에 대한 관계)

1.8.3.2.1. 영업상의 채권자의 보호

(1) 양수인이 양도인의 상호를 속용하는 경우

1) 원칙

영업양수인이 양도인의 상호를 계속 사용하는 경우에는 양도인의 영업으로 인한 제3자의 채권에 대하여 양수인도 변제할 책임이 있다($\frac{상}{①}$42). 이와 같이 상호를 계속 사용하는 영업양수인에게 양도인의 영업으로 인한 채무에 대하여도 변제할 책임이 있다고 규정하고 있는 것은, 일반적으로 채무자의 영업상 신용은 채무자의 영업재산에 의하여 실질적으로 담보되는 것이 대부분인데 채무가 승계되지 아니함에도 상호를 계속 사용함으로써 영업양도의 사실 또는 영업양도에도 불구하고 채무의 승계가 이루어지지 않은 사실이 대외적으로 판명되기 어렵게 되어 채권자에게 채권 추구의 기회를 상실시키는 경우 양수인에게도 변제의 책임을 지우기 위한 것이다.[56]

2) 상호의 속용

상호의 속용은 형식상 양도인과 양수인의 상호가 완전히 동일한 것임을

---

55) 大判 1996.12.23. 96다37985.
56) 大判 1998.4.14. 96다8826.

요하지 않고, 양도인의 상호 중 그 기업 주체를 상징하는 부분을 양수한 영업의 기업 주체를 상징하는 것으로 상호 중에 사용하는 경우를 포괄한다고 할 것이고, 그 동일여부는 명칭, 영업, 목적, 영업장소, 이사의 구성 등을 참작하여 결정하여야 한다.[57] 즉 영업양도인이 사용하던 상호와 양수인이 사용하는 상호가 동일할 것까지는 없고 다만 전후의 상호가 주요 부분에 있어서 공통되기만 하면 상호를 계속 사용한다고 보아야 한다.[58] 예컨대, 영업양도인이 사용하던 상호인 '주식회사 파주레미콘'과 영업양수인이 사용한 상호인 '파주콘크리트 주식회사'는 주요 부분에서 공통된다고 볼 수 있으므로 상호 속용에 따른 영업양수인의 책임이 인정된다.[59]

3) 양수인의 책임

양수인은 양도인의 영업상의 채무에 대하여 무한책임을 지며, 양도인의 제3자에 대하여 가지고 있는 모든 항변을 대항할 수 있다. 양수인이 책임을 진다고 하여 양도인이 책임을 면하는 것은 아니며, 양도인과 양수인은 부진정연대채무의 관계에 있다. 그러나 영업양수인이 양도인의 상호를 계속 사용하는 경우에는 양도인의 영업으로 인한 제3자의 채권에 대하여 양수인도 변제의 책임이 있다고 규정되어 있을 뿐이므로, 양도인에게 대한 채무명의로서 바로 양수인의 소유재산을 강제집행할 근거는 되지 못한다.[60]

양수인이 영업양도를 받은 후 지체 없이 양도인의 채무에 대한 책임이 없음을 등기한 때에는 책임이 없다. 양도인과 양수인 모두가 지체 없이 제3자에 대하여 그 뜻을 통지한 경우에 그 통지를 받은 제3자에 대하여도 같다 (⁴²²⁄⑤²⁾). 영업으로 인하여 발생한 채무란 영업상의 활동에 관하여 발생한 모든 채무를 말하는 것이므로 불법행위로 인한 손해배상채무도 이에 포괄된다.[61]

(2) 양수인이 양도인의 상호를 속용하지 않는 경우

양수인이 양도인의 상호를 속용하지 않는 경우에는 그 상호와의 관련성

---

57) 大判 1989.3.28, 88다카12100.
58) 大判 1989.12.26, 88다카10128.
59) 大判 1998.4.14, 96다8826.
60) 大判 1967.10.31, 67다1102.
61) 大判 1989.3.28, 88다카12100.

이 없기 때문에 그 양도 전 상호의 신뢰를 보호할 이유가 없으므로 양수인은 양도인의 영업으로 인한 채무를 변제할 책임이 없다($\frac{민\,45의}{참조}$). 그러나 영업양수인이 양도인의 상호를 계속 사용하지 아니하는 경우에도 양도인의 영업으로 인한 채무를 인수할 것을 광고한 때에는 양수인도 변제할 책임이 있다($\frac{상}{44}$).

(3) 양도인의 책임의 존속기간

영업양수인이 상호를 속용하는 경우 또는 속용하지 않는 경우에도 채무인수를 광고하여 변제의 책임이 있는 경우에는 양도인의 제3자에 대한 채무는 영업양도 또는 광고 후 2년이 경과하면 소멸한다($\frac{상}{45}$). 이 기간은 제척기간이다.

1.8.3.2.2. 영업상의 채무자의 보호

(1) 양수인이 양도인의 상호를 속용하는 경우

양도인의 영업으로 인한 채권에 대하여 채무자가 선의이며 중대한 과실 없이 양수인에게 변제한 때에는 그 효력이 있다($\frac{상}{43}$). 이는 영업주의 교체를 알지 못한 채무자를 보호하기 위한 것이다. 선의란 영업양도가 있었다는 사실을 알지 못하는 것을 말하고, 중대한 과실이란 조금만 주의를 하였더라면 위 사실을 알 수 있었을 때를 말한다.

(2) 양수인이 양도인의 상호를 속용하지 않는 경우

양수인이 양도인의 상호를 속용하지 않는 경우에는 상법에 규정이 없으므로 민법의 일반원칙에 따라서 해결하여야 할 것이다. 따라서 양수인에게 변제한 경우에는 채권의 준점유자에 대한 변제($\frac{민}{470}$)로 되지 않는 한 변제의 효력이 없다.

▶ 1.8.4. 기타

1.8.4.1. 영업전부의 임대계약

영업의 임대라 함은 인적·물적 요소가 유기적으로 결합된 기능적 일체로서의 영업, 즉 영업양도에 있어서와 동일한 의미의 영업을 그 동일성을 유지하면서 타인에게 임대하는 계약을 말한다. 임차인은 자기의 명의와 계산으로 영업을 경영하게 되며, 따라서 상인자격을 가진다.

이러한 영업의 임대차계약은 대부분 지배종속회사 사이에 체결되기 때문에, 임대회사가 받아야 하는 차임을 둘러싸고 임대회사의 소수파 주주나 채권자의 지위를 해할 우려가 크다. 따라서 상법은 물적 회사의 경우에는 주주총회 또는 사원총회의 특별결의($^{상 374}_{576}$), 합명회사와 합자회사의 경우에는 총사원의 동의를 얻도록 하고 있다($^{상 204}_{269}$).

영업전부의 임대계약의 효력은 당사자 간의 계약에 의하되, 계약에 정함이 없으면 민법의 임대차에 관한 규정이 유추적용된다고 할 것이다.

1.8.4.2. 경영위임계약

경영위임계약이라 함은 수임자인 제3의 경영자가 자기의 계산으로 그러나 위임회사의 수권 하에 위임회사 명의로 그 영업을 수행하는 것을 내용으로 하는 채권계약이다. 경영위임계약은 단지 제3의 경영자가 위임회사의 수권을 받아 위임회사의 명의로 영업을 수행한다는 점에서만 영업의 임대차와 차이가 날 뿐 그 이외의 점에서는 영업임대차와 같아, 이를 내부 임대차라 하기도 한다.

1.8.4.3. 타인과 영업의 손익전부를 같이하는 계약

타인과 영업의 손익 전부를 같이하는 계약이라 함은 어느 회사가 일정기간 다른 자와 영업상의 손익을 합산하여 합의된 기준에 따라 그 결과로서의 이익을 분배 또는 손실을 분담하는 계약을 말한다. 타인과 영업의 손익 전부를 같이하는 계약은 손해공통계약 혹은 이익공통계약으로서 민법상의 조합계약이다. 따라서 계약에서 합의되지 아니한 부분에 대하여는 민·상법의 계약에 관한 일반 규정, 특히 민법의 조합에 관한 규정이 적용된다.

1.8.4.4. 기타 이에 준하는 계약

1.8.4.4.1. 경영관리계약

경영관리계약은 회사가 제3경영자에게 자신의 영업을 자기 명의와 계산으로 수행하도록 위임하는 계약을 말한다. 이 경영관리계약은 순수한 위임계약으로서 다만 그 대상이 경영일 뿐이며 수임인은 경영활동에 대해 위임인으로부터 일정한 보수를 받게 된다.

1.8.4.4.2. 지배계약

어느 회사가 자신의 경영을 다른 기업에게 전적으로 복종시키는 것을 내용으로 하는 계약이 지배계약이다. 지배계약의 체결에 의하여 지배기업은 종속회사의 이사회에 대하여 합법적인 지시권을 갖고, 종속회사는 이 지시에 따라야 할 의무를 진다. 그리하여 종속회사의 이사회는 자신의 독자적인 판단에 따른 경영을 할 수 없게 됨은 물론, 경영 목표도 종속회사의 고유이익이 아니라 지배기업의 이익으로 변경된다.

1.8.4.4.3. 이익이전계약

이익이전계약은 어느 회사가 자신의 이익의 전부나 일부를 다른 기업에게 이전할 것을 내용으로 하는 계약이다. 대부분의 경우 지배계약과 함께 체결되어 계약콘체른 형성수단으로 이용되고 있다.

제2편 상행위

제1장 제2장 제3장 제4장

서 론

상행위법의 의의와 특성 2.1.1

상행위의 의의와 종류 2.1.2

영업적 상행위의 유형 2.1.3

▶ 2.1.1. 상행위법의 의의와 특성

2.1.1.1. 상행위법의 의의

상행위는 영업활동에 관한 것으로 이를 규율하는 상행위법은 실질적 의의의 상행위법과 형식적 의의의 상행위법으로 나뉜다.

2.1.1.1.1. 실질적 의의의 상행위법

실질적 의의의 상법이 기업과 관련된 것으로 이해하는 이상 실질적 의의의 상행위법 역시 기업의 활동과 관련되는 법규의 총체로 이해되고 있다.

2.1.1.1.2. 형식적 의의의 상행위법

형식적 의의의 상행위법은 '상행위'라는 명칭을 가진 상법전 제2편을 말한다. 상행위법의 총론이라 할 수 있는 부분에는 기업에 공통되는 내용(민법에 대한 특칙, 상호계산, 익명조합)을 규정하고 있고, 각칙부분에는 대리상, 중개업, 위탁매매업, 운송주선업, 운송업, 공중접객업, 창고업 등에 대해 규정하고 있다.

2.1.1.1.3. 양자의 관계

실질적 의의의 상행위법과 형식적 의의의 상행위법 양자가 일치하는 것은 아니며, 실질적 의의의 상행위법의 모든 내용이 형식적 의의의 상해위법에 규정되어 있는 것은 아니다. 예컨대, 보험업이나 해상운송업 등은 실질적 의의의 상행위이지만 2편 상행위법에 규정되어 있지 않다.

2.1.1.2. 상행위법의 특성

　상거래는 집단성·반복성 등의 특징이 있으므로 민법에 비해 영리성·유상성·신속성 및 정형성을 갖고 있다. 뿐만 아니라 기업조직에 관한 법규가 기업을 둘러싼 여러 이해관계인에 대한 법률관계의 획일적인 처리의 필요상 그 대부분이 강행법규성을 갖는 것에 비해, 상행위법은 계약적인 성질이 강하여 임의법규성을 갖는다.

▶ 2.1.2. 상행위의 의의와 종류

2.1.2.1. 상행위의 의의

2.1.2.1.1. 상행위의 의의

상행위의 의의는 실질적 의의의 상행위와 형식적 의의의 상행위가 있다. 실질적 의의의 상행위는 행위의 내용이나 성질을 실질적으로 파악하여 상행위를 정하는 것이고, 형식적 의의의 상행위란 상법 및 특별법에서 상행위로 규정되어 있는 상행위이다.

2.1.2.1.2. 상행위에 관한 입법주의

상행위를 어떻게 정할 것인가에 관한 입법에는 객관주의·주관주의 및 절충주의가 있다. 객관주의는 행위의 주체, 즉 누가 그 행위를 하는가에 관계없이 오로지 행위의 객관적 성질에 의하여 상행위를 정하는 주의이고, 주관주의는 상인의 개념을 먼저 정하고 그 상인의 영업상의 행위를 상행위로 하는 입법주의이다. 절충주의는 위의 두 가지 요소를 병용한 것이다.

상법상의 상행위에 관한 입법은 주관주의적 절충주의로 보는 견해와 주관주의에 입각한 입법이라고 보는 견해(통설)로 나뉘어 있다.

2.1.2.2. 상행위의 종류

☞ 상행위의 분류

고유 상행위	기본적 상행위	절대적 상행위	담보부사채신탁법상 사채총액의 인수행위	절대적 상행위
		영업적 상행위	당연상인이 영업으로 하는 행위(46)	
	보조적 상행위		(당연·의제)상인이 영업을 위하여 하는 행위(47)	상대적 상행위
준상행위			의제상인이 영업으로 하는 행위(66)	

2.1.2.2.1. 고유의 상행위와 준상행위

고유의 상행위란 상행위법이 원칙적으로 적용되는 행위를 말하며, 준상행위란 상행위법이 원칙적으로 준용되는 행위를 말한다. 고유의 상행위에는 당연상인이 영업으로 하는 기본적 상행위, 당연상인이 영업을 위하여 하는 보조적 상행위, 의제상인이 영업을 위하여 하는 보조적 상행위가 있다. 준상행위란 의제상인이 영업으로 하는 행위를 말한다. 수산회사가 물고기를 잡아 가공하여 판매하는 행위 등이 그 예이다. 따라서 점포 기타 유사한 설비에 의하여 상인적 방법으로 영업하는 자(설비상인)나 회사(민사회사)는 고유의 상행위를 하지 않더라도 상인으로 보고 그 행위에는 상행위 통칙에 관한 규정이 준용된다($\frac{66}{5}$)

2.1.2.2.2. 기본적(영업적) 상행위와 보조적 상행위

(1) 기본적(영업적) 상행위

영업적 상행위는 상인이 영업으로 하는 상행위를 말하는데, 이에는 당연상인이 영업으로 하는 상행위인 기본적 상행위와 의제상인이 영업으로 하는 상행위인 준상행위가 있다. 여기서 영업으로 한다고 함은 영리를 목적으로 동종의 행위를 계속 반복적으로 하는 것을 의미한다.[1] 기본적 상행위는 상법 제46조에

---

1) 大判 1994.4.29. 93다54842.

규정된 21종의 행위에 해당하는 것이어야 하는데, 21종의 상행위는 제한적 열거로 본다(통설). 신종 상행위는 의제상인으로 보아 상법을 적용하게 되므로 신종의 상행위가 상법의 적용을 회피할 수는 없다.

(2) 보조적 상행위

상인이 영업을 위하여 하는 행위는 상행위로 보는데(간주), 이러한 상행위를 보조적 상행위라 한다($\frac{상}{①}$). 상인의 행위는 영업을 위하여 하는 것으로 추정한다($\frac{상}{②}$). 영업을 위하여 하는 행위란 영업과 관련된 행위, 예컨대 영업자금의 차입·사무소의 임대 등이 이에 해당된다.

기본적 상행위와는 달리 법률행위에 한정하지 않고, 최고·통지, 준법률행위, 사실행위도 보조적 상행위에 포함된다. 불법행위도 영업과 관련된 것이면 보조적 상행위에 포함되는지에 대해 학설은 나뉘나 판례는 보조적 상행위에 포함되지 않는다고 본다.

2.1.2.2.3. 일방적 상행위와 쌍방적 상행위

(1) 일방적 상행위

일방적 상행위란 당사자의 일방에게만 상행위가 되는 행위이다. 이러한 일방적 상행위인 경우에도 전원에게 상법이 적용된다($\frac{상}{③}$). 판례도 주택건설사업 등을 목적으로 하는 영리법인인 주택건설업자의 아파트분양계약은 그의 영업을 위하여 하는 상행위라 할 것이고, 당사자 쌍방에 대하여 모두 상행위가 되는 행위로 인한 채권뿐만 아니라 당사자 일방에 대하여만 상행위가 되는 행위로 인한 채권도 상사법정이율이 적용되는 상사채권에 해당한다고 판시하고 있다.[2]

(2) 쌍방적 상행위

쌍방적 상행위란 당사자의 쌍방 모두에게 상행위가 되는 행위이다. 상법

---

2) 大判 2000.10.27. 99다10189; 大判 1994.3.22. 93다31740.

의 일부규정 중에는 쌍방적 상행위에만 적용되는 것도 있다(상품55조). 그러한 쌍방적 상행위의 예로는 금전소비대차에서 발생하는 법정이자청구권, 상사유치권, 상사매매에 있어서 매도인의 목적물의 공탁, 경매권 등 세 가지가 있다.

2.1.2.2.4 절대적 상행위와 상대적 상행위

절대적 상행위란 그 행위의 객관적 성질상 고도의 영리성으로 인하여 당연히 상행위로 인정되는 것으로 상사특별법인 담보부사채신탁법상의 사채총액의 인수가 이에 해당하고 상법상에는 이러한 절대적 상행위가 없다. 상대적 상행위란 그 행위의 객관적 성질상 영리성이 그렇게 강하지 않아 당연히 상행위로 되지는 못하고, 이를 영업으로 반복·계속하거나 영업을 위하여 함으로써 상행위가 되는 것으로, 영업적 상행위, 준상행위, 보조적 상행위 등이 이에 해당한다.

2.1.2.2.5 사법인의 상행위와 공법인의 상행위

사법인, 즉 회사의 상행위는 당연히 상법의 적용을 받으나, 공법인의 상행위에 대하여는 법령에 다른 규정이 없는 경우에 한하여 상법을 적용한다(상2조).

상법 제46조는 상행위의 21가지의 유형을 규정하고 있는데, 이러한 열거된 상행위를 영업으로 하면 당연상인이 되나 임금을 받을 목적으로 물건을 제조하거나 노무에 종사하는 자의 행위는 제외된다.

(1) 동산, 부동산, 유가증권 기타의 재산의 매매

매매의 목적물은 동산, 부동산, 유가증권 기타의 재산이며, 매매는 재화를 금전과 교환하는 계약뿐만 아니라, 유상취득(매수)과 유상재양도(매도)를 목적으로 하는 행위이며, 유상으로 하는 한 교환, 소비대차, 소비임치 및 대물변제 등도 포함한다(통설).

법률행위에 의한 취득에 한하기 때문에 농업·임업·어업 등 원시산업에 있어서 사실행위에 의하여 원시취득한 물건을 양도하는 행위는 여기의 매매에 해당하지 않는다(다수설). 따라서 농민이 가꾼 농작물을 파는 행위는 상인적 설비와 방법에 의하여 파는 의제상인의 준행위로서 간주되지 않는 한 상행위가 되지 못한다. 또한 선점·취득시효·상속·불법행위 등 법률사실에 의한 취득과 유상이 아닌 증여·유증 등 무상의 법률행위에 의한 취득은 여기에 해당하지 않는다.

(2) 동산, 부동산, 유가증권 기타의 재산의 임대차

동산, 부동산, 유가증권 기타의 재산에 대해 임대차를 '영업으로 하는' 때에 상행위가 된다. 임대차는 이익을 얻고 임대할 목적으로 이를 하여야 한다.

(3) 제조, 가공 또는 수선에 관한 행위

제조는 재료에 노동력을 가하여 전혀 다른 물건을 만드는 것을 말하며(기계,

기구의 제작 등), 가공이란 재료의 동일성을 변하지 않으면서 형상, 색채, 재료 등의 형식적인 변화를 가하는 것이고(세탁, 염색, 도정 등), 수선이란 물건의 용도에 따른 기능의 불완전을 보완하는 것(자동차 등의 기계 수리업, 시계수리점 등)이다.

(4) 전기, 전파, 가스 또는 물의 공급에 관한 행위

대가를 받고 전기, 전파, 가스 또는 물의 계속적 공급을 인수하는 계약으로 전기회사, 가스회사, 수도사업, 전파공급계약, 방송사업, 냉방업 등이 그 예이다.

(5) 작업 또는 노무의 도급의 인수

작업의 도급의 인수란 건물이나 도로 등과 같은 부동산이나 선박에 관한 공사의 도급을 인수하는 것을 말하며, 노무의 도급의 인수란 하역업이나 인부청부업 등을 말한다. 이는 시, 도지사 또는 노동부장관의 허가를 필요로 한다.

(6) 출판, 인쇄 또는 촬영에 관한 행위

출판은 문서·도화 등을 인쇄하여 판매하는 행위이고, 인쇄는 기계적·화학적 방법에 의하여 문서·도화의 복제를 인수하는 것이다.

(7) 광고, 통신 또는 정보에 관한 행위

광고업이나 광고대행업, 통신사업자, 흥신소 등의 행위를 말한다. 정보에 관한 행위는 타인의 경제적 신용에 관한 사항의 조사·보고를 인수하는 행위를 말한다.

(8) 수신·여신·환 기타의 금융거래

수신은 예금·적금의 수입, 유가증권 기타 채무증서의 발행에 의하여 불특정 다수인에게 채무를 부담함으로써 자금을 획득하는 거래를 말하고, 여신은 자금을 타인에게 대여하는 거래를 말하며, 환은 종류가 다른 통화로 교환하는 업무를 말한다. 기타의 금융거래에는 채무의 인수, 어음의 할인, 보증 등 금융기관이 행하는 기타의 은행업무를 말한다.

(9) 객의 집래를 위한 시설에 의한 거래

목욕탕, 극장, 여관, 병원, 도서관, 독서실 등의 시설을 이용시켜 영업하는 행위를 말한다.

(10) 상행위의 대리의 인수

위탁자에게 상행위의 대리를 인수하는 것을 말하며, 체약대리상의 행위가 여기에 속한다. 위탁자에게 상행위가 되는 행위이면 영업적 상행위이든 보조적 상행위이든 불문한다.

(11) 중개에 관한 행위

동산매매, 금전대차, 결혼상담소, 직업알선 등의 행위처럼 타인 간의 법률행위의 매개를 인수하는 행위를 말한다. 중개인이 중개하는 법률행위는 상행위뿐만 아니라, 민사상의 행위를 포함한다.

(12) 위탁매매 기타의 주선에 관한 행위

주선에 관한 행위란 자기명의로 타인의 계산으로 법률행위를 할 것을 인수하는 행위를 말하며, 위탁매매인(상법 제101조), 운송주선인(상법 제114조), 준위탁매매인(상법 제113조)의 행위가 이에 해당한다.

(13) 운송의 인수

물건 또는 사람의 운송을 인수하는 행위를 말한다.

(14) 임치의 인수

임치의 인수란 타인을 위하여 물건 또는 유가증권을 보관하는 것을 인수하는 행위, 즉 임치계약을 말한다. 창고업자의 업무행위가 대표적이며, 주차장이나 일시물건보관소의 업무행위도 이에 해당한다.

(15) 신탁의 인수

신탁이란 "위탁자와 수탁자와의 특별한 신임관계에 기하여 위탁자가 특정의 재산권을 수탁자에게 이전하거나 기타의 처분을 하고, 수탁자로 하여금 수익자의 이익이나 특정의 목적을 위하여 그 재산권을 관리, 처분하게 하는 법률관계"를 말한다.

(16) 상호부금 기타 이와 유사한 행위

'신용계업무'라 함은 일정한 계좌수와 기간 및 금액을 정하고 정기적으로 계금을 납입하게 하여 계좌마다 추첨·입찰 등의 방법에 의하여 계원에게 금전의 급부를 약정하여 행하는 계금의 수입과 납부금의 지급업무를 말한다(상호저축은행법 제2조 제2호). '신용부금업무'라 함은 일정한 기간을 정하고 부금을 납입하게 하여 기간의 중도 또는 만료 시에 부금자에게 일정한 금전을 납부함을 약정하여 행하는 부금의 수입과 납부금의 지급업무를 말한다(상호저축은행법 제2조 제3호). 전통적으로 해온 계의 업무도 여기에 해당한다.

(17) 보험

보험은 보험계약자가 보험료를 납부하고 보험자는 보험계약자의 재산이나 생명 또는 신체의 사고에 대하여 보험금을 지급하는 것을 말한다. 보험은 영리보험의 인수만을 의미하며, 상호보험, 의료보험 또는 기타 사회보험은 포함되지 않는다.

(18) 광물 또는 토석의 채취에 관한 행위

광물 또는 토석을 채취하여 판매하는 행위가 여기에 해당된다.

(19) 기계 · 시설 기타 재산의 물융에 관한 행위

일정시설을 대여하여, 이용료 계약을 체결하는 것으로 리스회사의 업무행위를 말한다. 리스란 "대여시설 이용자가 선정한 특정물건을 시설대여 회사가 새로이 취득하거나 대여받아 대여시설 이용자에게 대통령령이 정하는 일정기간 이상 사용하게 하고, 그 기간에 걸쳐 일정대가를 정기적으로 분할하여 지급받으며, 그 기간 종료 후의 물건의 처분에 관하여는 당사자 간의 약정으로 정하는 물적 금융"을 말한다(시설대여업법 제2조 제1호).

(20) 상호 · 상표 등의 사용허락에 의한 영업에 관한 행위

교촌치킨, 원할머니 보쌈 등 프랜차이즈 인수자의 업무행위를 말한다. 프랜차이즈 제공자가 프랜차이즈 인수자에 대하여 자기의 상호 · 상표 · 기타 영업표지 등을 사용하여 영업할 것을 허락하는 한편, 자기의 지시와 통제하에 영업할 것을 약정하고, 이에 대하여 프랜차이즈 인수(이용)자는 프랜차이즈 제공자에 대하여 일정한 사용료를 지급하기로 하는 계속적인 채권계약관계라고 할 수 있다.

(21) 영업상 채권의 매입 · 회수 등에 관한 행위

팩토링이란 거래기업이 그의 외상매출채권을 팩토링회사에게 양도하고, 팩토링회사는 거래기업에 갈음하여 채무자로부터 매출채권을 추심하는 동시에 이와 관련된 채권의 관리, 장부작성 등의 행위를 인수하는 것을 말한다.

통칙

▶ 2.2.1. 민법 총칙편에 대한 특칙

2.2.1.1. 상행위의 대리와 위임

2.2.1.1.1. 대리의 방식

민법상 대리를 하는 경우에 본인을 위하여 한다는 의사표시를 하여야 본인에게 효력이 있으나, 상행위의 대리인은 본인을 위한 것임을 표시하지 아니하여도 그 행위는 본인에 대하여 효력이 있다. 그러나 상대방이 본인을 위한 것임을 알지 못한 때에는 대리인에 대하여도 이행의 청구를 할 수 있다($\frac{상}{48}$). 이 경우에는 본인과 대리인이 부진정연대책임을 지게 된다. 이때 상대방의 과실 유무는 묻지 않는다. 이 상행위의 대리에 관한 특칙은 민법상 현명주의($\frac{민}{115}$)에 대한 예외규정으로 상거래의 신속·안전을 위한 것이다. 그러나 어음·수표상의 행위는 반드시 본인을 대리한다는 의사표시를 하여야 한다(현명주의). 그렇지 않으면 어음행위자가 문언성에 따라 책임을 지게 되기 때문이다. 따라서 어음행위의 대리에는 본조가 적용되지 않는다.

2.2.1.1.2. 본인의 사망과 대리권의 존속

상행위의 위임에 의한 대리권은 본인의 사망으로 인하여 소멸하지 아니한다($\frac{상}{50}$). 상사대리는 본인의 인격보다는 영업 자체를 대리하는 것이므로 기업의 영속성과 거래의 신속과 안전을 위하여 본인의 사망이 대리권의 소멸사유가 되지 아니하도록 한 것이다. 상행위의 위임에 의한 대리권이라 함은 위임계약의 목적인 행위가 상행위인 경우를 말하는 것이 아니라, 대리권을 수여하는 행위인 위임 자체가 상행위인 경우를 말한다(통설). 예컨대, 지배인을 선임하는 행위는 영업주 본인을 위한 보조적 상행위가 되는 것이다. 회사에는 사망이란 것이 없으므로 본조가 적용될 여지가 없다.

2.2.1.1.3. 상행위의 수임인의 권한

상행위의 위임을 받은 자는 위임의 본지에 반하지 아니한 범위 내에서 위임을 받지 아니한 행위를 할 수 있다($\frac{상}{49}$). 민법상의 수임인도 사정변경의 경우에 임기응변의 조치를 취할 수 있으므로 상법의 규정은 민법의 원칙을 구체적으로 표시한 것으로 주의적 규정이다(주의규정설: 다수설).

2.2.1.2. 소멸시효기간

상행위로 인한 채권은 본법에 다른 규정이 없는 때에는 5년간 행사하지 아니하면 소멸시효가 완성한다. 그러나 다른 법령에 이보다 단기의 시효의 규정이 있는 때에는 그 규정에 의한다($\frac{상}{64}$). 예컨대, 상법에는 운송주선인(1년), 창고업자(1년), 공중접객업자(6개월), 보험금청구권(2년) 등이 있고, 어음·수표법, 민법 등과 같은 다른 법률에도 단기소멸시효기간(3년, 1년, 6월 등)을 두고 있다. 상사채권의 소멸시효기간을 민사채권의 10년($\frac{민 162}{①}$)보다 단기로 규정한 것은 상거래의 신속한 해결을 위한 것이다.

2.2.2.1. 일반상사유치권

2.2.2.1.1. 일반상사유치권의 의의

당사자 간에 다른 약정이 없는 한 상인 간의 상행위로 인한 채권이 변제기에 있는 때에는 채권자는 변제를 받을 때까지 그 채무자에 대한 상행위로 인하여 자기가 점유하고 있는 채무자소유의 물건 또는 유가증권을 유치할 수 있다($^{상}_{58}$).

2.2.2.1.2. 요건

일반상사유치권이 성립하기 위해서는 ① 당사자의 쌍방이 상인이어야 하며 ② 피담보채권이 당사 자 쌍방을 위하여 상행위가 되는 행위 즉 쌍방적 상행위에 의하여 생기고 또 변제기에 있어야 하며 ③ 유치목적물의 경우 점유취득 원인은 채무자에 대한 상행위로 인한 것이고 목적물은 채무자의 소유이어야 하며 목적물의 범위는 물건(부동산도 포함; 통설) 또는 유가증권에 한하고 ④ 유치목적물과 피담보채권과는 개별적인 관련성을 요하지 않고 영업을 통하여 관련되어 있으면 족하다(일반적 관련성). 채권과 유치권의 목적물과의 견련관계를 필요로 하지 않는 것은 상행위의 개성상실과 계속성에 기초를 두고 있기 때문이다. 상사유치권이 성립한 후에 채권자 또는 채무자가 상인자격을 잃더라도 유치권은 그대로 존속한다. 타인으로부터 양수한 채권은 원칙적으로 피담보채권이 되지 못하나, 합병·상속과 같은 포괄승계의 경우와 지시식 또는 무기명식의 유가증권상의 채권을 양수한 경우에는 피담보채권이 될 수 있다. 금전채권에 한하지 않고 금전으로 전환할 수 있는 채권도 포함하며, 영업과 관련한 불법행위로 인한 손해배상청구권도 포함된다고 본다.

상인 간의 유치권은 당사자 간의 특약으로 이를 배제할 수 있다(상 58 단서). 배제의 특약은 묵시적으로도 할 수 있다.

2.2.2.1.3. 효력

상인 간의 유치권의 효력에 관하여는 상법에 규정이 없으므로 이에 관한 민법의 규정에 따른다. 따라서 유치권자는 변제를 받을 때까지 목적물을 유치할 수 있으며($^{민}_{320}$), 유치물의 과실에 대해 다른 채권보다 먼저 그 채권의 변제에 충당할 수 있다($^{민}_{323}$). 또 유치목적물이 파산재단에 속하는 재산인 때에는 유치권자는 그 목적재산에 대하여 별제권을 가진다($^{파산법}_{84}$).

☞ **민사유치권과 상사유치권과의 차이**

	민사유치권	상사일반유치권
공통점	① 유치권을 행사하기 위해서는 채권이 변제기에 도래하여야 한다. ② 당사자의 특약으로 배제되어 있지 않아야 한다.	
당사자	일방이 상인	쌍방이 상인
피담보채권	상행위와 무관	쌍방적 상행위
채권의 목적물	무관	채무자소유자의 물건, 유가증권
목적물과 피담보채권과 관계	피담보채권과 견련성 유관	피담보채권과 견련성 무관
점유취득원인	상행위와 무관	상행위로 점유

2.2.2.2. 상사질권: 유질계약의 허용

민법은 채무자보호를 위하여 질권설정자가 채권변제기 전의 계약으로 질권자에게 변제에 갈음하여 질물의 소유권을 취득하게 하거나 법률에 정한 방법에 의하지 아니하고 질물을 처분할 것을 약정하지 못하도록 함으로써 유질계약을 금지시키고 있다($^{민}_{339}$). 그러나 상법은 상거래의 당사자의 경제적 자위능력을 인정하여 민법에서와 같은 후견적 보호규정이 불필요하므로 상행위로 인하여 생긴 채권을 담보하기 위하여 설정한 질권에 유질계약을 허용하고 있다($\frac{\text{상}}{59}$). 유질계약의 허용범위에 대해 당연히 쌍방적 상행위에는 적용되나 일방적 상행위의 경우에도 적용된다고 본다(다수설).

▶ 2.2.3. 민법 채권편에 대한 특칙

2.2.3.1. 채권총칙에 대한 특칙

2.2.3.1.1. 법정이자

이자 있는 민사채권의 이율은 다른 법률의 규정이나 당사자의 약정이 없으면 연 5푼이나, 상행위로 인한 채무의 법정이율은 연 6푼이다(상§54). 상사법정이율은 상행위로 인한 채무나 이와 동일성을 가진 채무, 예컨대 채무불이행으로 인한 손해배상채무, 계약해제로 인한 원상회복의무 등에 관하여 적용되는 것이고, 상행위가 아닌 불법행위로 인한 손해배상채무에는 적용되지 아니한다.[3]

2.2.3.1.2. 다수채무자의 채무

민법에서는 채무자가 수인인 경우에는 특별한 의사표시가 없으면 각 채무자는 균등한 비율로 채무를 부담하나(민§408), 상법에서는 수인이 그 1인 또는 전원에게 상행위가 되는 행위로 인하여 채무를 부담한 때에는 연대하여 변제할 책임이 있다(상§57①). 상사채무의 연대책임의 취지는 상사거래에 있어서의 인적 담보를 강화하여 채무이행을 확실히 하고 거래의 안전을 도모함으로써 상거래의 원활을 기하려는 것으로 민법상 다수당사자 간의 채무이행에 있어서의 분할채무원칙에 대한 특별규정이다.[4]

조합의 채무는 조합원의 채무로서 특별한 사정이 없는 한 조합채권자는 각 조합원에 대하여 지분의 비율에 따라 또는 균일적으로 변제의 청구를 할 수 있

---

3) 大判 2004.3.26, 2003다34045.
4) 大判 1987.6.23, 86다카633.

을 뿐이나, 조합채무가 특히 조합원 전원을 위하여 상행위가 되는 행위로 인하여 부담하게 된 것이라면 상법 제57조 제1항을 적용하여 조합원들의 연대책임을 인정함이 상당하다.[5] 연대채무를 부정한 사례로는 기업 그룹의 조달본부가 그룹 산하의 계열회사의 소요물품을 구입한 사건에서 조달본부는 계열회사를 개별적으로 대리한 것에 불과할 뿐 공동하여 구입한 것으로 인정하지 않은 경우도 있다. 계열회사들의 효율적인 물품구매 및 경비절감을 위하여 그룹 내에 조달본부를 설치하여 각 계열회사들은 각자 필요한 물품을 물품구매요구서를 첨부하여 위 조달본부에 구매요구하면, 조달본부는 그룹 회장의 결제를 받아 납품업체와 계약을 체결하고 납품업체는 조달본부장의 요구에 따라 실수요회사인 각 계열회사에 물품을 인도하고 세금계산서를 발행하여 왔다면 위 조달본부는 법인격 없는 그룹 내의 편의상 기구에 불과한 것으로서 조달본부의 물품구매행위는 동 그룹 안의 각 독립한 법인체인 계열회사들이 조달본부에 그 대행을 위임하거나 이에 관한 대리권수여에 따른 행위로 봄이 타당하고, 따라서 각 거래는 계열회사와 물품공급회사 사이에 이루어진 것으로서 그 법률효과는 그 당사자에게만 직접 미치고 유관관계가 없는 다른 계열회사는 아무런 권리의무가 발생하지 아니하는 제3자의 지위에 있음에 불과하다 할 것인즉, 조달본부에서 물품을 발주구입하였다는 사실을 들어 상법 제57조 제1항 소정의 수인이 그 1인 또는 전원에게 상행위로 인하여 부담하는 공동구매라고는 할 수 없으므로 위 각 계열회사들 사이에 동 법조에 따른 연대 채무관계는 발생할 수 없다고 할 것이다.[6]

2.2.3.1.3. 채무자와 보증인의 연대

민법에서는 보증인이 있는 경우에 그가 주 채무자와 연대하여 보증한다는 특약이 없는 한 일반보증으로 보증인은 최고 및 검색의 항변권을 가지나(민 437), 상법에서는 보증인이 있는 경우에 그 보증이 상행위이거나 주 채무가 상행위로 인한 것인 때에는 보증인이 연대보증을 한다는 의사표시를 하지 않은 경우에도

---

5) 大判 1998.3.13. 97다6919; 大判 1995.8.11. 94다18638; 大判 1992.11.27. 92다30405.
6) 大判 1987.6.23. 86다카633.

그 보증은 연대보증이 된다($\frac{상}{2}\frac{5}{2}$).

보증이 상행위라 함은 상인이 영업으로 또는 영업을 위하여 보증을 하는 경우를 말하며, 이는 채권자를 보호하기 위한 것이 아닌 채무자인 상인의 책임을 무겁게 하기 위한 것이므로 채무자가 상인인 경우에만 적용되는 것이며, 채권자만 상인인 경우에는 적용하지 않는다(다수설). 주 채무가 상행위로 인한 것이라 함은 주된 채무가 채무자의 상행위로 인하여 발생한 경우를 뜻한다.

☞ **연대보증과 보증연대의 차이점**

	연대보증	보증연대
의의	보증인이 주 채무자와 연대하여 부담하는 채무	수인의 보증인 사이에 연대하여 특약이 있는 경우
성질	・부종성: O(주 채무가 소멸하면 보증채무도 소멸) ・보충성: 없음(최고・검색의 항변권 없음). ・분별의 이익: 없음(어느 채무에 대하여도 주 채무의 전액청구가능)	・부종성: X(주 보증채무 소멸하면 타 보증채무 소멸) ・보충성: 있음(최고・검색의 항변권이 있음) ・분별의 이익: 없음 ・채권자에 대한 관계: 보통 보증과 같음

2.2.3.1.4. 상사채무의 이행

(1) 채무이행의 장소

민법상 채무이행의 장소는 당사자 간의 채무이행의 장소에 대해 합의를 하지 않으면, 특정물의 인도는 채권성립 당시에 그 물건이 있었던 장소에서, 특정물 인도 이외의 채무변제는 지참채무(채권자의 주소・영업소)이든 추심채무(채무자의 주소・영업소)이든 관계없이 채권자의 현주소에서 또는 영업의 경우에는 채권자의 현 영업소에서 하도록 하고 있다($\frac{민}{}$).

상법은 상사채무의 이행장소에 대하여 지점거래에 있어서의 채무이행장소에 대하여만 규정하고 있는데, 지점에서의 거래로 인한 채무이행의 장소가 그 행위의 성질 또는 당사자의 의사표시에 의하여 특정되지 아니한 경우에는 특정물의 인도 이외의 채무의 이행은 그 지점을 이행장소로 본다($\frac{상}{56}$)고 규정하고 있다. 따라서 상법규정에 의하면 본점에 해당하는 민법상의 채권자의 영업소가 아닌 지점에서 거래한 경우와 특정물 이외의 거래의 경우에는 지점을 이행장소로 보는 것이며, 특정물의 경우에는 민법처럼 채권성립 당시에 그 물건이 있었던 장소에서 하게 될 것이다.

(2) 채무이행의 시기

법령 또는 관습에 의하여 영업시간이 정하여져 있는 때에는 채무의 이행 또는 이행의 청구는 그 시간 내에 하여야 한다(상63). 민법상으로는 명문의 규정이 없지만 신의성실의 원칙상 이와 동일하게 해석되어야 하므로, 이 상법의 규정은 민법에 대하여 특칙으로서의 의미는 없고 주의규정에 불과하다(주의적 규정설: 통설).

2.2.3.2. 채권각칙에 대한 특칙

2.2.3.2.1. 상사계약의 성립시기

(1) 대화자 간의 계약의 성립시기

민법에는 대화자 간의 계약의 성립시기에 관하여 특별한 규정을 두고 있지 않으나, 상법은 대화자 간의 계약의 성립시기에 대하여 규정하고 있다.

즉 대화자 간의 계약의 청약은 상대방이 즉시 승낙하지 아니한 때에는 그 효력을 잃는다(상51).

(2) 격지자 간의 계약의 성립시기

상법은 격지자 간의 계약의 성립시기에 관하여 승낙기간을 정한 경우에 대하여는 특별히 규정하고 있지 않고, 승낙기간을 정하지 않은 경우에 대하여만 특별히 규정하고 있다. 즉 격지자 간의 계약의 청약은 승낙기간이 없으면 상대방이 상당한 기간 내에 승낙의 통지를 발송하지 아니한 때에는 그 효력을 잃는다(상52①). 이때 연착된 승낙은 청약자가 이를 새 청약으로 본다(상52②,민530).[7] 이때의 상당

---

7) 상법에는 발송한 때에 효력이 생기는 것으로 하기 때문에 연착을 연발(延發)로 이해하여야 한다고 한다(정동윤,

한 기간은 청약이 상대방에게 도달하여 상대방이 그 내용을 받아들일지 여부를 결정하여 회신을 함에 필요한 기간을 가리키는 것으로, 이는 구체적인 경우에 청약과 승낙의 방법, 계약 내용의 중요도, 거래상의 관행 등의 여러 사정을 고려하여 객관적으로 정하여진다.[8]

그런데 격지자 간의 계약에 있어서 승낙기간을 정하지 아니한 경우에는 민법에 의하면 상당기간 내의 승낙통지의 불도달을 해제조건으로 하여($\frac{민}{529}$) 승낙통지를 발송한 때에 계약이 성립하고 또 그 효력이 발생하나($\frac{민}{531}$), 상법에 의하면 승낙통지를 발송한 때에 확정적으로 그 계약이 성립하고 또 그 효력이 발생한다($\frac{상}{52}$). 따라서 이때에 민법에 의하면 불도달에 의한 불이익을 승낙자가 부담하나(승낙통지가 청약자에게 도달하지 않으면 일단 발효한 계약은 그 효력을 잃게 됨), 상법에 의하면 불도달에 의한 불이익을 청약자가 부담하는 점에서(승낙자는 승낙통지를 발송하기만 하면 계약은 발효하고 그 도달 여부와는 무관함), 민·상법은 차이가 있게 된다. 또한 이때에 상당기간 내에 발송하였으나 상당기간 경과 후 도달한 청약은 민법에 의하면 지연된 승낙으로 새로운 청약으로 볼 수 있으나($\frac{민}{530}$), 상법에 의하면 지연된 승낙이 아니므로 새로운 청약으로 볼 수 없다는 점도($\frac{상52}{①②}$), 민·상법상의 차이라고 볼 수 있다.

격지자 간의 계약에 있어서 승낙기간을 정한 경우에는 상법이 특별히 규정하고 있지 않아 상사계약의 경우에도 민사계약의 경우와 동일하게 승낙의 통지를 발송한 때에 성립하고 또 그 효력이 발생하나($\frac{민}{531}$), 승낙기간 내의 승낙의 불도달을 해제조건으로 한다($\frac{민52}{①}$).

2.2.3.2.2. 계약청약을 받은 자의 의무

민법상 계약의 청약은 철회하지 못하게 함으로써, 청약자는 청약에 구속되나($\frac{민}{527}$) 청약을 받은 상대방은 청약에 대하여 낙부통지의무를 부담하지 않는다. 반면에 상법에서의 계약의 청약은 상거래의 신속을 도모하고 상대방의 지연된 승낙거절로 인하여 청약자에게 발생하는 손해를 방지하고, 상대방의 거래 시마다

상법(上), 2008, 법문사, 158면).
8) 大判 1999.1.29, 98다48903.

승낙통지 필요 없이 계약을 체결시킬 수 있는 상대방의 편의를 위하여 일정한 경우에는 청약을 받은 상인에 대하여 낙부통지의무($^{\text{상}}_{53}$)와 물건보관의무($^{\text{상}}_{60}$)를 부과하고 있다.

(1) 낙부통지의무

상인이 상시 거래관계에 있는 자로부터 그 영업 부류에 속한 계약의 청약을 받은 때에는 지체 없이 낙부의 통지를 발송하여야 한다. 이를 해태한 때에는 승낙한 것으로 본다($^{\text{상}}_{53}$). 민법상으로는 청약을 받은 자가 승낙여부에 대한 통지를 할 의무를 부담하지 않으나 상거래의 신속함을 위해 낙부의 여부를 통지하도록 한 것이다.

청약을 받은 자는 상인이어야 하나 청약자는 반드시 상인일 필요가 없으나 상시거래관계에 있어야 한다. 또한 영업 부류에 속한 거래이어야 하는데, 영업 부류에 속한 거래라 함은 청약을 받은 상인이 영업으로 행하는 기본적 상행위(당연상인의 경우) 또는 준상행위(의제상인의 경우)에 속하여야 하며, 보조적 상행위는 제외된다.

(2) 물건보관의무

상인이 그 영업부류에 속한 계약의 청약을 받은 경우에 견품 기타의 물건을 받은 때에는 그 청약을 거절한 때에도 청약자의 비용으로 그 물건을 보관하여야 한다. 그러나 그 물건의 가액이 보관의 비용을 상환하기에 부족하거나 보관으로 인하여 손해를 받을 염려가 있는 때에는 그러하지 아니한다($^{\text{상}}_{60}$).

이는 상거래에 있어 청약을 받은 상인에게 일정한 범위 내에서 청약과 동시에 송부받은 견품 등 물건에 관하여 그 청약을 거절하는 경우라도 이를 반송할 때까지 보관의무를 지움과 아울러 그 보관에 따르는 비용의 상환을 구할 수 있음을 정한 규정이다. 보관을 함에 있어서는 선량한 관리자의 주의의무를 요한다(통설). 본 규정은 송부받은 물건의 현상이나 가치를 반송할 때까지 계속 유지, 보존하는 데 드는 보관비용의 상환에 관하여 규율하고 있을 뿐 그 물건이 보관된 장소의 사용이익 상당의 손해의 배상에 관한 규정은 아니다. 또한 기계의 점유자가 그 기계장치를 계속 사용함에 따라 마모되거나 손상된 부품을 교체하거나 수리하는 데에 소요된 비용은 통상의 필요비에 해당하고, 그러한 통상의 필요비는 점유자가 과실을 취득하면 회복자로부터 그 상환을 구할 수 없다.[9]

2.2.3.2.3. 상사매매

상인 사이에 행하여진 상행위에만 적용되는 상사매매에 관한 특칙은 매도인의 목적물의 공탁·경매권($\frac{상}{67}$), 확정기매매의 해제($\frac{상}{68}$), 매수인의 목적물 검사·하자통지의무($\frac{상}{69}$) 및 매수인의 목적물 보관·공탁의무($\frac{상}{70}$) 등이다. 상사매매에 관한 규정은 상인 간의 상행위에만 적용되므로 일방이라도 상인이 아닌 경우이거나 상행위가 아닌 때에는 상사매매에 관한 규정이 적용되지 않고 민법상의 매매에 관한 규정이 적용된다.

(1) 매수인의 수령지체: 매도인의 공탁권 또는 경매권

1) 공탁권

상인 간의 매매에 있어서 매수인이 목적물의 수령을 거부하거나 이를 수령할 수 없는 때에는 매도인은 그 물건을 공탁할 수 있다. 이 경우에는 지체 없이 매수인에 대하여 그 통지를 발송하여야 한다($\frac{상}{67①}$). 매매의 목적물을 공탁하여 인도의무를 면할 수 있음은 민법규정과 같으나, 다만 매수인에 대하여 그 공탁의 통지를 발송만 하면 되는 점이 통지가 도달되어야 하는 민법($\frac{민}{111}$ 488 ③)과 다를 뿐 큰 차이점이 있는 것은 아니다.

2) 경매권(자조매각권)

상인 간의 매매에 있어서 매수인이 목적물의 수령을 거부하거나 이를 수령할 수 없는 때에는 매도인은 그 물건을 상당한 기간을 정하여 최고한 후 경매할 수 있다. 이 경우에는 지체 없이 매수인에 대하여 그 통지를 발송하

---

9) 大判 1996.7.12, 95다41161, 41178.

여야 한다($\frac{상67}{①}$). 이 경우에 매수인에 대하여 최고를 할 수 없거나 목적물이 멸실 또는 훼손될 염려가 있는 때에는 최고 없이 경매할 수 있다($\frac{상67}{②}$). 매도인이 그 목적물을 경매한 때에는 그 대금에서 경매비용을 공제한 잔액을 공탁하여야 한다. 그러나 그 전부나 일부를 매매대금에 충당할 수 있다($\frac{상67}{③}$). 민법에서는 공탁이 원칙이고, 경매의 경우에는 법원의 허가를 얻어서 할 수 있다는 점에서 차이가 있다. 즉 민법상으로는 변제의 목적물이 공탁에 적당하지 아니하거나 멸실 또는 훼손될 염려가 있거나 공탁에 과다한 비용을 요하는 경우에 한하여 변제자는 법원의 허가를 얻어 그 물건을 경매하거나 시가로 방매하여 대금을 공탁할 수 있을 뿐, 경매대금으로 매매대금에 충당할 수 없다($\frac{민}{490}$).

(2) 확정기매매의 해제

상인 간의 매매에 있어서 매매의 성질 또는 당사자의 의사표시에 의하여 일정한 일시 또는 일정한 기간 내에 이행하지 아니하면 계약의 목적을 달성할 수 없는 경우에 당사자의 일방이 이행시기를 경과한 때에는 상대방은 즉시 그 이행을 청구하지 아니하면 계약을 해제한 것으로 본다($\frac{상}{68}$). 상인 간의 확정기매매의 경우에는 별도의 계약해제의 의사표시조차도 필요 없이 계약을 해제한 것으로 보는 것이다. 그러나 민법은 계약의 성질 또는 당사자의 의사표시에 의하여 일정한 시일 또는 일정한 기간 내에 이행하지 아니하면 계약의 목적을 달성할 수 없을 경우에 당사자일방이 그 시기에 이행하지 아니한 때에는 상대방은 최고를 하지 아니하고 계약을 해제할 수 있다고 규정하여 민법상 해제의 의사표시가 필요하다는 점에서 차이가 있다($\frac{민}{545}$).

판례에 따르면 상인 사이에 이루어진 선물환계약은 그 약정 결제일에 즈음하여 생길 수 있는 환율변동의 위험(이른바 환리스크)을 회피하기 위하여 체결되는 것으로서 그 성질상 그 약정 결제일에 이행되지 않으면 계약의 목적을 달성할 수 없는 상법 제68조 소정의 확정기매매라고 판시하고 있다.[10]

---

10) 大判 2003.4.8. 2001다38593.

(3) 매수인의 검사ㆍ통지의무

민법에서는 매매의 목적물에 하자 또는 수량부족이 있는 경우에 매도인이 하자담보책임을 지고, 매수인에게는 악의인 경우에는 계약한 날로부터 1년 내, 선의이면 그 사실을 안 날로부터 1년 또는 6월 내에 대금감액청구권, 계약해제청구권, 손해배상청구권이 인정된다($_{이하}^{민 570}$).

상인 간의 매매에 있어서 매수인이 목적물을 수령한 때에는 지체 없이 이를 검사하여야 하며 하자 또는 수량의 부족을 발견한 경우에는 즉시 매도인에게 그 통지를 발송하지 아니하면 이로 인한 계약해제, 대금감액 또는 손해배상을 청구하지 못한다. 매매의 목적물에 즉시 발견할 수 없는 하자가 있는 경우에 매수인이 6월 내에 이를 발견한 때에도 같다($_{①}^{상 69}$). 그러나 매도인이 악의인 경우에는 적용하지 아니한다($_{②}^{상 69}$). 검사의 정도와 방법은 그 목적물을 거래하는 상인에게 일반적으로 요구되는 객관적인 주의의무를 가지고 하면 된다. 검사 없이 통지의무만 이행하여도 담보책임을 물을 수 있다고 보는데, 검사는 통지의무를 이행하기 위한 작업에 불과하기 때문이다. 검사와 하자통지의무는 담보책임을 추궁하기 위한 전제요건이므로, 매수인이 이에 대한 증명책임을 진다.

매수인의 목적물의 검사와 하자통지의무에 관한 규정의 취지는 상인 간의 매매에 있어 그 계약의 효력을 민법 규정과 같이 오랫동안 불안정한 상태로 방치하는 것은 매도인에 대하여는 인도 당시의 목적물에 대한 하자의 조사를 어렵게 하고 전매의 기회를 잃게 될 뿐만 아니라, 매수인에 대하여는 그 기간 중 유리한 시기를 선택하여 매도인의 위험으로 투기를 할 수 있는 기회를 주게 되는 폐단 등이 있어 이를 막기 위하여 하자를 용이하게 발견할 수 있는 전문적 지식을 가진 매수인에게 신속한 검사와 통지의 의무를 부과함으로써 상거래를 신속하게 결말짓도록 한 것이다.[11]

매수인의 검사ㆍ통지의무는 상인 간에서만 적용된다는 점에서 일방적 상행위를 규정한 제3조의 예외라 할 수 있다. 판례도 매수인에게 즉시 목적물의 검사와 하자통지를 할 의무를 지우고 있는 상법 제69조의 규정은 상인 간의 매매에 적용되는 것이라고 판시하고 있다.[12]

---

11) 大判 1987.7.21, 86다카2446.
12) 大判 1993.6.11, 93다7174, 7181(반소).

(4) 매수인의 보관 · 공탁의무

매수인의 목적물의 검사와 하자통지의무의 경우에 매수인이 계약을 해제한 때에도 매도인의 비용으로 매매의 목적물을 보관 또는 공탁하여야 한다. 그러나 그 목적물이 멸실 또는 훼손될 염려가 있는 때에는 법원의 허가를 얻어 경매하여 그 대가를 보관 또는 공탁하여야 한다($\frac{\text{상}70}{①}$). 이 경우 매수인이 경매한 때에는 지체 없이 매도인에게 그 통지를 발송하여야 한다($\frac{\text{상}70}{②}$).

그러나 목적물의 인도 장소가 매도인의 영업소 또는 주소와 동일한 특별시 · 광역시 · 시 · 군에 있는 때에는 이를 적용하지 아니한다($\frac{\text{상}70}{③}$). 매도인이 매수인에게 인도한 물건이 매매의 목적물과 상위하거나 수량이 초과한 경우에 그 상위 또는 초과한 부분에 대해서도 같다($\frac{\text{상}}{71}$). 민법에서는 매매목적물의 하자 또는 수량부족으로 매수인이 계약을 해제한 때에 당사자는 원상회복의무만을 진다($\frac{\text{민}}{548}$). 매수인이 보관 · 공탁 · 경매의무를 위반한 때에는 매도인에 대하여 손해배상책임을 진다는 점에서 매수인의 목적물 검사 · 하자통지의무를 위반한 경우와 다르다.

2.2.3.2.4. 소비대차의 이자

민법상 소비대차는 당사자 간에 특약이 없는 한 무이자가 원칙이나($\frac{\text{민}598,}{600 \cdot 601}$), 상인 간에서 금전의 소비대차를 한 때에는 대주는 법정이자를 청구할 수 있다($\frac{\text{상}55}{①}$). 상인 간에만 적용되므로 상인과 비상인 간의 소비대차에는 적용이 없다.

2.2.3.2.5. 보수청구권

민법상 위임계약에서 수임인은 특별한 약정이 없으면 위임인에 대하여 보수를 청구하지 못하나($\frac{\text{민}}{①}$), 상인이 그 영업범위 내에서 타인을 위하여 행위를 한 때에는 이에 대하여 상당한 보수를 청구할 수 있다($\frac{\text{상}}{61}$). 영업범위 내에서의 행위이어야 하는데 영업으로 하여야 하기 때문에 영업으로 하는 기본적 상행위뿐만 아니라 영업을 위하여 하는 보조적 상행위도 포함된다.

2.2.3.2.6. 체당금의 이자

민법상 수임인(민($^{688}_{①}$))과 수치인(민($^{701}_{①}$))에 대하여는 체당금에 대한 법정이자청구권을 인정하고 있으나, 사무관리의 경우에는 관리자가 본인을 위하여 필요비 또는 유익비를 지출한 때에는 본인에 대하여 그 상환을 청구할 수 있다고만 규정하여(민($^{739}_{①}$)) 관리자에게 체당금에 대한 법정이자청구권을 인정하고 있지 않다. 그러나 상인이 그 영업범위 내에서 타인을 위하여 금전을 체당한 때에는 체당한 날 이후의 법정이자를 청구할 수 있다(상($^{55}_{②}$)). 체당이란 널리 타인을 위하여 그의 채무를 변제하기 위하여 금전을 지출하는 것을 가리키며, 체당은 영업을 위하여 하여야 한다.

2.2.3.2.7. 상사임치

민법은 무상수치인의 주의의무에 대하여 보수 없이 임치를 받은 자는 임치물을 자기의 재산과 동일한 주의로 보관하여야 한다고 규정하고 있으나(민($^{695}_{}$)), 상법은 일반상인의 무상임치책임에 대하여 상인이 그 영업범위 내에서 물건의 임치를 받은 경우에는 보수를 받지 아니하는 때에도 선량한 관리자의 주의를 하여야 한다고 규정하여(상($^{62}_{}$)), 민법상 무상수치인의 주의의무보다 그 주의의무를 가중하고 있다. 선량한 관리자의 주의라 함은 임치받은 자의 직업 또는 지위에 있는 자에게 요구되는 정도의 객관적 표준에 의한 주의를 가리킨다. 다만, 수치인이 적법하게 임치계약을 해지하고 임치인에게 임치물의 회수를 최고하였음에도 불구하고 임치인의 수령지체로 반환하지 못하고 있는 사이에 임치물이 멸실 또는 훼손된 경우에는 수치인에게 고의 또는 중대한 과실이 없는 한 채무불이행으로 인한 손해배상책임이 없다.[13]

---

13) 大判 1983.11.8, 83다카1476.

2.2.3.2.8. 상사시효

상행위로 인한 채권은 본법에 다른 규정이 없는 때에는 5년간 행사하지 아니하면 소멸시효가 완성한다. 그러나 다른 법령에 이보다 단기의 시효의 규정이 있는 때에는 그 규정에 의한다(^상₆₄). 상사시효제도는 대량, 정형, 신속이라는 상거래 관계 특유의 성질에 기인한 제도이다.[14]

당사자 쌍방에 대하여 모두 상행위가 되는 행위로 인한 채권뿐만 아니라 당사자 일방에 대하여만 상행위에 해당하는 행위로 인한 채권도 5년의 소멸시효 기간이 적용되는 상사채권에 해당하는 것이고, 그 상행위는 상법 제46조 각 호에 해당하는 기본적 상행위뿐만 아니라, 상인이 영업을 위하여 하는 보조적 상행위도 포함된다. 상사시효가 적용 되는 채권은 직접 상행위로 인하여 생긴 채권뿐만 아니라 상행위로 인하여 생긴 채무의 불이행에 기하여 성립한 손해배상채권도 포함된다.[15] 그러나 불법행위로 인한 채권, 비상인 간의 채권거래에는 적용되지 않는다.

소멸시효는 객관적으로 권리가 발생하여 그 권리를 행사할 수 있는 때로부터 진행하고 그 권리를 행사할 수 없는 동안만은 진행하지 않는다. '권리를 행사할 수 없는' 경우라 함은 그 권리행사에 법률상의 장애사유, 예컨대 기간의 미도래나 조건불성취 등이 있는 경우를 말하는 것이고, 사실상 권리의 존재나 권리행사 가능성을 알지 못하였고 알지 못함에 과실이 없다고 하여도 이러한 사유는 법률상 장애사유에 해당하지 않는다.[16]

---

14) 大判 2005.11.10. 2004다22742.
15) 大判 1997.8.26. 97다9260.
16) 大判 2006.4.27. 2006다1381.

☞ **민법에 대한 상법의 특칙**

		민법	상법
총칙	대리의 방식	현명주의	X
	본인의 사망과 대리권	대리권 소멸	대리권 존속
	상행위의 수임인의 권한	선량한 관리자의 주의의무로 위임 밖의 행위도 가능	위임 밖의 행위도 가능(주의적 규정)
	소멸시효기간	10년	5년
물권	유치권	일방이 상인(채권과 목적물 견련필요)	쌍방이 상인(채권과 목적물 견련불요)
	유질계약의 허용여부	불허	허용
채권 총칙	법정이율	연 5%(연 5分)	연 6%(연 6分)
	연대채무	원칙적 균등한 비율에 의한 부담	연대채무
	연대보증	일반보증(최고·검색의 항변권 O)	연대보증(최고·검색의 항변권 X)
	채무이행의 장소	지참채무이행	지점거래의 채무이행 장소만 규정
	채무이행의 시기	거래관습, 신의칙	영업시간 내(주의적 규정)
채권 각칙	대화자 간의 계약성립시기	규정 없음	청약과 동시에 승낙하여야 효력발생
	격지자 간의 계약성립시기	[승낙기간을 정한 경우의 청약의 효력] * 승낙기간을 정한 계약의 청약 - 그 기간 내에 승낙통지를 받지 않은 경우 → 청약의 효력 상실 -통지가 보통 그 기간 내에 도달할 수 있는 발송인 경우에 미리 지연의 통지를 발송한 경우를 제외하고는 연착의 통지를 하여야 함(통지 안 하면 청약유효) -연착된 승낙 - 새로운 청약으로 봄	규정 없음(민법규정 적용) → 승낙자의 승낙통지 발송으로 효력발생하나 승낙통지가 청약자에게 불도달을 해제조건으로 하여 효력발생
		[승낙기간을 정하지 않은 경우 청약의 효력] 상당한 기간 내에 승낙의 통지가 **도달**한 때에 성립 :청약자가 상당한 기간 내에 승낙통지를 받지 않은 경우 청약효력 상실(승낙불도달 불이익은 승낙자 부담) -연착된 승낙 - 새로운 청약으로 봄	청약은 승낙기간이 없으면 승낙자가 상당한 기간 내에 통지를 **발송**하면 확정적으로 계약 성립 및 효력 발생(승낙 불도달 불이익은 청약자 부담) -연착된 승낙: 새로운 청약 X
		* [계약의 성립시기] 계약의 성립은 승낙의 통지를 발송한 때에 성립	
	계약청약을 받은 자의 의무	청약자 -청약철회 불가	피청약자 -낙부통지의무, 물건보관의무
	변제자, 매도인의 공탁권	채권자가 변제거부, 변제수령불령, 공탁 시 통지	매수인이 수령거부, 수령불능, 공탁시 통지
	변제자, 매도인의 경매권	변제의 목적물이 공탁에 적합하지 않거나 멸실 또는 훼손될 염려가 있거나 공탁에 과다한 비용을 요하는 경우 법원의 허가를 얻어서 하여야 하고, 경매대금은 공탁하여야 한다.	공탁과 같고 민법상의 경매권의 요건 불필요(선택적 행사), 다만 수령의 최고를 요하나 최고가 불가능하거나 목적물이 멸실 또는 훼손될 염려가 있는 경우에는 최고 없이 가능하고, 경매대금은 공탁않고 매매대금 충당가
	정기행위, 확정기 매매	해제권 발생. 별도 의사표시 요함	별도의 의사표시 없이 해제
	매수인의 검사·통지의무	X	O
	매수인의 보관·공탁의무	X	O
	소비대차의 이자	무이자원칙	이자원칙
	수임인·수치인 보수청구권	보수청구권 불인정	보수청구권 인정
	체당금의 이자	체당금에 대한 법정이자 청구권 없음	체당금에 대한 법정이자 청구권 인정
	무상임치인의 주의의무	자기 재산과 동일한 주의의무	선관주의의무

2.2.4.1. 유가증권의 의의

2.2.4.1.1. 유가증권의 개념

일반적으로 유가증권이란 재산적 가치 있는 사권(사권 중 재산권만 해당하고 신분권은 해당하지 않음)이 표창된 증권을 말한다. 이러한 유가증권이 되기 위해서는 두 가지 요소가 필요한데, 그 첫째는 재산적 가치 있는 사권의 화체화 (化體化: 무형의 권리를 눈에 보이는 형태로 바꾸는 것)이고, 둘째는 권리의 행사와 관련하여 어느 정도 증권소지가 필요한가 하는 결합요소이다. 즉 유가증권은 재산권 예컨대, 채권증권(화물상환증, 창고증권, 선하증권, 어음, 수표 등)이나 사원증권(주권)을 유통시키기 위하여 서면에 화체시켜, 그 권리를 행사하기 위하여 권리의 발생, 행사, 이전의 전부 또는 일부단계에 증권의 소지를 요하는 두 가지 요소로 결합되어 있다고 할 수 있다. 증권의 소지가 어느 정도로 요구되는가에 대하여 네 개의 학설이 있다. 즉 제1설은 권리의 발생·이전·행사의 전부 또는 일부에 증권의 소지를 요하는 것이라고 하고(다수설), 제2설은 권리의 이전(처분)과 행사에 증권의 소지를 요하는 것이라고 하고, 제3설은 권리의 이전(처분)에 증권의 소지를 요하는 것이라고 하며, 제4설은 권리의 행사 (주장)에 증권의 소지를 요한다는 것이라고 한다.

결론적으로 유가증권인지 여부는 화체될 수 있는 권리인가 여부와 그 화체된 권리가 발생, 행사, 이전될 수 있는가에 따라 결정될 것이다. 예컨대, 창고증권 (화물상환증, 선하증권)은 화체될 수 있고 이전이 가능하므로 유가증권이라 볼 수 있을 것이고, 승차권 역시 운송에 대한 채권을 나타내고 양도가 가능하므로 유가증권으로 볼 수 있을 것이나(통설), 항공권은 승객의 이름이 적혀 있고 양도가 금지되는 것이 일반적이므로 이전을 할 수 없으므로 유가증권으로 볼 수 없을 것이다. 상품권은 물품구입에 대한 권리가 화체된 것이고 양도가능하므로 유가증권으로 볼 수 있을 것이다. 금권(지폐, 우표, 수입인지)은 그 자체가 법률상 특정한 가치를 보유하는 증권이기 때문에 재산적 가치를 표창하는 것이 아니기 때문에 유가증권이 아니다.

2.2.4.1.2. 유가증권의 종류

(1) 완전 · 불완전유가증권

권리의 발생 · 이전 · 행사의 전부에 증권의 소지를 요하는 유가증권을 완전유가증권이라고 하고, 권리의 발생 · 이전 · 행사의 일부에만 증권의 소지를 요하는 유가증권을 불완전유가증권이라 한다.

(2) 기명 · 무기명 · 지시 · 선택무기명증권

기명증권이란 증권상에 특정인을 권리자로 기재한 유가증권으로서 지시증권이 아닌 것을 말한다. 무기명증권(소지인출급식 유가증권)이란 증권상에 권리자가 기재되어 있지 않고 증권의 정당소지인을 권리자로 인정하는 유가증권이다. 지시증권이란 증권상에 특정인을 권리자로 지정하지만, 한편 그가 지시하는 자도 권리자로 인정하는 유가증권이다. 선택무기명증권(지명소지인출급식증권)이란 증권상에 특정인을 권리자로 지정하여 그 기재자가 권리를 행사하거나 또는 증권의 정당한 소지인도 권리자가 될 수 있다는 뜻을 기재한 유가증권이다.

(3) 설권 · 비설권증권

증권의 작성에 의하여 비로소 권리가 창설되는 증권을 설권증권이라 하고, 이미 존재하는 권리를 단순히 증권에 표창한 증권을 비설권증권이라고 한다.

(4) 유인·무인증권

증권상의 권리의 발생이 증권의 발행행위 자체 외에 그 증권을 발행하게 된 원인관계와 관계를 갖고 있는 증권을 유인증권(요인증권)이라고 하고, 증권상의 권리의 발생이 그 원인관계와 관계가 없는 증권을 무인증권(불요인증권, 추상증권)이라고 한다.

(5) 증권에 표창된 권리의 종류에 의한 분류

채권증권이란 금전, 물건의 지급을 청구할 수 있는 권리, 즉 채권이 표창된 유가증권이며 물권적 효력이 인정되며 아래에 증권을 제외한 모든 유가증권이 채권적 유가증권이다. 물권증권 물권을 표창하는 증권으로 우리나라는 인정하지 않고 있다. 사원권증권이란 회사의 사원의 지위를 표창하는 유가증권으로 주권이 여기에 해당한다.

2.2.4.1.3. 유가증권과 구별되는 증권유가증권과 구별되는 증권

(1) 증거증권

증거증권은 실질적인 법률관계의 유무나 내용을 증명하는 자료로서만 의미가 있는 증서이다. 따라서 그 증서의 유무에 의하여 법률관계의 유무나 내용 자체가 변하는 것은 아니고 단지 증거로 쓰이는 것으로 차용증서, 영수증 등이 있다.

(2) 면책증권

면책증권이란 채무자가 증권의 정당한 소지인에게 변제를 하면 악의 또는 중대한 과실이 없는 한 면책되는 효력이 부여되는 증권을 말한다. 예금증서, 철도수하물상환증 등이 그 예다.

2.2.4.2. 유가증권에 관한 특례

금전의 지급청구권, 물건이나 유가증권의 인도청구권을 표시하는 유가증권에는 특별한 규정이 없을 경우에는 민법의 증권채권에 관한 규정(민523) 및 어음법 규정의 일부(어12①②)를 준용하고 있다(상65①).

금전의 지급을 목적으로 하는 유가증권이란 어음·수표·채권 등을 의미하고, 물건의 지급을 목적으로 하는 유가증권이란 화물상환증·창고증권·선하증권·상품권 등을 의미하고, 유가증권의 지급을 목적으로 하는 유가증권이란 승차권·승선권 등의 지급을 청구할 수 있는 유가증권을 의미한다. 유가증권 중 사원권을 나타내는 유가증권인 주권에는 적용되지 않는다.

▶ 2.2.5. 상호계산

2.2.5.1. 상호계산의 의의

2.2.5.1.1. 상호계산의 개념

상호계산은 상인 간 또는 상인과 비상인 간에 상시 거래관계가 있는 경우에, 일정한 기간의 거래로 인한 채권채무의 총액에 관하여 상계하고 그 잔액을 지급할 것을 약정하는 계약을 말한다(상²). 상호계산은 민법상의 상계(민₉₂)와 유사하나, 민법상의 상계는 개별적인 채무를 소멸시키는 단독행위이나 상법상의 상호계산은 포괄적인 채무를 소멸시키는 계약이라는 점에서 양자는 구별된다.

2.2.5.1.2. 상호계산제도의 목적

상호계산제도는 반복적 거래의 경우 개별 거래마다 변제를 하게 되면 번거롭게 되므로, 일정기간 내의 채권·채무의 총액을 일괄하여 상계하고 그 잔액만을 지급하게 함으로써 계산을 간편하게 할 수 있기 위한 제도이다.

2.2.5.1.3. 대상채권·채무

상호계산에 계입되는 채권·채무에는 일정한 제한이 있다. 즉 상호계산능력이 있는 채권·채무는 원칙적으로 거래에서 생긴 채권·채무로서 금전채권에 한한다. 따라서 거래가 아닌 불법행위·사무관리 등에 의하여 발생한 채권·채무는 상호계산능력이 없으며(통설), 금전채권이라도 어음 기타의 유가증권상의 채권·채무는 상호계산능력이 없다. 이는 유가증권상의 채권은 증권의 제시, 거절증서의 작성 등 특수한 행사방법을 필요로 하기 때문이다. 그러나 어음 기타의 상업증권으로 인한 채권채무를 상호계산에 계입한 경우에 그 증권채무자가 변제하지 아니한 때에는 당사자는 그 채무의 항목을 상호계산에서 제거할 수 있다(⅗).

2.2.5.1.4. 상호계산기간

당사자가 상계할 기간을 정하지 아니한 때에는 그 기간은 6월로 한다(⅘).

2.2.5.2. 상호계산의 효력

2.2.5.2.1. 상호계산기간 중의 효력: 소극적 효력

(1) 당사자 간의 효력(상호계산불가분의 원칙)

상호계산제도는 일괄결제의 제도이므로 상호계산에 관한 계약이 체결되면 상호계산기간 내의 상호계산에 계입된 채권·채무는 개별성을 잃으므로 시효가 개별적으로 진행하지도 않고, 당사자가 임의로 계입된 채권·채무를 채권·채무 항목에서 누락시킬 수 없고 개별적으로 채권·채무에 대해 이행을 청구하지도 못한다. 이를 상호계산불가분의 원칙이라 한다. 다만 (어음상의 채권은 상호계산의 대상은 아니지만) 어음 기타의 상업증권으로 인한 채권채무를 상호계산에 계입한 경우에 그 증권채무자가 변제하지 아니한 때에는 당사자는 그 채무의 항목을 상호계산에서 제거할 수 있다(⅗).

따라서 당사자 간에 불가분의 원칙이 지켜지므로 당사자는 계입된 채권에 대하여 이행의 청구나 상계에의 제공 등 개별적인 권리의 행사를 할 수 없을 뿐만 아니라 양도·입질·압류 등도 할 수 없다. 아울러 상호계산에 계입된 채권은 소멸시효가 정지되고 이행지체도 생기지 않는다. 다만 변제기가 변하는 것은 아니므로 이자를 붙일 수는 있다($\frac{\text{상}}{\%}$).

(2) 제3자에 대한 효력

제3자가 상호계산에 계입된 채권·채무를 개별적으로 양수·입질·압류할 수 있는가의 문제는 상호계산불가분의 원칙이 제3자에게도 미치는가에 대한 문제로서, 학설은 상호계산의 효력은 제3자에게도 미친다는 견해(절대적 효력설)·상호계산의 효력은 제3자에게 미치지 않는다는 견해(상대적 효력설) 및 상호계산의 효력은 압류의 경우에만 제3자에게 미친다는 견해(절충설)로 나뉘어 있다. 이 절충설에 의하면 상호계산의 불가분성에 관한 상법의 규정은 강행규정은 아니고 당사자 간의 계약에 의한 양도금지에 지나지 않으므로 당사자가 약정에 반하여 그중 일부채권을 제3자에게 양도하거나 입질한 경우에는 선의의 제3자에 대하여는 유효하다고 보나, 압류의 경우에는 당사자 간의 계약으로 국가의 강제집행권까지 저지할 수는 없으므로 제3자의 선의·악의를 불문하고 유효하다고 본다.

2.2.5.2.2. 상호계산기간만료 후의 효력: 적극적 효력

(1) 잔액채권의 성립

상호계산기간이 만료되면 각 개별적 채권·채무를 차감하여 정산하여 잔액을 결정하게 된다. 이러한 잔액확정은 각 항목을 기재한 계산서의 승인을 통해서 하게 되는데, 당사자가 채권채무의 각 항목을 기재한 계산서를 승인한 때에는 그 각 항목에 대하여 이의를 제기하지 못한다. 그러나 착오나 탈루가 있는 때에는 이의를 제기할 수 있다($\frac{\text{상}}{\%}$). 잔액확정은 계산서의 승인을 통해서 하는 것이 타당하겠으나 승인이 없어도 계산기간이 경과되면 자동적으로 잔액채권이 성립한다고 할 것이다. 이의를 제기할 수 있다는 의미에 대해 승인행위 자체는 유효하고 다만 부당이득을 원인으로 하는 반환청구를 할 수 있다는 부당이득반환청구설(통설), 승인행위 자체의 효력을 다툴 뿐만 아니라 잔액채권의 확정 자체를 다툴 수 있다는 승인행위무효설이 있다.

상계로 인한 잔액에 대하여는 채권자는 계산폐쇄일 이후의 법정이자를 청구할 수 있다(ᄉᆞᆼᄀᆞ). 그러나 당사자는 특약으로 각 항목을 상호계산에 계입한 날로부터 이자를 붙일 것을 약정할 수 있다(ᄉᆞᆼᄀᆞ).

(2) 잔액채권확정의 법적 성질

상호계산의 각 당사자가 승인함으로써 확정되는 잔액채권의 법적 성질에 대해 통설은 구채권·채무를 소멸시키고 신채권·채무를 발생시키는 경개계약이라고 본다. 이에 대해 잔액의 승인 행위는 종래의 채권채무의 합산결과를 확인하는 데 지나지 않는다고 보는 유인적 확인계약설, 유인적 잔액채권과는 별개로 승인에 의하여 새로이 무인적 잔액채권이 발생한다고 보는 무인적 채무승인설 등이 있다.

2.2.5.3. 상호계산의 종료

상호계산은 존속기간의 만료 등 계속적 계약의 일반적 종료원인에 의하여 종료하는 외에 상법상 해지에 의하여 종료한다. 즉 각 당사자는 언제든지 상호계산을 해지할 수 있다. 이 경우에는 즉시 계산을 폐쇄하고 잔액의 지급을 청구할 수 있다(ᄉᆞᆼ). 그 밖에도 당사자의 해지, 당사자 일방의 파산, 상시 거래관계의 종료 등으로 상호계산이 종료되며, 상호계산 계약이 종료되면 즉시 계산을 폐쇄하고 잔액의 지급을 청구할 수 있다.

▶ 2.2.6. 익명조합

2.2.6.1. 익명조합의 의의

2.2.6.1.1. 개념

익명조합은 당사자의 일방이 상대방의 영업을 위하여 출자하고 상대방은 그 영업으로 인한 이익을 분배할 것을 약정하는 계약이다($\frac{78}{86}$). 익명조합계약은 당사자의 일방이 상대방의 영업을 위하여 출자를 하고 그 영업에서 발생하는 이익을 분배할 것을 약속하는 것이므로, 당사자의 일방이 상대방의 영업을 위하여 출자를 하는 경우라 할지라도 그 영업에서 이익이 발생하였는지 여부를 묻지 않고 상대방이 정기적으로 일정한 금액을 지급하기로 약정한 경우에는 가령 이익이라는 명칭을 사용하였다 하더라도 그것은 상법상의 익명조합계약이라고 할 수 없다.[17] 예컨대, 음식점 시설제공자의 이익여부에 관계없이 정기적으로 일정액을 지급할 것을 약정하되 대외적 거래관계는 경영자가 그 명의로 단독으로 하여 그 권리의무가 그에게만 귀속되는 동업관계는 상법상 익명조합도 아니고 민법상 조합도 아니다.[18]

당사자는 영업자와 익명조합원인데, 익명조합원의 자격에는 제한이 없으므로 자연인·법인인가 상인·비상인이든 상관이 없으며, 신용 또는 노무의 출자를 제외하고 금전 기타의 재산에 한하여 출자를 하는 자이다. 익명조합원은 출자의무와 이익분배를 요구할 권리를 가지고 영업자는 영업활동을 하고 그 이익을 분배하여야 의무를 부담하게 된다. 손실분담은 익명조합 요소는 아니다.

---

17) 大判 1962.12.27. 62다660.
18) 大判 1983.5.10. 81다650.

2.2.6.1.2. 익명조합의 목적

익명조합은 자본을 제공하는 자본가는 영업활동을 하지 않고 실제로 영업을 하는 경영자가 대외적으로 영업활동을 하는 형태의 기업이다. 따라서 자본가는 직접경영을 하지 않고 배후에서 투자하여 이익을 얻고, 경영자는 이자 없는 자금을 제공받아 외부에 독자적으로 활동을 하는 형태의 기업을 말한다. 이 익명조합은 대외적으로 경영자만이 책임을 지므로 거래관계가 간단명료하여 민법상의 조합원 전원이 업무를 집행하는 조합에 비하여 상거래에 적합한 형태의 공동기업이다. 또한 회사법상 합자회사와 같은 구조를 가지고 있으나 다음과 같은 점에서 차이가 있다.

☞ **익명조합과 합자회사의 비교**

	익명조합	합자회사
법률관계	계약관계	사단법인
권리의무의 주체	영업자	회사
기업의 재산	영업자의 재산(익명조합원의 재산이 아님)	회사의 재산
출자자 공시	익명조합원은 등기사항이 아님	유한책임사원 등기사항
제3자에 대한 책임	익명조합원은 영업자의 채권자에 대하여 책임 없음	유한책임사원은 출자액을 한도로 회사채권자에 대하여 직접 책임
파산	익명조합원은 출자반환 청구권 있다.	유한책임사원은 출자를 상실하게 됨

2.2.6.2. 익명조합의 효력

2.2.6.2.1. 대내적 효력

(1) 출자

익명조합원의 출자목적물은 금전 또는 현물과 같은 재산에 한정되며, 신용이나 노무는 출자목적물이 될 수 없다(상⁷⁹⁶). 익명조합원이 출자한 금전 기타의 재산은 법률상 영업자의 재산으로 본다(상⁷⁹⁷).

(2) 영업의 수행

익명조합에서 영업수행의무를 부담하는 자는 영업자이다(상§). 익명조합은 영업자의 단독기업이므로, 영업자는 계약에서 정한 영업을 수행할 권리를 가지는 동시에, 익명조합원이 출자를 한 경제적 목적을 달성하기 위하여 선량한 관리자의 주의의무로써 위 영업을 수행할 의무가 있다. 또한 영업자는 상법의 규정은 없지만 익명조합원의 최대한의 이익을 위해 이해충돌이 생길 수 있는 업무를 하지 못한다고 보아 경업금지의무를 진다고 할 것이다(다수설).

익명조합원은 합자회사의 유한책임사원과 같이 영업을 수행할 권리가 없으나(상§6), 합자회사의 영업사원과 같이 영업을 감시할 권리가 있다. 따라서 익명조합원은 영업연도 말에 있어서 영업시간 내에 한하여 회사의 회계장부·대차대조표 기타의 서류를 열람할 수 있고 회사의 업무와 재산상태를 검사할 수 있고, 중요한 사유가 있는 때에는 익명조합원은 언제든지 법원의 허가를 얻어 열람과 검사를 할 수 있다(상§6).

(3) 손익의 분배

영업자는 익명조합원에게 영업으로 인한 이익을 분배할 의무를 부담하나(상§), 익명조합원은 영업자에게 영업으로 인한 손실을 분담하지 않는 것으로 정할 수 있다(상§2). 손실을 분담하지 아니한다는 특약이 없으면 익명조합이 가지는 공동기업으로서의 성질상 익명조합원도 손실을 분담하는 것으로 추정한다(통설). 익명조합원의 손실분담의무는 현실적 추가출자를 의미하는 것은 아니고 자본이 감소되는 데 그친다. 후에 이익이 생기는 경우에는 출자의 결손을 먼저 전보하고 잔여이익이 있을 경우 이익배당을 청구할 수 있다.

익명조합원의 출자가 손실로 인하여 감소된 때에는 익명조합원은 그 손실을 전보한 후가 아니면 이익배당을 청구하지 못한다(상§2). 그러나 손실이 출자액을 초과한 경우에도 익명조합원은 이미 받은 이익의 반환 또는 증자할 의무가 없다(상§2). 즉 익명조합원이 손실을 분담한 결과 출자액이 마이너스로 되는 경우에도 추가적인 출자의무를 부담하지 않고 이미 배당받은 이익도 반환할 필요가 없다.

(4) 당사자지위의 이전 금지

익명조합계약은 당사자 간의 인적신뢰를 전제로 하는 것이므로, 각 당사자는 특약이 없는 한 그 지위를 타인에게 이전할 수 없다.

2.2.6.2.2. 대외적 효력

(1) 영업자의 지위

익명조합원은 대내적으로 출자의무만을 부담할 뿐 영업활동에 참여하지 않으므로 영업자만이 외부, 즉 제3자에 대하여 모든 권리의무의 귀속의 주체가 된다. 따라서 익명조합원이 출자한 재산도 영업자에게 귀속되는 것으로 하였다($\frac{\text{상}}{79}$).

(2) 익명조합원의 지위

익명조합원은 영업자의 행위에 관하여서는 제3자에 대하여 권리나 의무가 없다($\frac{\text{상}}{80}$). 그러나 익명조합원이 자기의 성명을 영업자의 상호 중에 사용하게 하거나 자기의 상호를 영업자의 상호로 사용할 것을 허락한 때에는 그 사용 이후의 채무에 대하여 영업자와 연대하여 변제할 책임이 있다($\frac{\text{상}}{81}$). 이는 상법 제24조의 명의대여자의 책임을 구체화한 것이다.

2.2.6.3. 익명조합의 종료

2.2.6.3.1. 종료의 원인

(1) 약정종료원인

익명조합계약에서 정한 종료사유가 발생한 때에 익명조합계약은 종료하게 된다. 예컨대 존속기간을 정한 경우에 그 존속기간의 만료로써 당연히 종료된다.

다만 조합계약으로 조합의 존속기간을 정하지 아니하거나 어느 당사자의 종신까지 존속할 것을 약정한 때에는 각 당사자는 영업연도 말에 계약을 해지할 수 있다. 그리고 이 해지는 6월전에 상대방에게 예고하여야 한다(상83①). 그러나 조합의 존속기간의 약정의 유무에 불구하고 부득이한 사정이 있는 때에는 각 당사자는 언제든지 계약을 해지할 수 있다(상83②).

(2) 법정종료원인

익명조합계약은 ① 영업의 폐지 또는 양도, ② 익명조합원의 파산 및 ③ 영업자의 파산 또는 사망·금치산에 의하여 종료한다(상84). 그러나 익명조합원의 사망이나 금치산선고는 당연한 종료사유는 아니다.

2.2.6.3.2. 종료의 효과

조합계약이 종료한 때에는 영업자는 익명조합원에게 그 출자의 가액을 반환하여야 한다. 그러나 출자가 손실로 인하여 감소된 때에는 그 잔액을 반환하면 된다(상85). 반환의 방법은 특약이 없으면 출자의 가액을 금전으로 반환한다. 납입된 출자가 손실로 마이너스가 된 때에는 익명조합원이 추가로 출자할 의무가 없는 이상 손실액은 영업자가 부담하게 된다.

☞ 인터넷을 통한 자금 모집('안녕 형아'사건)[19]

재정경제부는 강제규&명필름이 최근 '익명조합' 방식을 통해 영화 '안녕, 형아' 제작비 19억 5000만 원을 인터넷 공모로 모집한 것과 관련, 영화 등 특정 대상에 투자하기 위해 '익명조합'의 형태로 불특정다수로부터 자금을 모집할 수 있다는 유권해석을 내렸다. 이는 "사업자(영업자)가 특정 투자 대상에 투자하기 위해 상법상 익명조합 형태로 공모를 통해 자금을 모집하는 행위는 상법상 가능하며 이 같은 방식으로 자금을 모집할 때 투자 대상을 영화 음반 부동산 등에 한정할 경우 자금 제한 없이 모집할 수 있다."고 밝혔다.

---

19) 머니투데이 2004년 11월 30일(http://www.moneytoday.co.kr/).

재경부에 따르면 상법상 익명조합은 투자자(조합자)와 영업자가 '영업으로 인한 이익을 분배한다'는 약정을 맺고 투자자가 자금을 출자하고 영업자가 사업을 맡도록 돼 있다. 투자자는 자금운영 사업진행과정에 대해 권한을 행사하거나 간여할 법적 장치가 없으며 모집 시에도 자금 제한이 없다.[20] "상법상 '익명조합'방식을 따를 경우 당국에 신고 없이, 불특정 다수를 상대로, 자금을 무제한 조달할 수 있다"고 유권해석을 내렸다. 자산운용업계는 익명조합 형태의 자금모집 방식이 투자자 보호 장치가 미흡한 편법적인 간접투자 방식이며 이를 허용할 경우 제도금융권에 타격을 줄 수 있다고 지적했다.

강제규&명필름은 지난 9월 영화 '안녕, 형아' 제작비 마련을 위해 인터넷펀드 형태로 불특정다수로부터 자금을 모집하려다 간접투자자산운용업법상 간접투자에 해당된다는 금융감독원의 지적에 따라 자금모집을 중단했었다. 강제규&명필름은 법률자문을 받아 상법상 '익명조합' 형태로 다시 자금 모집을 추진, 재경부가 '문제없다'는 유권해석을 내려주자 430명의 투자자들로부터 평균 450만 원가량을 모집했다. 신문에 공고까지 내 사실상 공모과정을 거쳤다. 그러나 금감원 관계자는 "법률회사 등으로부터 법률 자문을 받은 결과 명필름 측의 자금모집 방식은 간접투자로서 자산운용업법의 규제를 받아야 한다는 의견이 제기되는 등 여전히 논란이 남아 있다."고 말했다. "상법상 익명조합 형태를 적용한 이상 불법여부를 따지기는 어렵지만 투자자(수익자) 보호 장치가 마련돼 있지 않다는 점에서 조합원에게 사업내용 자료요구권을 부여하는 등의 투자자 보호 장치가 필요하다."고 강조했다.

---

20) 주식공모의 경우엔 20억원 이상의 자금을 공모로 모집할 때는 금감원에 유가증권 신고서를 제출토록 되어 있다.

각 칙

▶ 2.3.1. 대리상

2.3.1.1 대리상의 의의

2.3.1.1.1. 대리상의 개념

대리상이란 일정한 상인을 위하여 상업사용인이 아니면서 상시 그 영업부류에 속하는 거래의 대리 또는 중개를 영업으로 하는 자를 말한다($\frac{\beta}{8}$). 대리상은 일정한, 즉 특정한(수에 관계없음) 상인을 위하여 대리 또는 중개를 한다는 점에서 불특정다수의 상인을 보조하는 중개인, 위탁매매인, 운송주선인과 다르다. 상시라 함은 일정한 상인과 계속적 거래관계에 있어야 함을 의미하며, 대리상은 상인으로부터 독립한 상인일뿐만 아니라 상업사용인이 아닌 자를 말한다. 이러한 대리상에는 거래의 대리를 하는 체약대리상과 중개를 하는 중개대리상이 있다.

☞ **대리상과 상업사용인과의 차이점**

차이점	대리상	상업사용인
공통점	－ 특정한 상인을 위하여 계속적으로 영업을 보조함	
지위	독립한 상인	특정한 상인에 종속된 영업보조자
본인 관계	위임	고용 또는 위임
자격	자연인 또는 법인	자연인에 한함
보수	실적에 따른 수수료	정액의 봉급
영업비 부담	독립된 영업소의 비용 스스로 부담	자기 영업소가 없으며 비용부담 없음
경업금지의무	－ 본인의 영업부류에 속하는 거래금지 － 동종업종의 다른 회사의 무한책임사원 또는 이사가 되지 못함 － 없음	－ 본인의 영업부류에 속하는 거래금지 － 다른 회사의 무한책임사원 또는 이사가 되지 못함 － 다른 상인의 상업사용인 못 됨
본인의 수	수인 가능	1인만 가능(허락 없는 한)
통지의무	거래의 대리 또는 중개 시 지체 없이	통지의무 없음

2.3.1.1.2. 대리상계약의 법적 성질

대리상계약은 거래의 대리 또는 중개를 위탁하는 것을 내용으로 하는 계약으로 그 법적 성질은 위임계약이다(통설). 따라서 대리상은 수임인으로서 위임인인 본인을 위하여 선량한 관리자의 주의의무를 부담한다.

2.3.1.2. 대리상의 권리 · 의무

2.3.1.2.1. 대리상과 본인과의 관계

대리상과 본인 간의 관계는 위임의 관계에 있다($^{민}_{회}$). 따라서 대리상은 본인에 대하여 선량한 관리자의 주의의무를 부담한다. 그 밖에도 상법은 다음과 같은 특칙을 두고 있다.

(1) 대리상의 의무

1) 통지의무

대리상이 거래의 대리 또는 중개를 한 때에는 지체 없이 본인에게 그 통지를 발송하여야 한다($^{상}_{\%}$). 대리상의 통지의무는 본인을 위한 제도이다. 통지의무의 불이행으로 본인이 손해를 입으면 이를 배상할 책임이 있다.

2) 경업피지의무

대리상은 본인의 허락 없이 자기나 제3자의 계산으로 본인의 영업부류에 속한 거래를 하거나 동종 영업을 목적으로 하는 회사의 무한책임사원 또는 이사가 되지 못한다($^{상}_{①}$). 이 경업피지의무는 본인과 대리상 사이의 이익충돌을 방지하기 위한 것이다. 이에 위반한 경우의 법적 효과는 상업사용인에서 본 것과 같다($^{상}_{②}$).

따라서 대리상이 경업금지의무위반의 규정에 위반하여 거래를 한 경우에 그 거래가 자기의 계산으로 한 것인 때에는 본인은 이를 본인의 계산으로 한 것으로 볼 수 있고, 제3자의 계산으로 한 것인 때에는 본인은 대리상에 대하여 이로 인한 이득의 양도를 청구할 수 있다(상17②). 이를 탈취권 또는 개입권이라 한다. 탈취권은 본인이 대리상에 대하여 일방적 의사표시로 행하는 형성권이며, 이러한 권리는 본인이 그 거래를 안 날로부터 2주간을 경과하거나 그 거래가 있은 날로부터 1년을 경과하면 소멸한다(상17④). 이 기간은 제척기간이다. 그 밖에도 본인은 대리상에 대한 계약의 해지 또는 손해배상을 청구할 수 있다(상17③). 이러한 권리는 본인이 그 거래를 안 날로부터 2주간을 경과하거나 그 거래가 있은 날로부터 1년을 경과하면 소멸한다(상17④). 이 기간은 제척기간이다.

상업대리상은 본인의 허락 없이 다른 회사의 무한책임사원, 이사 또는 다른 상인의 대리상이 되지 못하는데(상17), 이를 위반한 경우 그러한 지위에 취임한 행위 그 자체는 유효하고, 본인은 그 대리상에 대하여 계약을 해지하거나 또는 손해배상을 청구할 수 있을 뿐(상17③), 탈취권의 행사는 인정되지 않는다. 다만, 상업사용인의 겸업금지의무는 다른 회사의 무한책임사원·이사 또는 사용인이 되지 못하나, 대리상의 경업피지의무는 동종 영업을 목적으로 하는 회사만을 대상으로 한다는 점에서 차이가 있다.

3) 영업비밀준수의무

대리상은 계약의 종료 후에도 계약과 관련하여 알게 된 본인의 영업상의 비밀을 준수하여야 한다(상92의3). 영업비밀준수 의무는 계약종료 후에도 있다는 점에서 특징이 있다.

(2) 대리상의 권리

1) 보수청구권

대리상은 상인이므로 본인을 위하여 한 행위에 관하여 당사자 간에 보수의 약정을 하지 않은 경우에도 당연히 상당한 보수청구권이 있다(상61). 비용청구권은 인정되지 않는다.

2) 유치권

대리상은 거래의 대리 또는 중개로 인한 채권이 변제기에 있는 때에는 그 변제를 받을 때까지 본인을 위하여 점유하는 물건 또는 유가증권을 유치할 수 있다. 그러나 당사자 간에 다른 약정이 있으면 그러하지 아니한다($^{상}_{91}$). 점유취득의 원인과 채무자의 소유여부를 묻지 않으며, 피담보채권이 유치하는 목적물 자체에 관하여 생겨야 하는 것은 아니다. 대리상의 유치권의 효력도 민법상의 유치권과 동일하다.

☞ **대리상의 유치권**

	민사유치권	일반상사유치권	대리상 (준)위탁매매인	운송주선인 육(해)상운송인
당사자	비상인 간 상인·비상인 간	모두 상인	대리상: 모두 상인 (준)위탁매매인 :위탁자는 비상인	송하인(위탁자)은 비상인도 可
피담보채권	유치목적물	쌍방적 상행위(통설)	영업에 의한 채권	영업에 의한 채권
변제기도래	必要	必要	不要	不要
목적물 / 채무자 소유	不要	必要	不問	不問 목적물
목적물 / 점유원인	무제한	채권자에게는 상행위	상대방을 위한 점유	운송물 목적물
목적물 / 목적물	물건, 유가증권	同	同	異
견련관계	必要	不要(일반적 관련성)	不要	必要
유치권배제특약	명문규정 X, 可	명문규정	명문규정	명문규정 X, 可

3) 보상청구권

대리상의 활동으로 본인이 새로운 고객을 획득하거나 영업상의 거래가 현저하게 증가하고 이로 인하여 계약의 종료 후에도 본인이 이익을 얻고 있는 경우에는 대리상은 본인에 대하여 상당한 보상을 청구할 수 있다. 다만, 계약의 종료가 대리상의 책임 있는 사유로 인한 경우에는 그러하지 아니한다($^{상92}_{의2 ①}$). 본인이 이익을 얻고 있는 경우라 함은 이익을 실현할 수 있는 가능성을 의미하지 구체적인 이익을 의미하는 것은 아니다.

보상금액은 상당한 보상액으로 대리상의 손해 등의 사정을 고려하여 결정하여야 하지만 상법은 최고한도액을 정하여 계약의 종료 전 5년간의 평균연보수액을 초과할 수 없도록 하고 있다. 계약의 존속기간이 5년 미만인 경우에는 그 기간의 평균연보수액을 기준으로 한다($\frac{상92}{의2 ③}$). 이러한 보상청구권은 계약이 종료한 날부터 6월을 경과하면 소멸한다($\frac{상92}{의2 ③}$). 이 기간은 제척기간이다.

2.3.1.2.2. 대리상과 제3자와의 관계

(1) 대리상의 의무·책임

대리상의 의무와 책임은 대리상이 거래에 관여한 정도에 따라 다르게 되는데, 계약을 체결하는 체약대리상은 대리의 법리에 의하여 본인에게 법적 효과가 미치게 되고, 대리상이 단지 중개하는 역할을 한 경우에는 대리상은 법적 당사자가 아니므로 제3자에 대하여 권리나 의무가 없다.

(2) 대리상의 권리

대리상의 제3자에 대한 권리는 대리상계약에 의하여 그 구체적인 권리가 정해지겠지만, 일반적으로 체약대리상은 계약의 체결 등과 관련한 폭넓은 대리권을 가진다고 할 것이나 중개대리상은 단지 중개에 그칠 뿐이므로 대리권이 인정되지 않는 등 권리의 범위가 좁다고 할 것이다.

(3) 통지수령권

통지수령권과 관련하여 상법은 특별규정을 두고 있다. 즉 물건의 판매나 그 중개의 위탁을 받은 대리상은 매매의 목적물의 하자 또는 수량부족 기타 매매의 이행에 관한 통지를 받을 권한이 있다($\frac{상}{90}$). 이는 상사매매에 있어서 매수인의 목적물검사와 하자통지의무($\frac{상}{69}$)를 부담하는 것에 대응하는 권리이다.

2.3.1.3. 대리상계약의 종료

2.3.1.3.1. 일반종료원인

민법상 위임은 일반종료원인, 즉 위임인의 사망·파산, 수임인의 사망·파산·금치산에 의하여 종료된다($^{민}_{690}$). 따라서 대리상의 경우에도 위의 원인에 의하여 종료하게 된다. 다만 대리상계약은 본인의 사망에 의하여서는 종료되지 않는다($^{상}_{50}$). 대리상계약은 영업을 전제로 하므로 영업의 폐지나 영업양도의 경우에도 대리상계약이 종료한다고 본다.

2.3.1.3.2. 법정종료원인

당사자가 계약의 존속기간을 약정하지 아니한 때에는 각 당사자는 2월 전에 예고하고 계약을 해지할 수 있다($^{상92}_{①}$). 그러나 부득이한 사정이 있는 때에는 각 당사자는 언제든지 계약을 해지할 수 있다($^{상92}_{②}$).

2.3.1.3.3. 종료효과

대리상 관계가 종료하면 대리상과 본인 사이의 잔무를 처리하여야 한다. 대리상은 이미 처리한 대리 또는 중개행위에 대한 보수청구권을 가지며, 대리상은 보상청구권과 영업비밀준수의무를 진다.

2.3.2.1. 중개인의 의의

중개인이란 불특정 다수인 간의 상행위의 중개를 영업으로 하는 자를 말한다 ($^{상}_{93}$). 중개란 타인 간의 법률행위의 성립을 위하여 노력하는 사실행위를 말한다. 중개의 대상인 상행위는 기본적 상행위를 의미하고 보조적 상행위는 포함하지 않으며, 기본적인 상행위인 이상 일방적 상해위도 무방하다(통설).

불특정 다수인 간의 상행위를 중개한다는 점에서 특정상인을 위하여 상행위를 중개하는 대리상과 구별되고, 상행위를 중개한다는 점에서 비상행위를 중개하는 부동산 중개업자와 같은 민사중개인과 구별된다. 중개인은 타인 간의 상행위의 중개를 하는 데 그치며 중개한 행위에 대하여 스스로 권리·의무의 주체가 되지 않는다는 점에서 위탁매매인과 다르다. 중개의 의미는 중개의 인수라는 법률행위를 영업으로 하는 것을 말한다.

2.3.2.2. 중개인의 의무

2.3.2.2.1. 서

중개계약은 위임계약이므로 중개인은 수임인으로서 선량한 관리자의 주의의무를 부담한다($^{민}_{681}$). 그 밖에도 중개인은 상법상 다음과 같은 의무를 부담한다. 중개인은 중개를 하는 데 불과하기 때문에 당사자로서의 지위에서 비롯되는 의무는 없으므로 제3자에 대하여 아무런 법률관계가 발생하지 않는다는 점에서 대리상·위탁매매인 등과 구별된다.

2.3.2.2.2. 견품보관의무

중개인이 그 중개한 행위에 관하여 견품을 받은 때에는 그 행위가 완료될 때까지 이를 보관하여야 한다($\frac{\text{상}}{\text{95}}$). 보관된 견품은 당사자 간의 분쟁을 방지하거나 해결하기 위하여 증거를 보전시키는 역할을 하며, 행위가 완료된 때라 함은 중개행위가 성립된 시점을 의미하는 것이 아니라 물건의 품질에 관하여 분쟁이 생길 염려가 전혀 없게 된 때(이의기간 경과 시 등)를 의미한다. 보관은 선량한 관리자의 주의의무로서 하며, 이 견품보관의무는 법률상의 의무이므로 그 보관에 대하여 보수를 청구하지 못한다.

2.3.2.2.3. 결약서교부의무

당사자 간에 계약이 성립된 때에는 중개인은 지체 없이 각 당사자의 성명 또는 상호, 계약연월일과 그 요령을 기재한 서면을 작성하여 기명날인 또는 서명한 후 각 당사자에게 교부하여야 한다($\frac{\text{상}}{\text{①}}$). 당사자가 즉시 이행을 하여야 하는 경우를 제외하고 중개인은 각 당사자로 하여금 서면에 기명날인 또는 서명하게 한 후 그 상대방에게 교부하여야 한다($\frac{\text{상}}{\text{②}}$). 만약 당사자의 일방이 서면의 수령을 거부하거나 기명날인 또는 서명하지 아니한 때에는 중개인은 지체 없이 상대방에게 그 통지를 발송하여야 한다($\frac{\text{상}}{\text{③}}$). 이 결약서는 계약이 성립한 후에 중개인이 작성하는 것이므로 계약서가 아니고, 계약의 성립과 내용에 관한 증거서류에 불과하다. 또한 계약요령이란 계약내용의 요점으로, 목적물의 명칭·수량·품질·이행의 방법·시기·장소 등이다. 이 통지는 발송만 하면 되며(발신주의), 이러한 통지의무를 게을리 하면 중개인은 손해배상책임을 부담한다.

2.3.2.2.4. 장부작성 및 등본교부의무

중개인은 결약서의 기재사항을 장부에 기재하여야 한다($\frac{\text{상}}{\text{①}}$). 이를 중개인의 일기장이라고 하는데 이는 타인 간의 거래에 관한 증거를 보전하기 위하여 작성하는 것이므로 상업장부로서의 회계장부는 아니다. 그러나 이에 대하여도 상업장부의 규정을 유추적용하여 보존기간의 명문규정은 없으나 상업장부와 같이 장부를 폐쇄한 날로부터 10년간으로 보아야 할 것이다(제33조 유추적용). 당사자는 언제든지 자기를 위하여 중개한 행위에 관한 장부의 등본의 교부를 청구할 수 있다(상97②).

2.3.2.2.5. 성명·상호묵비의무

당사자가 그 성명 또는 상호를 상대방에게 표시하지 아니할 것을 중개인에게 요구한 때에는 중개인은 그 상대방에게 교부할 결약서와 중개인의 일기장의 등본에 이를 기재하지 못한다(상98). 성명·상호묵비를 요구할 수 있는 당사자는 중개위탁자뿐만 아니라 그 상대방도 포함한다(통설).

2.3.2.2.6. 이행담보책임(개입의무)

중개인이 임의로 또는 성명·상호묵비의무의 규정에 의하여 당사자 일방의 성명 또는 상호를 상대방에게 표시하지 아니한 때에는 상대방은 중개인에 대하여 이행을 청구할 수 있다(상99). 원래 중개인은 중개를 하는 데 불과하므로 계약 당사자가 아니지만 계약의 일 당사자가 나타나지 않기 때문에 상대방을 보호하기 위하여 중개인에게 이행책임을 부담시키고 있는 것이다. 상대방이 중개인에게 이행책임을 물은 후에는 중개인이 당사자의 성명 또는 상호를 표시하여도 일단 발생한 중개인의 이행담보책임(개입의무)은 소멸하지 않으며(통설), 중개인이 계약을 이행하게 되면 당연히 당사자에 대하여 구상권을 행사할 수 있다. 계약을 이행하면 중개인이 당사자가 되는 것은 아니기 때문에 상대방에 대하여 반대급여를 청구할 수 없다고 하는 견해도 있으나 청구할 수 있다고 본다. 반면에 거래 상대방이 요구하지 않은 상태에서 중개인이 적극적으로 개입권을 행사할 수는 없다고 본다.

2.3.2.3. 중개인의 권리

2.3.2.3.1. 보수청구권

중개인은 상인이므로 특약이 없는 경우에도 중개에 의한 보수(중개료)를 청구할 수 있다($\frac{\text{상}}{61}$). 중개된 당사자 사이에 계약이 성립되어야 보수를 청구할 수 있는데, 중개행위와 계약성립 간에는 상당인과 관계가 있어야 한다. 중개 노력을 많이 했어도 계약으로 이어지지 않으면 보수청구권이 인정되지 않을 것이나 중개당사자가 수수료를 지급하지 않을 목적으로 중개인을 배제하는 경우에는 보수청구권이 인정된다고 할 것이다. 판례도 부동산소개업자라도 타인을 위하여 행위하여야 상법 제61조의 보수청구권이 있으며, 부동산소개업자라도 부동산매매중개에 있어서 계약당사자의 일방인 피고의 이익을 위하여 행위한 사실이 인정되지 않는 이상 그 당사자에 대하여는 보수청구권이 없다고 판시하고 있다.[21] 중개인이 보수청구권을 갖는 경우에도 중개인은 결약서교부의무의 절차를 종료하지 아니하면 보수를 청구하지 못한다($\frac{\text{상}100}{①}$). 그러나 중개행위는 계약의 성립까지 중개인이 노력하는 것이므로 계약의 이행까지 필요한 것은 아니다. 중개인의 보수는 당사자 쌍방이 균분하여 부담한다($\frac{\text{상}100}{②}$). 따라서 특약이 없는 한 당사자의 일방이 지급하지 않는 경우에도 중개인은 타방 당사자에 대하여 보수청구권을 행사할 수 없다.

2.3.2.3.2. 비용상환청구권의 부존재

중개인이 중개행위를 하면서 지출한 비용은 중개료에 포함되기 때문에 특약이나 관습이 없는 한 그 비용의 상환을 청구하지 못한다. 다만 당사자의 개별적 지시에 의하여 지출한 비용은 그 상환을 청구할 수 있다.

---

21) 大判 1977.11.22. 77다1889.

2.3.2.3.3. 급여수령권의 부존재

중개인은 중개만을 할 뿐, 스스로 행위의 당사자가 되는 것이 아니고 또 당사자의 대리인도 아니므로, 중개인은 다른 약정이나 관습이 있는 경우를 제외하고 그 중개한 행위에 관하여 당사자를 위하여 지급 기타의 이행을 받지 못한다(상⁹⁴). 이는 중개인은 중개만을 할 뿐 행위의 당사자도 아니고 당사자의 대리인도 아니기 때문이다. 그러나 당사자의 일방이 그 성명·상호의 묵비를 요구한 때에는 중개인에게 급여수령대리권을 묵시적으로 부여한 것으로 본다.

2.3.2.4. 중개계약의 종료

민법상 위임은 일반종료원인, 즉 위임인의 사망·파산, 수임인의 사망·파산·금치산에 의하여 종료된다(민⁶⁹⁰). 따라서 중개계약의 경우에도 위의 원인에 의하여 종료하게 된다. 다만 중개계약에 있어서 위탁자의 사망에 의하여서는 종료되지 않는다(상⁵⁰집⁵⁰). 위탁자는 일방적 위탁의 경우를 제외하고는 언제든지 위탁계약을 해지할 수 있다.

2.3.3.1 위탁매매인의 의의

위탁매매인이라 함은 자기의 명의로 타인의 계산으로 물건 또는 유가증권의 매매를 영업으로 하는 자이다(상101). 자기명의라 함은 위탁매매인이 법률적으로 매매의 당사자로서 권리·의무의 주체가 된다는 의미로 매매계약의 당사자가 되는 것을 말한다. 즉 자기명의(법률적 형식)의 의미는 위탁매매인 자신이 제3자에 대한 관계에서 법률상 권리의무의 주체가 된다는 의미이다. 타인의 계산으로의 의미는 그 거래에서 발생하는 손익이 모두 타인에게 귀속된다는 의미이다. 물건 또는 유가증권의 매매이며, 물건에는 부동산도 포함된다(다수설). 그리고 유가증권의 경우에는 증권회사가 위탁매매인이 된다.

자기명의로 하는 점에서 계약의 당사자가 아닌 중개인 또는 중개대리상과 구별되고, 타인(본인)명의로 제3자와 거래하는 체약대리상과도 구별된다. 그리고 위탁자는 상인임을 요하지 않는 점에서 대리상 또는 중개인과 구별된다. 위탁매매인이 하는 매매행위의 법적 성질은 위탁업무(영업적 상행위)의 이행행위로서 영업을 위하여 하는 보조적 상행위이다(통설).

증권거래의 문외한이며 초심자들인 원고들이 피고 회사인 증권회사의 영업부장 겸 지배인을 통하여 주식투자를 하기로 하고, 동인에게 유망한 종목의 주식을 적당한 시기에 적당한 수량을 매입매도하여 이득금을 남기도록 부탁하면서 주식매수대금조로 금전을 지급하였다면 원고들과 피고 회사 사이에 증권매매거래의 위탁계약이 성립된다.[22]

---

22) 大判 1980.5.27, 80다418.

2.3.3.2. 위탁매매계약의 법률관계

2.3.3.2.1. 외부관계

(1) 위탁매매인의 지위

위탁매매인은 자기의 명의로 매매를 하기 때문에 위탁자를 위한 매매로 인하여 상대방에 대하여 직접 권리를 취득하고 의무를 부담한다($\overset{\text{상}}{_{102}}$). 따라서 위탁매매인과 상대방의 관계는 일반의 매매에 있어서 매도인과 매수인의 관계에 있다.

(2) 위탁자와 제3자와의 관계

위탁자와 제3자와의 사이에는 아무런 직접적인 법률관계가 생기지 않는다.

(3) 위탁자와 위탁매매인의 채권자와의 관계

위탁매매인이 위탁자로부터 받은 물건 또는 유가증권이나 위탁매매로 인하여 취득한 물건, 유가증권 또는 채권은 위탁자와 위탁매매인 또는 위탁매매인의 채권자 간의 관계에서는 이를 위탁자의 소유 또는 채권으로 본다($\overset{\text{상}}{_{103}}$).

2.3.3.2.2. 내부관계

(1) 위탁매매인의 의무

위탁자와 위탁매매인 사이의 위탁매매계약은 매매의 주선을 위탁하는 유상의 위임계약이다(통설). 따라서 위탁매매인은 위탁자의 수임인으로서 위탁자를 위하여 선량한 관리자의 주의로써 그 위임사무를 처리하여야 할 일반적인 의무를 부담한다($\overset{\text{민}}{_{681}}$). 따라서 위탁자와 위탁매매인 간의 관계에는 위임에 관한 규정을 적용한다($\overset{\text{상}}{_{112}}$). 그 밖에 상법은 이러한 일반적 의무 외에 특별한 의무를 위탁매매인에게 부과하고 있다. 판례는 증권매매거래의 위탁계약의 성립시기에 대해

위탁금이나 위탁증권을 받을 직무상 권한이 있는 직원이 증권매매거래를 위탁한다는 의사로 이를 위탁하는 고객으로부터 금원이나 주식을 수령하는 것으로써 곧바로 위탁계약이 성립한다고 판시하고 있다.[23]

1) 통지의무ㆍ계산서제출의무

위탁매매인이 위탁받은 매매를 한 때에는 지체 없이 위탁자에 대하여 그 계약의 요령과 상대방의 주소, 성명의 통지를 발송하여야 하며 계산서를 제출하여야 한다($\frac{상}{104}$). 민법상의 수임인은 위임인의 청구가 있거나 위임이 종료한 경우에만 보고의무를 부담하는데($\frac{민}{683}$), 상법 제104조는 이에 대한 특칙이다.

2) 이행담보책임

위탁매매인은 다른 약정이나 관습이 없으면 위탁자를 위한 매매에 관하여 상대방이 채무를 이행하지 아니하는 경우에는 위탁자에 대하여 이를 이행할 책임이 있다($\frac{상}{105}$). 이 책임은 법정책임이며 무과실책임이다. 상대방의 채무불이행으로 인한 손해는 결국 위탁자의 손해가 되는데, 위탁자와 상대방 사이에는 아무런 법률관계가 없기 때문에 위탁자의 보호를 위하여 둔 규정이다. 이러한 책임은 법정책임이며 무과실책임이다. 위탁매매인은 보증인과는 달리 최고 또는 검색의 항변권($\frac{민 437}{438}$)을 갖지 않는다. 위탁매매인이 상대방의 채무를 이행한 경우에는 상대방이 스스로 채무를 이행한 경우와 같이 위탁자에 대하여 보수나 비용을 청구할 수 있다.

3) 지정가액준수의무

위탁자는 매매가액을 위탁매매인에게 일임하는 경우도 있으나, 위탁자가 매도 또는 매수의 가액을 지정한 경우에는 위탁매매인은 이것을 준수할 의무가 있다. 위탁자가 지정한 가액보다 염가로 매도하거나 고가로 매수한 경우에도 위탁매매인이 차액을 부담한 때에는 그 매매는 위탁자에 대하여 효력이 있다($\frac{상 106}{①}$). 위탁자가 지정한 가액보다 고가로 매도하거나 염가로 매수한 경우에는 그 차액은 다른 약정이 없으면 위탁자의 이익으로 한다($\frac{상 106}{②}$).

---

23) 大判 1994.4.29. 94다2688.

4) 위탁물의 훼손·하자 등의 통지·처분의무

위탁매매인이 위탁매매의 목적물을 인도받은 후에 그 물건의 훼손 또는 하자를 발견하거나 그 물건이 부패할 염려가 있는 때 또는 가격 저락의 상황을 안 때에는 지체 없이 위탁자에게 그 통지를 발송하여야 한다(상108①). 이 경우에 위탁자의 지시를 받을 수 없거나 그 지시가 지연되는 때에는 위탁매매인은 위탁자의 이익을 위하여 적당한 처분을 할 수 있다(상108②). 적당한 처분이란 위탁물을 공탁·전매·경매 등을 하는 것을 말한다.

(2) 위탁매매인의 권리

1) 보수청구권

위탁매매인은 상인이므로 위탁자를 위하여 한 매매에 관하여 특약이 없더라도 상당한 보수를 청구할 수 있다(상61). 보수청구권은 위탁사무가 완료한 후에 청구할 수 있다.

2) 비용상환청구권

위탁매매인이 위탁자를 위하여 매도 또는 매수를 하는 데 비용이 필요한 경우에는 특약 또는 관습이 없는 한 이를 체당할 의무가 없고 위탁자에 대하여 선급을 요구할 수 있다(민687). 위탁매매인이 체당할 의무가 없지만 위탁사무처리에 필요한 비용을 체당한 때에는 그 체당금과 체당한 날 이후의 법정이자를 청구할 수 있다. 참고로 대리상과 중개인의 경우에는 비용상환청구권이 인정되지 않는다.

3) 유치권

위탁매매인은 위탁자를 위하여 물건의 매도 또는 매수를 함으로 말미암아 위탁자에 대하여 생긴 채권에 관하여 위탁자를 위하여 점유하는 물건 또는 유가증권을 유치할 수 있다. 그러나 다른 약정이 있는 때에는 그러하지 아니한다(상111·91). 이것은 위탁자가 비상인일 경우를 대비한 특별상사유치권이다. 즉 민법상의 유치권과는 달리 위탁자를 위하여 점유하는 물건 또는 유가증권이 그 채권이 생긴 매매행위와 관련하여 취득될 필요가 없도록 하기 위해 대리상의 유치권에 관한 규정을 준용하고 있는 것이다.

4) 매수물의 공탁 및 경매권

매수위탁자가 위탁매매인이 매수한 물건의 수령을 거절하거나 또는 수령할 수 없는 때에는 위탁매매인은 그 물건을 공탁하거나 또는 상당한 기간을 정하여 최고한 후 이것을 경매할 수 있는 권리를 갖는다(상⁶⁷①). 이 경우에는 지체 없이 매수인에 대하여 그 통지를 발송하여야 한다(상⁶⁷①). 이 경우에 매수인에 대하여 최고를 할 수 없거나 목적물이 멸실 또는 훼손될 염려가 있는 때에는 최고 없이 경매할 수 있다(상⁶⁷①). 매도인이 그 목적물을 경매한 때에는 그 대금에서 경매비용을 공제한 잔액을 공탁하여야 한다. 그러나 그 전부나 일부를 매매대금에 충당할 수 있다(상⁶⁷③).

5) 개입권

위탁매매인이 거래소의 시세 있는 물건의 매매를 위탁받은 때에는 직접 그 매도인이나 매수인이 될 수 있다. 이 경우의 매매대가는 위탁매매인이 매매의 통지를 발송한 때의 거래소의 시세에 의한다(상¹⁰①). 이 경우에도 위탁매매인은 위탁자에 대하여 보수를 청구할 수 있다(상¹⁰②). 이 개입권은 거래의 공정성만 보장되면 위탁자의 입장에서는 누가 당사자가 되든 그 법적·경제적 효과는 동일하기 때문이다. 개입권은 위탁매매인이 개입의 의사표시를 위탁자에게 표시함으로써 하며, 통지의 방법은 제한이 없다. 위탁매매인이 개입권을 행사하게 되면 위탁자와 위탁매매인 사이에는 매매계약 관계가 성립되어 위탁매매인은 위탁자에 대하여 매도인 또는 매수인의 지위에 서게 된다. 이 위탁매매인의 개입권은 상업사용인 등이 협의의 경업피지의무에 위반하여 거래한 경우에 그가 받은 경제적 이익만을 박탈하는 개입권(상¹⁷⑧)과 구별된다.

(3) 매수위탁자가 상인인 경우의 특칙

위탁자가 상인이며 또한 그 영업에 관하여 물건의 매수를 위탁한 경우에는 위탁매매인을 보호하기 위하여 위탁자에게 상인 간의 매매에서 매수인에게 인정된 의무를 부과하고 있다(상¹¹⁰⑥⁸~⁷¹). 이는 매수위탁의 경우 위탁자와 위탁매매인 간의 관계는 매수인과 매도인의 관계와 비슷하기 때문이다.

따라서 위탁자가 상인인 경우에 상인 간의 매매에 관한 규정을 준용하고 있는 것이다. 따라서 ① 확정기 매매의 해제($\frac{상}{68}$), ② 위탁자의 목적물검사와 하자통지의무($\frac{상}{69}$), ③ 위탁자의 목적물 보관·공탁의무($\frac{상}{70}$), ④ 목적물 수량 초과 등의 경우의 보관·공탁의무($\frac{상}{71}$) 등이 준용된다. 위의 구체적인 내용은 다음과 같다.

상인 간의 매매에 있어서 매매의 성질 또는 당사자의 의사표시에 의하여 일정한 일시 또는 일정한 기간 내에 이행하지 아니하면 계약의 목적을 달성할 수 없는 경우에 당사자의 일방이 이행시기를 경과한 때에는 상대방은 즉시 그 이행을 청구하지 아니하면 계약을 해제한 것으로 본다($\frac{상}{68}$). 상인 간의 확정기매매의 경우에는 별도의 계약해제의 의사표시조차도 필요 없이 계약을 해제한 것으로 보는 것이다. 상인 간의 매매에 있어서 매수인이 목적물을 수령한 때에는 지체 없이 이를 검사하여야 하며 하자 또는 수량의 부족을 발견한 경우에는 즉시 매도인에게 그 통지를 발송하지 아니하면 이로 인한 계약해제, 대금감액 또는 손해배상을 청구하지 못한다. 매매의 목적물에 즉시 발견할 수 없는 하자가 있는 경우에 매수인이 6월 내에 이를 발견한 때에도 같다($\frac{상 69}{①}$). 그러나 매도인이 악의인 경우에는 적용하지 아니한다($\frac{상 69}{②}$).

매수인의 목적물의 검사와 하자통지의무의 경우에 매수인이 계약을 해제한 때에도 매도인의 비용으로 매매의 목적물을 보관 또는 공탁하여야 한다.

그러나 그 목적물이 멸실 또는 훼손될 염려가 있는 때에는 법원의 허가를 얻어 경매하여 그 대가를 보관 또는 공탁하여야 한다($\frac{상 70}{①}$). 이 경우 매수인이 경매한 때에는 지체 없이 매도인에게 그 통지를 발송하여야 한다($\frac{상 70}{②}$). 그러나 목적물의 인도장소가 매도인의 영업소 또는 주소와 동일한 특별시·광역시·시·군에 있는 때에는 이를 적용하지 아니한다($\frac{상 70}{③}$). 매도인이 매수인에게 인도한 물건이 매매의 목적물과 상위하거나 수량이 초과한 경우에 그 상위 또는 초과한 부분에 대해서도 같다($\frac{상}{71}$).

2.3.3.3. 준위탁매매인

　준위탁매매인이란 자기명의로써 타인의 계산으로 매매 아닌 행위를 영업으로 하는 자를 말하며, 준위탁매매인에 대하여는 위탁매매인에 관한 규정이 준용된다($^{상}_{113}$). 매매 아닌 주선행위라 함은 출판·광고의 주선이나, 보험·금융거래의 주선, 임대차의 주선, 여객운송의 주선 등이 이에 속한다. 다만 주선의 목적이 물건운송계약인 경우는 운송주선인으로서 준위탁매매인에서 제외된다($^{상}_{114}$).

　준위탁매매인에 대하여 위탁매매인에 관한 규정을 전면적으로 준용하고 있으나, 매매를 전제로 하는 규정, 예컨대 개입권에 관한 규정($^{상}_{107}$), 위탁물의 훼손·하자 등에 관한 통지·처분의무($^{상}_{108}$), 매수위탁물의 공탁·경매권($^{상}_{109}$), 매수위탁자가 상인인 경우의 특칙($^{상}_{110}$) 등은 준용되지 않는다.

▶ 2.3.4. 운송주선업

2.3.4.1. 운송주선인의 의의

2.3.4.1.1. 의의

운송주선인이라 함은 자기의 명의로 물건운송의 주선을 영업으로 하는 자이다(상114). 자기의 명의로 운송계약을 체결하는 점에서 타인(본인)명의로 하는 운송대리인과 다르고, 또한 당사자로서 전혀 나타나지 않으면서 운송계약의 중개만을 하는 중개인 또는 중개대리상과도 구별된다. 주선이라 함은 자기의 이름으로 타인의 계산 아래 법률행위를 하는 것을 의미하는 것이므로 운송주선계약은 운송주선인이 그 상대방인 위탁자를 위하여 물건운송계약을 체결할 것 등의 위탁을 인수하는 계약으로 민법상의 위임의 일종이기 때문에 운송주선업에 관한 상법의 규정이 보충 적용된다.[24] 운송주선인이 하는 주선행위의 객체는 물건이며, 여객운송의 주선을 영업으로 하는 자는 운송주선인이 아니고 준위탁매매이다.

2.3.4.1.2. 법적 성질

운송주선계약은 위탁자와 운송주선인 간의 물건운송의 주선이라는 사무의 처리를 위탁하는 것이므로 그 법적 성질은 위임계약이다. 따라서 상법에 다른 규정이 없으면 민법상 위임에 관한 규정을 준용한다. 운송주선계약은 청약과 승낙에 의하여 성립되며, 특별한 방식이 요구되지 않는다. 운송주선인이 직접 운송을 할 때는 도급이 된다.

---

24) 大判 1987.10.13. 85다카1080.

운송주선업은 운송의 거리가 육해공(육상, 해상, 항공운송 모두 포함) 삼면에 걸쳐 길어지고 운송수단도 다양할 뿐만 아니라 공간적 이동이 필요불가피한 화물도 복잡다양화, 대형 다량화됨에 따라 송하인과 운송인이 적당한 상대방을 적기에 선택하여 필요한 운송계약을 체결하기 어렵게 되었으므로 송하인과 운송인의 중간에서 가장 확실하고 안전신속한 운송로와 시기를 선택하여 운송을 주선하기 위한 긴요한 수단으로서 발달하게 된 것이다.[25]

2.3.4.2. 운송주선의 법률관계

2.3.4.2.1. 총설

운송주선은 위탁자와 운송주선인, 운송주선인과 운송인 사이의 법률관계를 갖는다. 위탁자와 운송주선인의 관계는 운송주선계약에 의해, 운송주선인과 운송인의 관계는 운송계약에 의해 처리된다. 위탁자와 운송인 사이에는 아무런 법률관계가 없으며, 운송주선인과 수령인 사이에도 아무런 관계가 없다.

운송주선인은 물건운송의 주선을 하는 데 그치며 운송인과 같이 운송 자체를 행하는 것은 아니다. 그러나 운송업까지 겸할 수 있다. 운송주선인은 주선의 목적이 물건운송이라는 점 이외에는 위탁매매인과 같으므로 운송주선인에 대하여 다른 정함이 있는 경우를 제외하고는 위탁매매인에 관한 규정을 준용하고 있다(상123). 운송주선인의 운송인에 대한 지위(상102), 위탁물의 귀속관계(상103), 통지 및 계산서 제출의무(상104), 지정가액준수의무(상106), 위탁물의 훼손·하자 등과 관련한 통지·처분의무(상108), 위탁물의 공탁권 및 경매권(상109), 당사자 간에 위임에 관한 규정 등이 준용된다.

---

25) 大判 1987.10.13. 85다카1080.

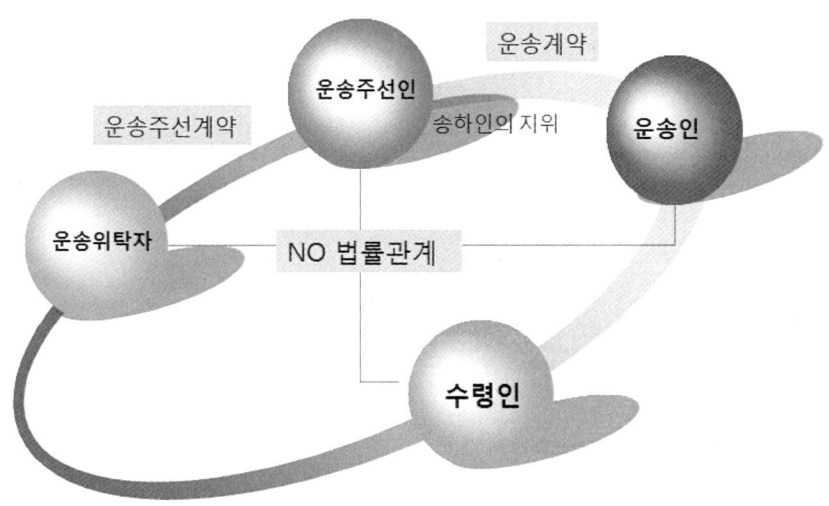

2.3.4.2.2. 운송주선인의 의무

(1) 일반적 의무

운송주선계약의 법적 성질이 위임이므로 운송주선인은 수임인으로서 선량한 관리자의 주의의무를 부담한다($^{상\ 123\cdot112,}_{민\ 681}$). 운송주선인은 위탁자로부터 운송물의 수령과 운송인에게 인도 등과 이와 관련된 부수적인 사항들에 대해서 선량한 관리자의 주의의무를 부담한다고 할 것이다.

(2) 개별적 의무

운송주선인은 위탁매매인과 같은 주선업자로서 위탁매매인과 같은 여러 가지 특별의무가 있다. 즉 운송주선인은 통지의무·계산서제출의무($^{상}_{104}$), 지정가액준수의무($^{상}_{106}$), 위탁물의 훼손·하자 등의 통지·처분의무($^{상}_{108}$)를 부담한다고 할 것이다. 그러나 매매를 하는 것이 아니므로 이행담보책임($^{상}_{105}$) 등은 없다고 할 것이다.

1) 통지의무 · 계산서제출의무

운송주선인이 운송인과 운송계약을 체결하였을 때에는 위탁자에게 그 계약의 요령과 운송인의 주소, 성명의 통지를 발송하여야 하며 계산서를 제출하여야 한다($_{104}^{상123}$).

2) 지정가액준수의무

위탁자는 매매가액을 운송주선인에게 일임하는 경우도 있으나, 위탁자가 운임을 지정한 경우에는 운송주선인은 이것을 준수할 의무가 있다. 다만, 운송주선인이 차액을 부담한 때에는 그 운송계약은 위탁자에 대하여 효력이 있다($_{106}^{상123}$).

3) 위탁물의 훼손 · 하자 등의 통지 · 처분의무

운송주선인이 운송물을 인도받은 후에 그 물건의 훼손 또는 하자를 발견하거나 그 물건이 부패할 염려가 있는 때 또는 가격 저락의 상황을 안 때에는 지체 없이 위탁자에게 그 통지를 발송하여야 한다. 이 경우에 위탁자의 지시를 받을 수 없거나 그 지시가 지연되는 때에는 위탁매매인은 위탁자의 이익을 위하여 적당한 처분을 할 수 있다($_{108}^{상123}$). 적당한 처분이란 위탁물을 공탁 · 전매 · 경매 등을 하는 것을 말한다.

2.3.4.2.3. 운송주선인의 손해배상책임

(1) 책임원인

운송주선인은 자기나 그 사용인이 운송물의 수령, 인도, 보관, 운송인이나 다른 운송주선인의 선택 기타 운송에 관하여 주의를 해태하지 아니하였음을 증명하지 아니하면 운송물의 멸실, 훼손 또는 연착으로 인한 손해를 배상할 책임을 면하지 못한다($_{115}^{상}$). 채무불이행책임의 일종이며, 과실책임주의에 따른 입법이다. 입증책임은 운송주선인 측에 있다.

(2) 손해배상액

운송주선인의 손해배상액에 대하여는 상법에 특별규정이 없으므로 민법의 일반원칙에 의한다($\frac{민}{393}$). 즉 원칙적으로 채무불이행과 상당인과관계에 있는 모든 손해를 배상하여야 하고, 예외적으로 특별손해는 운송주선인이 그 사정을 알았거나 알 수 있었을 때에 한하여 배상할 책임을 진다.

(3) 고가물에 대한 책임

화폐, 유가증권 기타의 고가물에 대하여는 송하인이 운송을 위탁할 때에 그 종류와 가액을 명시한 경우에 한하여 운송주선인이 손해를 배상할 책임이 있다($\frac{상 124}{136}$).

(4) 책임의 단기시효

운송주선인의 책임은 수하인이 운송물을 수령한 날로부터 1년을 경과하면 소멸시효가 완성한다($\frac{상 121}{①}$). 이 기간은 운송물이 전부 멸실한 경우에는 그 운송물을 인도할 날로부터 기산한다($\frac{상 121}{②}$). 그러나 1년의 단기시효에 관한 규정은 운송주선인이나 그 사용인이 악의인 경우에는 적용하지 아니한다($\frac{상 121}{③}$). 따라서 악의인 경우에는 상사시효인 5년이 적용될 것이다. 악의라 함은 고의로 운송물을 멸실, 훼손 혹은 연착시키거나 혹은 이러한 사실을 고의로 은폐하는 것을 말한다. 판례는 운송주선인이 멸실, 훼손 혹은 연착사실을 아는 것도 악의가 있다고 한다.[26] 또한 운송인이나 그 사용인이 운송물에 훼손 또는 일부 멸실이 있다는 것을 알면서 이를 수하인에게 알리지 않고 인도된 경우도 포함한다고 한다.[27] 위 단기소멸시효의 규정은 운송인의 운송계약상의 채무불이행으로 인한 손해배상청구에만 적용되고, 일반 불법행위로 인한 손해배상청구에는 적용되지 아니한다.[28]

---

26) 大判 1987.6.23, 86다카2107.
27) 大判 1987.6.23, 86다카2107.
28) 大判 1991.8.27, 91다8012; 大判 1977.12.13, 75다107.

2.3.4.2.4. 불법행위책임과 면책특약

(1) 불법행위책임

운송주선인의 의무불이행이 동시에 운송주선인의 불법행위를 구성하는 경우 위탁자는 계약위반책임과 불법행위책임을 모두 물을 수 있다고 보는 것이 통설 및 판례의 입장이다(청구권경합설).

(2) 면책특약

운송주선인과 위탁자는 특약에 의해 운송주선인의 책임을 면제 혹은 감경할 수 있다. 그러나 현저한 불공정한 행위이거나 약관에 의한 계약체결의 경우에는 그 특약이 부정될 수 있을 것이다.

2.3.4.3. 운송주선인의 권리

2.3.4.3.1. 보수청구권

운송주선인은 상인이므로 당사자 간에 보수에 관한 특약이 없더라도 위탁자에 대하여 상당한 보수를 청구할 수 있는데(상⁶¹), 운송주선인은 위임사무종료 전이라도 운송물을 운송인에게 인도한 때에는 즉시 보수를 청구할 수 있다(상¹¹⁹₁). 그리고 운송주선계약으로 운임의 액을 정한 경우에는 다른 약정이 없으면 따로 보수를 청구하지 못한다(상¹¹⁹₂). 즉 당사자 사이에 운임에 관해 약정이 있으면 그 금액은 주선료와 운송의 요금을 합한 금액으로 추정한다(확정운임운송주선).

2.3.4.3.2. 비용선급청구권 · 비용상환청구권

운송주선인은 위임사무의 처리에 비용을 요하는 때에는 위탁자에 대하여 비용의 선급을 청구할 수 있고($^{상\ 123·112.}_{민\ 687}$), 운송주선인이 주선계약을 이행하면서 운송을 위한 비용을 지급한 때에는 위탁자에 대하여 이의 상환을 청구할 수 있다($^{상\ 123·112.}_{민\ 688}$).

2.3.4.3.3. 유치권

운송주선인은 운송물에 관하여 받을 보수, 운임, 기타 위탁자를 위한 체당금이나 선대금에 관하여서만 그 운송물을 유치할 수 있다($^{상}_{120}$). 유치권에 관한 규정의 취지는 운송실행에 의하여 생긴 운송인의 채권을 유치권행사를 통해 확보하도록 하는 동시에, 송하인과 수하인이 반드시 동일인은 아니므로 수하인이 수령할 운송물과 관계가 없는 운송물에 관하여 생긴 채권 기타 송하인에 대한 그 운송물과는 관계가 없는 채권을 담보하기 위하여 그 운송물이 유치됨으로써, 수하인이 뜻밖의 손해를 입지 않도록 하기 위하여 피담보채권의 범위를 제한한 것이다.[29]

2.3.4.3.4. 개입권

운송주선인은 다른 약정(배제특약)이 없으면 직접 운송할 수 있는데 이것을 운송주선인의 개입권이라 한다. 이 경우에는 운송주선인은 운송인과 동일한 권리의무가 있다($^{상\ 116}_{①}$). 운송주선인이 개입권을 행사한 경우에는 운송주선인과 위탁자 사이에는 운송계약관계가 성립하게 되어 운송계약관계와 운송주선계약의 이중의 계약이 존재하게 되며 각각 파생되는 권리의무는 그에 따라 이중으로 존속하게 된다. 운송주선인이 위탁자의 청구에 의하여 화물상환증을 작성한 때에는 직접 운송하는 것으로 본다($^{상\ 116}_{②}$). 화물상환증은 운송인만이 발행할 수 있으므로 운송주선인이 화물상환증을 발행한 경우에는 직접 운송인의 지위에 선다고 할 수 있기 때문에 개입하는 것으로 의제하는 것이다.

---

29) 大判 1993.3.12. 92다32906.

☞ **상법상 개입제도**

구분	영업주	위탁매매인	운송주선인	중개인	회사
조문	17, 89	107	116	99	190, 269, 397, 567
성질	형성권	형성권	형성권	법정담보책임	형성권
상대방	상업사용인, 대리상				· 무한책임사원(합명/ 합자 회사) · 이사(주식/유한회사)
행사 요건	겸직취임금지의무 위반	· 거래소 시세의 존재 · 개입금지특약의 부존재	개입금지 특약의 부존재	거래당사자 일방의 성 명, 상호묵비	겸직취임금지의무위반
행사 기간	· 거래 안 날로부 터 2주 · 거래 있는 날로 부터 1년				· 합명/합자: 거래 안 날 로부터 2주 · 주식/유한: 거래 있는 날로부터 1년
행사 효과	경제적 효과만 개 입자에게 귀속	직접적 매매관계 성립	운송인과 동일 권 리·의무부담	중개인 자신이 이행 책임 부담	경제적 효과만 개입자에게 귀속
취지	· 영업주의 손해입 증 곤란 피하게 · 고객관계 유지	법률관계와 경제 관계 간편화 도모	좌동	상대방의 보호	· 영업주의 손해입증 곤란 피하게 · 고객관계 유지

2.3.4.3.5. 운송주선인의 채권의 소멸시효

운송주선인의 위탁자 또는 수하인에 대한 채권은 1년간 행사하지 아니하면 소멸시효가 완성한다(${}^{\$}_{122}$). 보수청구권과 비용상환청구권이 이에 해당하며, 기산점은 그 채권을 행사할 수 있는 때이다.

당사자 사이에 해상운송인의 책임에 관하여 제소기간을 약정하고 그 기간연장에 합의하였다 하더라도 제소기간의 약정과 그 기간연장에 관하여 상관습법이 확립되었다고 인정되지 아니하는 한 그러한 약정과 합의에 의하여 소멸시효에 관한 상법이나 민법규정의 적용을 배제할 수는 없다. 채무자가 소멸시효가 완성된 이후에 여러 차례에 걸쳐 채권자의 제소기간 연장요청에 동의한 바 있다 하더라도 그 동의는 그 연장된 기간까지는 언제든지 채권자가 제소하더라도 이의가 없다는 취지에 불과한 것이지 완성한 소멸시효이익을 포기하는 의사표시까지 함축하고 있는 것은 아니다.[30]

---

30) 大判 1987.6.23. 86다카2107.

2.3.4.4. 수하인의 지위

수하인, 즉 운송주선계약에 있어서 운송물의 수령인으로 지정된 자는 운송주선계약의 당사자는 아니지만, 운송계약에 있어서의 운송인과 수하인과의 관계와 같이 직접 운송주선인과의 사이에 법률관계가 생긴다. 즉 ① 운송물이 목적지에 도달한 후에는 수하인은 운송주선계약에 의하여 생긴 위탁자의 권리를 취득하며 ② 운송물이 도착지에 도착한 후 수하인이 그 인도를 청구한 때에는 수하인의 권리가 송하인의 권리에 우선하며 ③ 수하인이 운송물을 수령하였을 때에는 운송주선인에 대하여 보수 기타의 비용을 지급할 의무를 부담한다(상 124, 140, 141).

2.3.4.5. 순차운송주선에 관한 특칙

2.3.4.5.1. 순차운송주선의 의의

하나의 운송에 수인의 운송주선인이 관여하는 것을 순차운송주선이라고 한다. 순차운송주선인에는 크게 하수운송주선, 부분운송주선, 중간운송주선, 및 도착지운송주선이 있다.

(1) 부분운송주선

수인의 운송주선인이 각자 화주(위탁자)로부터 일부 구간 혹은 일부 사무에 관한 위탁을 받아 전 구간의 운송을 실행하는 운송주선이다. 운송주선인은 각자 분담사무에 관해 화주에 대한 운송주선인으로서의 의무를 진다.

(2) 하수운송주선

제1의 운송주선인이 전 구간에 걸쳐 운송주선을 인수하고 다른 운송주선인은 그의 이행보조자로서 운송주선에 참여하는 순차운송주선이다. 위탁자로부터 직접 운송주선을 인수하는 운송주선인을 원수운송주선인(元受運送周旋人)이라고 하고, 원수운송주선인의 위임을 받아 운송주선을 하는 운송주선인을 하수운송주선인(下受運送周旋人)이라고 한다. 하수운송주선인은 원수운송주선인의 수임인으로서 내부적으로 원수운송주선인에 대해서만 책임을 지고 원수운송주선인만이 원칙적으로 화주에 대해 모든 계약상 책임을 진다.

(3) 중간운송주선

첫 번째 구간에 대하여는 제1의 운송주선인이 운송주선을 인수하고 나머지 구간에 대하여는 제1의 운송주선인이 송하인의 위임을 받아(위탁자의 계산으로) 자기명의로 다른 운송주선인들을 선임하여 전 구간에 걸쳐 운송주선을 하는 순차운송주선이 중간운송주선이다. 중간운송주선의 경우 제1의 운송주선인은 자기 명의로 다른 운송주선인을 선임하기 때문에 다른 운송주선인의 주선료에 관해 책임을 지지만, 위임사무의 일부로 다른 운송주선인을 선임하기 때문에 다른 운송주선인의 행위로 인한 위험은 송하인이 부담한다. 즉 원수운송주선인은 중간운송주선인의 선택에 과실이 있을 때에만 책임을 지고, 중간운송주선인의 구간에 대하여는 책임을 지지 않는다. 이 점이 하수운송주선인과 다르다.

(4) 도착지운송주선

도착지운송주선인은 도착지에서 운송물을 수령하여 운송물수령인에게 인도할 의무를 가지는 운송주선이며 발송지운송주선인의 대응하는 개념이다.

2.3.4.5.2. 순차운송인 간의 권리·의무

(1) 권리행사의 의무

수인이 순차로 운송주선을 하는 경우에는 후자는 전자에 갈음하여 그 권리를 행사할 의무를 부담한다(상117①). 즉 후순위 운송주선인은 전순위 운송주선인을 위해 송하인 혹은 수하인에 대해 주선료 및 비용을 청구하고 유치권을 행사하여야 한다. 전자는 자기의 직접적인 전자를 의미하며, 행사할 수 있는 권리는 법률상 인정되는 유치권, 보수청구권 등뿐만 아니라 계약상의 권리도 행사할 수 있다.

상법 제117조의 순차운송인의 의미는 중간운송주선의 경우만을 의미한다고 할 것이다. 부분운송주선에서는 운송주선계약이 위탁인과 개별적으로 이루어지기 때문에 운송주선인 간의 연결성이 없고, 하수운송주선의 경우에는 하수운송주선인이 원수운송주선인의 이행보조자이기 때문에 상법 제117조가 없어도 당연히 그 권리를 행사할 수 있기 때문이다.

(2) 대위변제의 권한

후자가 전자에게 변제한 때에는 전자의 권리를 취득한다($\frac{상}{②}$117). 일반적으로 채권자의 승낙이 있거나($\frac{민}{480}$) 변제할 정당한 이익이 있어야만($\frac{민}{481}$) 타인의 채무를 변제하고 채권자의 권리를 승계하지만, 후순위 운송주선인은 전순위 운송주선인에게 변제를 하면 법률에 의해 당연히 전자를 대위하여 권리를 취득한다. 이 경우에도 채무자에게 대항하기 위하여는 승낙 혹은 통지와 같은 대항요건을 갖추어야 한다($\frac{민}{480}$).

(3) 운송인의 권리의 취득

운송주선인이 운송인에게 변제한 때에는 운송인의 권리를 취득한다($\frac{상}{118}$).

▶ 2.3.5. 운송업

2.3.5.1. 서설

2.3.5.1.1. 운송업의 개념

(1) 운송업의 의의

운송이라 함은 사람 또는 물건을 장소적으로 이동시키는 것이며, 운송인이라 함은 육상 또는 호천, 항만에서 물건 또는 여객의 운송을 영업으로 하는 자이다. 따라서 운송업을 행하는 운송인은 상인이다.

(2) 운송의 종류

운송의 목적물을 표준으로 하여 물건운송·여객운송·통신운송으로 분류할 수 있고, 물건운송은 화물의 수송을 목적으로 하는 운송이며, 통신운송은 전신 및 전화 등의 통신업을 말한다. 운송의 지역에 따라 분류하면, 육상운송·해상운송·항공운송으로 구분할 수 있는데, 호천·항만에서의 운송은 육상운송에 포함되고, 해상운송은 해상법에서 별도 규정하고 있다. 항공운송에 대해서는 육상운송 또는 해상운송에 관한 규정이 적용될 수 있다.

2.3.5.1.2. 운송인의 의의

(1) 운송인의 개념

운송인이란 육상 또는 호천, 항만에서 물건 또는 여객의 운송을 영업으로 하는 자를 말한다($\frac{\text{상}}{125}$). 여기서 운송인은 육상운송인만을 의미하고, 육상 또는 호천·항만에서 운송을 하는 점에서 해상운송인 및 공중운송인과 구별된다. 해상운송에 관해서는 상법 제5편에 별도의 규정이 있고, 항공운송에 관해서는 상법에 달리 규정이 없지만 운송의 방법과 용구가 가장 유사한 해상운송에 관한 규정을 준용한다. 호천 또는 항만에서의 운송은 육상운송과 마찬가지로 본다. 호천과 항만의 범위는 평수구역에 의한다($\frac{\text{상법 부칙 2, 상법의 일부규정의}}{\text{시행에 관한 규정 3}}$). 그리고 평수구역이란 호수, 하천 및 항내의 구역과 기타 특별히 지정된 구역을 말한다($\frac{\text{선박안전법시행}}{\text{령 2 ix}}$).

(2) 운송의 객체

운송이라 함은 물건 또는 여객을 공간적으로 이동시키는 것을 말하며, 운송의 객체는 물건 또는 여객이다. 운송인은 법률행위인 운송의 인수를 영업으로 함으로써 당연상인이 된다($\frac{\text{상 4,}}{\text{46 xiii}}$).

(3) 운송계약의 성질

운송계약의 법적성질에 대해 낙성·쌍무·유상·불요식의 계약이며, 운송계약은 운송이라는 일의 완성을 목적으로 하는 것이므로 도급계약이다($\frac{\text{민}}{664}$). 운송인은 운송계약으로 일을 완성할 것을 약정한다. 완성할 일은 도착지까지의 물건 혹은 여객의 이동이다. 판례도 물품운송계약이란 당사자의 일방이 물품을 한 장소로부터 다른 장소로 이동할 것을 약속하고 상대방이 이에 대하여 일정한 보수를 지급할 것을 약속함으로써 성립하는 계약을 말하며, 일의 완성을 목적하는 것이므로 도급계약에 속한다고 판시하고 있다.[31]

2.3.5.1.3. 운송계약의 당사자

(1) 물건운송

물건운송계약의 당사자는 운송의 주체인 운송인과 운송을 의뢰하는 송하인이

---

31) 大判 1983.4.26, 82누92.

다. 도착지에서 운송물을 수령할 수하인 및 도착사실을 통지할 통지처 혹은 통지수령인은 운송계약의 당사자가 아니다.

(2) 여객운송

여객운송계약의 당사자는 운송의 주체인 운송인과 그의 상대방인 위탁인이다.

(3) 운송계약의 체결

운송계약은 불요식·낙성계약이므로 운송계약의 체결에는 아무런 양식을 필요로 하지 않는다. 따라서 화물명세서나 화물상환증 등의 작성을 요하지 않는다.

2.3.5.2. 물건운송

2.3.5.2.1. 물건운송의 의의

물건운송은 거리를 극복하기 위하여 이용되며, 유가증권을 이용하여 거래가 행하여지게 된다. 운송계약은 낙성의 불요식 계약이다. 운송계약에서 당사자는 송하인과 운송인이다. 목적지에서 물건을 수령하는 수하인도 있지만, 그는 계약의 당사자는 아니다. 다만, 수하인이 운송계약상 아무 권리가 없는 것은 아니고, 물건이 목적지에 도착한 후에는 권리를 취득한다.

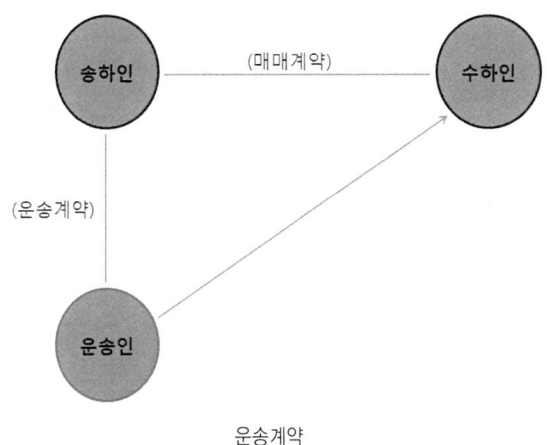

운송계약

운송계약에서 운송인은 운송할 채무를 부담하는데 계약의 내용으로서 운송인 본인이 운송을 행하지 아니하고 이행보조자를 이용하여 행하여도 무방하다. 또한 운송계약의 내용으로서는 실제거래에서 운송인이 작성하는 운송약관이 큰 의미를 가지고 있다.

2.3.5.2.2. 운송인의 의무 · 책임

(1) 운송의무

운송인은 운송계약이 성립한 후 일정한 장소에서 송하인으로부터 운송물을 인도받아 이를 목적지까지 운송하고, 인도할 날에 수하인 기타 운송물을 수령할 권한이 있는 자에게 운송물을 인도하여야 한다. 그리고 운송물을 수령한 때로부터 인도할 때까지 선량한 관리자로서의 주의의무를 진다.

(2) 화물상환증교부의무

운송인은 송하인의 청구가 있는 때에는 일정한 사항($^{상\,128}_{②}$)을 기재하여 화물상환증을 교부하여야 한다($^{상\,128}_{①}$).

(3) 운송물의 보관 및 처분의무

1) 의무의 내용

운송인은 운송을 인수하는 것이므로 운송물을 수령한 때부터 그것을 인도할 때까지 선량한 관리자의 주의로써 그 운송물을 보관할 의무를 부담하고 (상135), 송하인 또는 화물상환증소지인이 운송의 중지ㆍ운송물의 반환ㆍ기타의 처분을 명한 경우에는 그 지시에 따라야 하는 의무를 부담한다. 송하인 또는 화물상환증 소지인의 처분청구권은 형성권이다. 운송의 중지란 운송물의 운송을 중단하는 것을 의미한다. 또 운송물의 반환이란 현 소재지에서 반환함을 의미한다. 그리고 기타의 처분이란 양도ㆍ입질 등의 법률상의 처분을 의미하므로, 송하인 또는 화물상환증소지인의 처분권 행사는 운송인에게 부담을 주는 운송노선의 연장 등에는 적용되지 않는다.

2) 처분에 따른 운송인의 권리

운송인이 송하인 등의 지시에 따라 운송물을 처분한 경우에는 이미 한 운송의 비율에 따라 운임ㆍ체당금ㆍ비용의 변제를 청구할 수 있다(상139①).

3) 송하인 등의 처분권의 소멸

상법 제140조 2항에 따라 운송물이 목적지에 도착한 후 수하인이 그 인도를 청구한 때에는 수하인의 권리가 송하인의 권리에 우선하므로, 수하인이 운송물의 인도를 청구한 후에는 송하인의 처분권은 소멸한다. 다만 수하인이 인도를 청구한 후에도 운송물의 수령을 거부하거나 포기하거나 수령할 수 없는 경우에는 송하인의 처분권은 부활한다.

(4) 운송물인도의무

1) 운송물 인도의무

ⅰ) 화물상환증이 발행되지 않은 경우

운송물이 도착지에 도착한 때에는 수하인은 송하인과 동일한 권리를 가진다(상140). 그러므로 수하인은 운송인에 대하여 운송물의 인도를 청구할 수 있고, 수하인의 청구 시에 운송인은 운송물을 인도하여야 할 의무를 진다(상140①②).

수하인이 운송물을 수령하였을 때에는 이것과 상환하여 수하인은 운임 기타 운송에 관한 비용과 체당금을 지급할 의무를 부담한다($\frac{상}{141}$).

ii) 화물상환증이 발행된 경우

① 화물상환증소지인에의 인도: 운송인이 화물상환증을 발행한 경우에는 그 소지인만이 운송물인도청구권을 갖는다. 운송인과 화물상환증소지인 간의 운송에 관한 사항은 화물상환증에 기재된 바에 의한다($\frac{상}{131}$). 화물상환증에 의하지 않고는 운송물의 처분을 청구할 수 없고($\frac{상}{131}$), 운송인은 화물상환증과 상환하지 않고는 운송물을 인도할 의무가 없다($\frac{상}{129}$). 따라서 운송인은 화물상환증이 발행된 경우에는 화물상환증 소지인에게 화물을 인도하여야 한다.

② 보증도·가인도: 화물상환증이 발행된 경우에는 운송물의 인도청구권은 이 증권에 표창되고 이 증권의 소지인이 송하인 및 수하인의 지위를 갖게 되므로, 운송인은 이 증권의 소지인에게 화물상환증과의 상환으로서만 운송물을 인도하여야 한다($\frac{상129}{132}$). 운송인은 화물상환증과 상환하여서만 운송물을 인도하여야 하는데(상환증권성), 실무에서는 운송인이 수하인 등을 신뢰하여 그에게 화물상환증과 상환하지 않고 운송물을 인도하거나 또는 은행 기타 제3자의 보증서를 받고 화물상환증과 상환하지 않고 운송물을 인도하는 상관습이 있다. 전자를 가도 또는 공도라고 하고 후자를 보증도라고 한다. 즉 보증도란 운송물을 화물상환증과 상환함이 없이 인도함으로써 생기는 결과에 대하여 책임을 진다는 보증은행의 보증서를 받고 운송물을 인도하는 방법이고, 가인도란 화물상환증과 상황하지 않고도 운송물을 인도하는 방법이다. 그러나 이와 같은 운송인의 보증도 또는 가도의 상관습이 있다 하여, 이것이 화물상환증의 정당한 소지인에 대한 운송인의 책임을 면제하는 것은 결코 아니다.

보증도(保證渡)의 상관습은 운송인 또는 운송취급인의 정당한 선하증권 소지인에 대한 책임을 면제함을 목적으로 하는 것이 아니고 오히려 보증도로 인하여 정당한 선하증권 소지인이 손해를 입게 되는 경우

운송인 또는 운송취급인이 그 손해를 배상하는 것을 전제로 하고 있는 것이므로, 운송인 또는 운송취급인이 보증도를 한다고 하여 선하증권과 상환함이 없이 운송물을 인도함으로써 선하증권 소지인의 운송물에 대한 권리를 침해하는 행위가 정당한 행위로 된다거나 운송취급인의 주의의무가 경감 또는 면제된다고 할 수 없고, 보증도로 인하여 선하증권의 정당한 소지인의 운송물에 대한 권리를 침해하였을 때에는 고의 또는 중대한 과실에 의한 불법행위의 책임을 진다.[32]

2) 운송물수령권자

선하증권이 발행되지 않았을 경우에는 수하인이 수령권자가 된다. 화물상환증이 발행된 경우에는 그 소지인이 수령권자로 된다. 수하인도 화물상환증을 취득하여야만 운송의 중지 등을 청구할 수 있고, 화물상환증과 교환으로만 운송물의 인도를 청구할 수 있다. 수하인으로부터 배서의 연속에 의해 권리를 증명하는 소지인은 정당한 권리자로 추정되고($\substack{상\,65 \\ 민\,513}$), 이러한 소지인에게 운송물을 인도한 운송인은 고의 혹은 중대한 과실이 없는 한 책임을 면한다($\substack{상\,65 \\ 민\,513}$). 화물상환증도 발행되지 않고 수하인도 따로 지정되지 않을 경우 송하인이 수령권자가 된다.

(5) 운송인의 손해배상책임

1) 책임발생원인

운송인은 자기 또는 운송주선인이나 사용인 기타 운송을 위하여 사용한 자가 운송물의 수령, 인도, 보관과 운송에 관하여 주의를 해태하지 아니하였음을 증명하지 아니하면 운송물의 멸실, 훼손 또는 연착으로 인한 손해를 배상할 책임을 면하지 못한다($\substack{상 \\ 135}$). 운송인은 운송과 관련된 자기 또는 이행보조자의 과실이 있으면 손해배상책임이 있다. 따라서 상법은 운송인의 책임에 관하여는 과실책임주의를 택하고 있고, 과실의 유무에 대한 입증책임은 운송인이 부담한다. 이 규정은 주의적 규정으로 선언적 의미밖에 없다(통설).

---

32) 大判 1992.2.25. 91다30026.

ⅰ) 자기 또는 이행보조자의 과실

　운송인은 자기 또는 자신이 선임한 운송주선인이나 사용인 기타 운송을 위하여 사용한 자의 운송물 수령·인도·보관·운송행위에 대하여도 책임을 진다. 운송인이 책임을 면하기 위해서는 이행보조자의 고의·과실이 없음을 입증하여야 한다.

ⅱ) 손해의 유형

　운송인은 운송물의 멸실·훼손·연착으로 인하여 손해가 생긴 경우에 책임을 진다. 손해는 운송인의 채무불이행과 상당인과 관계가 있는 모든 손해를 배상하여야 한다.

ⅲ) 손해발생의 입증책임

　운송물의 멸실·훼손·연착으로 인하여 손해가 생겼다는 것은 송하인 또는 화물상환증소지인이 입증하여야 한다.

2) 손해배상액

　육상물건운송인의 손해배상액에 대하여 상법은 정액배상주의를 취하고 있다. 운송물이 전부 멸실 또는 연착된 경우의 손해배상액은 인도할 날의 도착지의 가격에 의한다(상137①). 운송물이 일부 멸실 또는 훼손된 경우의 손해배상액은 인도한 날의 도착지의 가격에 의한다(상137②). 운송물의 멸실, 훼손 또는 연착이 운송인의 고의나 중대한 과실로 인한 때에는 운송인은 모든 손해를 배상하여야 한다(상137③). 운송물의 멸실 또는 훼손으로 인하여 지급을 요하지 아니하는 운임 기타 비용은 배상액에서 공제하여야 한다(상137④). 연착의 경우에는 비용의 공제가 인정되지 않는다. 판례도 화물의 일부가 멸실·훼손되고 화물을 인도한 날의 도착지의 시가를 알 수 없는 경우, 화물을 인도한 날의 도착지의 가격을 산정함에 있어서는 운송물의 멸실, 훼손으로 인하여 지급을 요하지 아니하는 운임 기타 비용을 공제하여야 하므로 그 화물의 대한민국 기준비용 및 운임 포함가격인 송장 기재 금액을 일응의 기준으로 손해배상액을 산정함이 타당하다고 판시하고 있다.[33] 또한 운송목적물의 멸실

---

33) 부산지법 1995.7.25. 94가합8870.

이 비록 강도로 인한 것이라고 하더라도 운송인의 피용자가 화물운송계약상의 의무이행을 지체하고 있던 중에 발생한 경우에는 운송인은 손해배상책임을 면하지 못한다.[34]

3) 고가물에 대한 특칙

화폐, 유가증권 기타의 고가물에 대하여는 송하인이 운송을 위탁할 때에 그 종류와 가액을 명시한 경우에 한하여 운송인이 손해를 배상할 책임이 있다(§136). 그러나 운송인이 고의로 고가물을 멸실 혹은 훼손시킨 경우 운송인은 책임을 면하지 못한다. 즉 고가물 불고지로 인한 면책규정은 일반적으로 운송인의 운송계약상의 채무불이행으로 인한 청구에만 적용되고 불법행위로 인한 손해배상청구에는 그 적용이 없다.[35] 운송물이 고가물이라는 점과 그 종류·가액을 송하인이 명시하지 않았다는 점은 운송인이 입증하여야 한다.

송하인이 고가물의 명시를 하지 아니하였으나 운송인이나 그 사용인이 우연히 고가물임을 안 경우에 ① 운송인은 면책된다고 하는 견해, ② 고가물로서의 주의를 게을리 한때에 고가물로서의 손해배상책임을 진다는 견해, ③ 보통물로서의 주의를 게을리 한 때에 한하여 고가물로서의 손해배상책임을 진다는 견해(다수설)로 나뉘어 있다.

4) 불법행위책임과의 관계

운송인 또는 그 이행보조자의 행위로 인하여 운송물의 멸실·훼손의 손해가 생긴 경우에는 운송계약상의 채무불이행이 되는 동시에 불법행위가 성립되는 경우에 (§750) 학설은 청구권경합설(통설·판례)과 법조경합설(소수설)로 나뉘어 있다.

청구권경합설은 채무불이행과 불법행위의 책임은 각각 그 요건과 효과를 달리하는 것이므로 이 두 가지를 이유로 하는 청구권이 모두 인정되며, 청구권자는 그중 어느 한쪽을 선택하여 행사할 수 있다는 학설이고, 법조경합설은 계약법은 특별법으로서 불법행위에 관한 규정의 적용을 배제하는 결과 불법행위의 성립을 인정하지 않고 채무불이행의 책임을 묻는다는 입장이다.

---

34) 대전지법강경지원 1988.3.23. 87가합104.
35) 大判 1991.8.23. 91다15409.

판례는 청구권경합설의 입장에서 운송계약상의 채무불이행책임이나 불법행위로 인한 손해배상책임은 병존하고, 운송계약상의 면책특약은 일반적으로 이를 불법행위책임에도 적용하기로 하는 명시적 또는 묵시적 합의가 없는 한 당연히 불법행위책임에 적용되지 않는다고 판시하고 있다.[36]

5) 면책약관

운송인의 책임에 관한 상법의 규정은 강행법규가 아니고 임의법규라고 볼 수 있으므로, 당사자 간의 특약으로 운송인의 책임을 감면할 수 있다.

6) 손해배상책임의 소멸

운송인의 손해배상책임도 변제 기타 일반적 채무소멸사유로 인하여 소멸한다. 그리고 일반적 소멸사유 외에 상법에 의한 특별한 소멸사유로 특별소멸원인과 단기소멸시효가 있다.

ⅰ) 특별소멸사유

운송인의 책임은 수하인 또는 화물상환증소지인이 유보 없이 운송물을 수령하고 운임 기타의 비용을 지급한 때에는 소멸한다. 그러나 운송물에 즉시 발견할 수 없는 훼손 또는 일부 멸실이 있는 경우에 운송물을 수령한 날로부터 2주간 내에 운송인에게 그 통지를 발송한 때에는 그러하지 아니한다 ($\frac{상146}{①}$). 그러나 운송인 또는 그 사용인이 악의인 경우에는 적용하지 아니한다 ($\frac{상146}{②}$). 운송인이나 그 사용인이 "악의라 함은 운송인이나 그 사용인이 운송물에 훼손 또는 일부 멸실이 있다는 것을 알면서 이를 수하인에게 알리지 않고 인도된 경우"를 가리킨다.[37]

ⅱ) 단기소멸시효

운송인이 운송물의 인도 후에 손해배상책임을 부담하는 경우에도 이 책임은 수하인 등이 운송물을 수령한 날, 전부멸실의 경우에는 그 운송물을 인도할 날로부터 1년을 경과하면 소멸시효가 완성한다($\frac{상147}{121 ①②}$). 이러한 운송인의 책임의 단기소멸시효도 운송인이나 그 사용인이 악의인 경우에는 적용되지

---

36) 大判 1999.7.13, 99다8711.
37) 大判 1987.6.23, 86다카2107.

않는다($\frac{\text{상}}{\text{③}}$ ¹²¹, ¹²¹). 여기에서 악의라고 함은 고의로 운송물을 멸실, 훼손 혹은 연착시키거나 고의로 이러한 사실을 은폐하는 것뿐만 아니라 운송물이 멸실·훼손되었거나 연착되었다는 사실을 단순히 인식하고 있는 것도 포함한다고 본다. 악의인 경우에는 일반상사시효인 5년의 적용을 받는다($\frac{\text{상}}{\text{④}}$).

2.3.5.2.3. 운송인의 권리

(1) 운송물인도청구권

운송계약은 낙성계약이므로 운송물의 인도가 계약의 성립요건은 아니나, 운송인이 계약을 이행하기 위해서는 송하인에게 운송물을 인도를 청구할 수 있어야 한다. 따라서 운송계약의 체결 후 운송인은 운송을 준비하고 운송의 실행을 위하여 송하인에게 운송물을 적당한 상태로 인도하여 줄 것을 청구할 수 있다.

(2) 화물명세서교부청구권

1) 화물명세서의 의의

화물명세서는 운송에 관한 중요사항을 기재하고 송하인이 발행하는 서면으로 운송인의 청구에 의하여 송하인이 교부하여야 한다($\frac{\text{상}}{\text{①}}$ ¹²⁶).

이러한 화물명세서는 운송계약성립 후에 운송인의 청구에 의하여 송하인이 작성하여 교부하는 서류로 계약서도 아니고, 유가증권도 아니며, 단순히 운송계약의 성립과 내용을 증명하기 위한 증거증권이다.

2) 기재사항

화물명세서에는 ① 운송물의 종류·중량 또는 용적, 포장의 종별, 개수와 기호, ② 도착지, ③ 수하인과 운송인의 성명 또는 상호·영업소 또는 주소, ④ 운임과 그 선급 또는 착급의 구별, ⑤ 화물명세서의 작성지와 작성연월일 등을 기재하고 송하인이 기명날인 또는 서명하여야 한다($\frac{\text{상}}{\text{②}}$ ¹²⁶). 운송장의 기재사항(126조2항)은 예시적 사항이므로 그중 일부를 기재하지 아니하거나 기타의 사항을 기재하여도 상관이 없다.

3) 부실기재의 책임

송하인이 화물명세서에 허위 또는 부정확한 기재를 한 때에는 운송인에 대하여 이로 인한 손해를 배상할 책임이 있다(상127①). 그러나 운송인이 악의인 경우에는 적용하지 아니한다(상127②). 운송인의 과실로 운송물에 손해가 난 경우에는 과실상계가 가능하다.

(3) 운임 및 기타 비용청구권

1) 운임청구권

운송계약에서 운임이 정하여지지 않은 경우에도 운송인은 상인으로서 당연히 상당한 운임청구권을 갖는다(상61). 운송물의 전부 또는 일부가 멸실된 경우에 운송인은 운임청구권을 갖는가에 대하여 상법 특칙을 두고 있다. 즉 운송물의 전부 또는 일부가 송하인의 책임 없는 사유로 인하여 멸실한 때에는 운송인은 그 운임을 청구하지 못한다. 운송인이 이미 그 운임의 전부 또는 일부를 받은 때에는 이를 반환하여야 한다(상134①). 다만 운송물의 전부 또는 일부가 그 성질이나 하자 또는 송하인의 과실로 인하여 멸실한 때에는 운송인은 운임의 전액을 청구할 수 있다(상134②). 또한 운송물이 송하인이나 화물상환증 소지인이 운송중지·운송물반환 등을 청구하여 처분권을 행사한 때에는 운송을 완료하지 않았다 하더라도 운송의 비율에 다른 비율운임을 청구할 수 있다(상139).

운임은 본래 운송계약자인 송하인이 지급하여야 하지만 운임이 지급되지 아니한 사실을 알고 운송물을 수령한 수하인 혹은 화물상환증소지인도 운임을 지급할 의무가 있다(상141). 즉 수하인은 운송물을 수령함으로써 운임에 관하여 송하인과 함께 연대채무자가 된다. 운임은 특약 또는 관습이 없는 한 상법이 인정하는 예외적인 경우를 제외하고는 운송을 완료함으로써 청구할 수 있는 것이고, 운송의 완료라 함은 운송물을 현실적으로 인도할 필요는 없으나 운송물을 인도할 수 있는 상태를 갖추면 충분하다.[38]

---

38) 大判 1993.3.12, 92다32906.

2) 비용상환청구권

운송인은 수하인에게 운송물을 인도한 대에는 운임 외에 운송에 관한 비용(예: 통관비용, 보험료 등)과 체당금을 청구할 수 있다(상법).

(4) 유치권

운송인에게는 민사유치권(민) 및 일반상사유치권(상) 이외에 운송주선인의 그것과 동일한 특별상사유치권이 인정된다(상법). 즉 운송인은 운임 기타 송하인을 위한 체당금 또는 선대금에 관한 채권에 관하여서만 그 운송물을 유치할 수 있다. 선대금이란 운송인이 운송과 관련하여 송하인을 위해 지출한 비용을 말한다. 운송인의 유치권에 관한 규정의 취지는, 운송실행에 의하여 생긴 운송인의 채권을 유치권 행사를 통해 확보하도록 하는 동시에 송하인과 수하인이 반드시 동일인은 아니므로 수하인이 수령할 운송물과 관계가 없는 운송물에 관하여 생긴 채권 기타 송하인에 대한 그 운송물과는 관계가 없는 채권을 담보하기 위하여 그 운송물이 유치됨으로써 수하인이 뜻밖의 손해를 입지 않도록 하기 위하여 피담보채권의 범위를 제한한 것이다.[39]

운송인은 운송 중인 바로 그 운송에 관하여 발생한 이러한 종류의 채권에 관하여서만 유치권이 있다. 즉 피담보채권과 운송물 사이에 관련성이 있어야 한다. 예를 들어 동일한 기회에 동일한 수하인에게 운송하여 줄 것을 의뢰받은 운송인이 운송물의 일부를 유치한 경우 운송물 전체에 대한 운임채권은 동일한 법률관계에서 발생한 채권으로서 유치의 목적물과 견련관계가 있다.[40]

(5) 운송물의 공탁 · 경매권

1) 공탁권

운송인은 수하인을 알 수 없는 경우 또는 수하인을 알 수는 있으나 수하인이 운송물의 수령을 거부하거나 수령할 수 없는 경우에 운송물을 공탁할 수 있다(상법). 운송인이 운송물을 공탁한 경우에는 지체 없이 수하인을 알

---

39) 大判 1993.3.12. 92다32906.
40) 大判 1993.3.12. 92다32906.

수 없는 때에는 송하인에게, 수하인이 수령을 거부하거나 수령할 수 없는 경우에는 수하인 또는 화물상환증권소지인에게 그 통지를 발송하여야 한다($\substack{\text{상 142 ③,} \\ \text{143 ①}}$).

수하인이란 송하인이 지정한 수하인은 물론 널리 운송물을 수령할 권한이 있는 자를 가리킨다고 할 것이므로 화물상환증소지인을 포함한다. 수하인을 알 수 없을 때라 함은 송하인이 수하인을 지정하였으나, 수하인을 특정할 수 없거나 소재가 불명한 때를 의미하고, 수령할 수 없을 때라 함은 수하인의 질병이나 여행 등 주관적 사정 또는 천재지변 등의 객관적 사정으로 장기간 수령이 불가능한 때를 의미한다.

2) 경매권

① 운송인은 수하인을 알 수 없는 경우에는, 송하인에 대하여 상당한 기간을 정하여 운송물의 처분에 대한 지시를 최고하였음에도 불구하고 송하인이 그 기간 내에 지시를 하지 않은 경우($\substack{\text{상 142} \\ \text{③}}$), ② 수하인을 알 수 있는데 그가 운송물의 수령을 거부하거나 수령할 수 없는 경우에는, 운송인이 먼저 수하인 또는 화물상환증소지인에 대하여 상당한 기간을 정하여 운송물의 수령을 최고하고 그 후 다시 송하인에게 상당한 기간을 정하여 운송물의 처분에 대한 지시를 최고하였음에도 불구하고 그 기간 내에 지시를 하지 않은 경우($\substack{\text{상 143} \\ \text{②}}$), ③ 송하인·화물상환증소지인 및 수하인을 모두 알 수 없는 경우에는, 운송인이 6월 이상의 기간을 정하여 공시최고를 하였음에도 불구하고 그 기간 내에 권리를 주장하는 자가 없는 경우($\substack{\text{상 144} \\ \text{①③}}$)에, 운송물을 경매할 수 있다. 매수인에 대하여 최고를 할 수 없거나 목적물이 멸실 또는 훼손될 염려가 있는 때에는 최고 없이 경매할 수 있다($\substack{\text{상 145,} \\ \text{67 ②}}$).

공시최고는 관보나 일간신문에 하여야 하는데, 2회 이상 하여야 한다($\substack{\text{상 144} \\ \text{②}}$). 이때 운송인이 운송물을 경매한 경우에도 지체 없이 공탁의 경우와 같이 송하인 또는 수하인에게 그 통지를 발송하여야 한다($\substack{\text{상 142 ③,} \\ \text{143 ①}}$). 운송인이 운송물을 경매한 경우에는 원칙적으로 그 대금에서 경매비용을 공제한 잔액을 공탁하여야 하는데, 예외적으로 그 대금의 전부나 일부를 운임·체당금·기타 비용에 충당할 수 있다($\substack{\text{상 145,} \\ \text{67 ③}}$).

(6) 운송인의 권리의 소멸

운송인의 송하인 또는 수하인에 대한 채권은 1년간 행사하지 아니하면 소멸시효가 완성한다($\frac{\text{상}147}{\text{①}}$).

2.3.5.2.4. 화물상환증

(1) 의의

화물상환증이란 운송인이 운송물을 수령하였음을 증명하고, 운송물이 목적지에 도착한 후에 정당한 소지인에게 인도할 의무를 표창하는 유가증권이다. 화물상환증은 유가증권으로서의 성질, 즉 요식증권성($\frac{\text{상}128}{\text{②}}$)·요인증권성($\frac{\text{상}128}{\text{①}}$)·상환증권성($\frac{\text{상}}{129}$)·지시증권성($\frac{\text{상}}{130}$)·문언증권성($\frac{\text{상}}{131}$)·처분증권성($\frac{\text{상}}{132}$)·인도증권성($\frac{\text{상}}{133}$)이 있으나 설권증권성은 없다.

1) 유가증권성

화물상환증은 유가증권으로, 기명식, 지시식, 선택무기명식으로 작성될 수 있지만, 법률상 당연한 지시증권성을 가지며, 배서에 의하여 양도할 수 있다($\frac{\text{상}}{130}$). 다만, 지시금지문구를 기재하여 기명식으로 작성하여, 지시증권성을 배제할 수도 있다. 어음법·수표법의 규정이 준용된다($\frac{\text{상}}{65}$).

2) 처분증권성

화물상환증이 작성된 경우에는 운송물에 관한 처분은 이 증권으로 하여야 한다($\frac{\text{상}}{132}$).

3) 상환증권성

화물상환증이 작성된 경우에는 이것과 상환하지 아니하면 운송물의 인도를 청구할 수 없다($\frac{\text{상}}{129}$). 물론, 운송인이 자기의 위험부담으로 화물상환증과 상환하지 아니하고 운송물을 인도하는 것도 가능한데, 보증도·공도가 그렇다.

4) 요식증권성

화물상환증은 요식증권이고 증권에 기재할 사항이 법정되어 있다(제126조 2항). 상법이 화물상환증의 기재사항을 정한 취지는 운송을 원활히 하기 위한 것이고, 그 기재로 운송물은 어떠한 것인가 운송계약의 내용은 무엇인가를 명확히 하기 위한 것이므로 법정기재사항이 기재되지 아니하였어도 그것이 본질적인 사항이 아닌 경우에는 그것이 흠결되었어도 본질적인 사항이 기재되어 있으면 유효하다고 해석하는 것이 통설이다. 따라서 엄격한 요식증권인 어음이나 수표와 같이 법정기재사항의 일부가 흠결되어 있는 경우에도 증권이 무효로 되지는 않는다고 할 것이다.

(2) 발행

운송인은 송하인의 청구에 의하여 화물상환증을 교부하여야 한다(상128①). 화물상환증의 기재사항으로는 ① 운송물의 종류, 중량 또는 용적, 포장의 종별, 개수와 기호 ② 도착지 ③ 수하인과 운송인의 성명 또는 상호, 영업소 또는 주소 ④ 송하인의 성명 또는 상호, 영업소 또는 주소 ⑤ 운임 기타 운송물에 관한 비용과 그 선급 또는 착급의 구별 ⑥ 화물상환증의 작성지와 작성연월일 등을 기재하여야 한다(상128②).

(3) 양도

화물상환증은 기명식인 경우에도 배서를 금지하는 뜻을 기재한 경우를 제외하고는 배서에 의하여 양도할 수 있다(상130). 이 배서에 의하여 권리가 이전되고 화물상환증 소지인이 정당한 소지인이라는 것을 나타내는 효력을 갖는다(권리이전적 효력 및 자격수여적 효력, 담보적 효력은 없음). 권리이전적 효력이란 배서에 의하여 어음상의 모든 권리가 피배서인에게 이전되는 효력을 말하고(어14①7①ㄴ, 수17①), 자격수여적 효력이란 어음소지인이 배서의 연속에 의하여 형식적 자격을 증명할 때에는 적법한 어음상의 권리자로 추정되는 효력을 말하며, 담보적 효력이란 배서에 의하여 원칙적으로 배서인이 피배서인 및 기타 자기의 후자 전원에 대하여 인수 또는 지급을 담보하는 효력을 말한다(어15①7①ㄴ, 수18①).

선하증권은 기명식으로 발행된 경우에도 법률상 당연한 지시증권으로서 배서에 의하여 이를 양도할 수 있지만, 배서를 금지하는 뜻이 기재된 경우에는 배서에 의해서는 양도할 수 없고, 그러한 경우에는 일반 지명채권양도의 방법에 의하여서만 이를 양도할 수 있다.[41] 지명채권 양도방법은 채권양도의 합의와 함께 채무자에 대한 통지 또는 그의 승낙이 있어야 채무자에게 채권양도의 유효성을 주장할 수 있고, 제3자에게 채권이 양도되었음을 주장하기 위해서는 확정일자 있는 증서에 의한 통지 혹은 승낙이 있어야 한다.

(4) 효력

1) 채권적 효력(문언증권성)

화물상환증을 작성한 경우에는 운송에 관한 사항은 운송인과 소지인 간에 있어서는 화물상환증에 기재된 바에 의한다($\frac{\text{상}}{131}$). 따라서 화물상환증소지인이 운송인에 대하여 운송계약상의 채무인 인도채무의 이행을 청구하고 운송인이 이를 이행하지 못하면 손해배상책임을 지는 효력을 화물상환증의 채권적 효력이라고 한다.

화물상환증의 채권적 효력과 관련하여 운송인이 운송물을 수령하지 않고 화물상환증을 발행하는 (空券의) 경우에 운송인에 대하여 어떤 책임을 질 것인가에 대하여 학설은 요인성을 중시하는 견해(불법행위설), 문언성을 중시하는 견해(채무불이행설), 절충적인 견해로 나뉜다.

요인성을 중요시하는 설에 의하면 공권의 경우에는 원인을 결한 것이 되어 그 증권은 무효이므로 운송인은 그 기재에 의한 이행의무가 없고, 다만 운송인이 공권을 발행한 데 대하여 고의 또는 과실에 의한 불법행위가 있는 경우에는 운송인은 증권소지인에 대하여 불법행위상의 손해배상책임을 부담한다. 문언성을 중요시하는 설에 의하면 공권의 경우에도 증권은 유효한데, 운송인은 인도할 운송물이 없으므로 운송물 멸실의 경우에 준하여 채무불이행에 의한 손해배상책임을 진다. 절충적인 견해에 의하면 공권의 경우에 증권의 무효를 인정하되, 개인의 소지인에 대하여 운송인은 그 무효를 주장할

---

41) 大判 2001.3.27, 99다17.

수 없다는 금반언의 원칙을 적용하는 견해로 운송물상 위의 경우에도 원인계약상의 채무가 금반언의 원칙에 의해 보완된다고 한다. 따라서 절충설에 의하면 공권은 작성단계에서는 운송인과 송하인 사이에서는 무효이지만, 화물상환증이 유통어 소지인인 선의의 제3자에게는 유효하다.

2) 물권적 효력

화물상환증의 물권적 효력이란 화물상환증에 의하여 운송물을 받을 수 있는 자에게 화물상환증을 교부한 때에는 운송물 위에 행사하는 권리의 취득에 관하여 운송물을 인도한 것과 동일한 효력이 있는 것을 말한다($\frac{^{\text{상}}}{133}$). 화물상환증의 물권적 효력이 발생하기 위하여는 ① 운송인이 운송물을 인도받았어야 하고(운송물의 수령) ② 운송물이 존재하여야 하며(운송물의 실재) ③ 화물상환증에 의하여 운송물을 받을 수 있는 자에게 이 증권이 교부되어야 한다(정당한 수령권자에 대한 증권의 교부). 따라서 운송물을 수령하지 않은 경우(공권), 운송물이 멸실된 경우 등에는 물권적 효력이 인정되지 아니한다. 물권적 효력은 운송물이 실물로 존재하고 그것이 운송인의 점유 하에 있으면 인정되므로 운송인의 운송물에 대한 간접점유상태에서도 인정된다. 운송물을 받을 수 있는 화물상환증의 정당한 소지인에 대해 물권적 효력이 인정된다. 따라서 배서연속에 의해 화물상환증을 취득한 자·선의취득자·포괄승계인등에게는 물권적 효력이 인정되지만, 증권의 단순한 점유자에게는 물권적 효력이 인정되지 않는다. 운송물 자체를 제3자가 선의취득한 경우에는 물권적 효력이 생기지 않고, 선의 취득자가 우선한다.

화물상환증의 인도가 물권적 효력을 갖는 것에 대한 이론구성에 관하여는 ① 절대설 ② 상대설 ③ 엄정상대설 ④ 대표설 ⑤ 유가증권적 효력설(절충설) 등이 있다. 절대설은 운송인에 의한 운송물의 점유와는 관계없이 화물상환증의 인도가 운송물의 점유를 이전한 것이 된다고 하는 설이다. 상대설은 운송물의 직접점유는 운송인이 하고 운송물의 간접점유만이 증권의 인도에 의하여 이전된다고 하는 설로 엄정상대설과 대표설로 나뉜다. 엄정상대설은 증권의 인도 이외에 민법상의 간접점유 이전의 방법을 요한다는 설이다. 즉 운송인에 대한 운송물 반환청구권의 양도절차를 필요로 한다는 것이다($\frac{민}{190}$). 대표설은 증권이 운송물을 대표하는 것이므로 운송인이 운송물을 넓은 의미에서 점유하는 동안은 증권의 인도만으로 운송물의 간접점유의 효과가 생긴다고 하는 설이다. 절충설(유가증권적 효력설)에 의하면 상법 제133조는 민법 제190조의 의미에서의 단순한 목적물반환청구권의 양도는 아니고, 그와는 달리 화물상환증에 표창된 운송물반환청구권을 유가증권법적으로 양도하는 특별한 방식을 규정한 것이며, 증권의 교부를 운송물의 인도로 보는 인도의 대용물을 규정하고 있다고 하는 입장이다.

화물상환증을 작성한 경우에는 운송물에 관한 처분은 화물상환증으로써 하여야 한다($\frac{상}{132}$).

2.3.5.2.5. 수하인

(1) 의의

수하인이란 운송계약에 의해 도착지에서 운송물을 수령할 자로 지정된 자를 말한다.

(2) 성질

운송계약상 수하인이 어떤 법적 지위에 있는지에 관하여 송하인의 대리인으로 보려는 대리인설, 송하인을 위한 사무관리인으로 보려는 사무관리설, 송하인이 권리를 양수한 양수인으로 보려는 권리이전설, 수하인을 제3자를 위한 계약의 수익자로 보는 제3자를 위한 계약설, 수하인을 상법에 의해 부여된 특별한 지위를 갖는 사람이라고 파악하는 특별규정설(다수설)로 나뉘어 있다.

(3) 권리

수하인은 운송계약의 당사자가 아니지만 운송계약에 의해 일정한 권리를 취득한다. 수하인은 도착지에서 자기명의로 운송인으로부터 운송물을 인도받을 자인데, 송하인에 의하여 지정되고($\frac{상 126}{②,③}$) 또 운송 중 변경될 수 있다($\frac{상 139}{①}$). 다만,

화물상환증이 발행된 경우에는 그 소지인이 송하인과 동일한 권리를 가지고, 수하인으로서의 지위도 가지므로 복잡한 문제가 생기지 아니한다.

화물상환증이 발행되지 아니한 경우 수하인은 운송의 진행에 따라 다음과 같이 권리 · 의무가 있다.

1) 운송물이 도착지에 아직 도착하지 아니한 시점

운송물이 도착지에 도착하기 전에는 수하인은 운송물에 관해 운송계약상 아무런 권리가 없다(통설). 운송물이 도착지에 도착할 때까지는 송하인만이 권리가 있고 따라서 송하인만이 운송인에 대해 운송의 중지, 운송물의 반환 기타의 처분을 청구할 수 있다($\frac{상 139}{①}$).

2) 운송물이 도착지에 도착한 시점

운송물이 도착지에 도착한 때에는 수하인은 송하인과 동일한 권리를 취득한다($\frac{상 140}{①}$). 다만 송하인이 가지는 권리 · 의무는 소멸하지 아니하며, 여전히 처분권을 가지고 있으므로 송하인과 수하인 사이에는 송하인의 권리가 우선한다. 따라서 송하인이 운송물에 대하여 지시를 하면, 수하인은 운송물에 대하여 인도를 청구할 수 없게 된다.

3) 운송물의 도착과 수하인이 인도청구를 한 시점

운송물이 도착지에 도착한 후 수하인이 그 인도를 청구한 때에는 수하인의 권리가 송하인의 권리에 우선한다($\frac{상 140}{②}$).

4) 수하인이 운송물을 수령한 시점

수하인이 운송물을 수령한 때에는 운송인에 대하여 운임 기타 운송에 관한 비용과 체당금을 지급할 의무를 부담한다($\frac{상}{141}$).

(4) 의무

일정한 경우 수하인도 의무를 진다. 수하인은 운송계약의 당사자가 아니므로 운송물을 수령하기 전까지는 전혀 운송계약상 채무를 지지 않는다. 그러나 수하인이 운송물을 수령한 때에는 운송인에 대하여 운임 기타 운송에 관한 비용과 체당금을 지급할 의무를 부담하게 되는데($^{상}_{141}$), 송하인과 수하인의 운임과 비용의 지급의무는 부진정연대채무이다.

2.3.5.2.6. 순차운송

(1) 순차운송의 의의

동일운송물에 관하여 수인의 운송인이 순차로 운송을 하는 것을 순차운송이라 하는데, 이러한 순차운송에는 광의의 순차운송과 협의의 순차운송이 있다. 광의의 순차운송이란 ① 부분운송 ② 하수운송 ③ 동일운송 및 ④ 공동운송(연대운송)이 있다.

부분운송은 수인의 운송인이 각자 독립하여 각 특정구간의 운송을 인수하는 것이다. 이 경우에는 각 운송구간마다 별개의 운송계약이 체결되고, 각 운송인 사이에 아무런 관계가 없으며, 각 운송인은 자기가 맡은 구간의 운송에 대해서만 송하인에게 책임을 진다.

하수운송은 제1의 운송인이 전구간의 운송을 인수하고 그 일부 또는 전부를 제2의 운송인에게 운송시키는 것인데, 이때 제2의 운송인과의 운송계약은 제1의 운송인의 명의와 그의 계산으로 체결된다. 따라서 제2 이하의 운송인은 제1의 운송인의 이행보조자에 불과하고, 송하인과 사이에 아무런 법률관계가 없다.

동일운송은 수인의 운송인이 공동하여 전구간의 운송을 인수하는 계약을 송하인과 체결하고, 내부관계로서 담당구간을 정하는 것이다. 수인의 운송인이 하나의 공동행위로 운송을 인수한 것이므로 전 구간의 운송에 대하여 수인이 연대책임을 진다.

공동운송(연대운송)은 수인의 운송인이 서로 운송상의 연결관계를 가지고 있을 때 송하인은 최초의 운송인에게 운송을 위탁함으로써 다른 운송인을 동시에 이용할 수 있는 것인데, 이때 제1의 운송인은 제2의 운송인 등과 자기명의로 송하인의 계산으로 운송계약을 체결하는 포괄적인 개념이다. 즉 제1의 운송인이 전구간의 운송을 인수하지만, 그중 일부구간에 대해서만 운송을 하고 나머지 구간에 대해서는 자기의 명의로 송하인의 계산으로 제2이하 운송인에게 위임하는 것이다. 이 공동운송만을 협의의 순차운송이라고도 한다.

(2) 순차운송인의 책임

수인이 순차로 운송할 경우에는 각 운송인은 운송물의 멸실, 훼손 또는 연착으로 인한 손해를 연대하여 배상할 책임이 있다($^{상\,138}_{①}$). 운송인 중 1인이 손해를 배상한 때에는 그 손해의 원인이 된 행위를 한 운송인에 대하여 구상권이 있다 ($^{상\,138}_{②}$). 손해의 원인이 된 행위를 한 운송인을 알 수 없는 때에는 각 운송인은 그 운임액의 비율로 손해를 분담한다. 그러나 그 손해가 자기의 운송구간 내에서 발생하지 아니하였음을 증명한 때에는 손해분담의 책임이 없다($^{상\,138}_{③}$).

상법상 순차운송인은 공동운송에 있어서의 운송인을 말한다(통설). 하수운송, 동일운송, 부분운송의 경우 그 운송구조 자체에 의해 책임관계가 명백하기 때문에 민법 일반원리에 따라 책임의 소재 및 손실의 분담을 정하고, 책임관계가 분명하지 아니한 순차운송 즉 공동운송의 경우에만 상법에 의해 권리·의무가 규율된다.

(3) 순차운송인의 대위

수인이 순차로 운송을 하는 경우에 뒤의 운송인은 앞의 운송인에 갈음하여 그 권리를 행사할 의무가 있으며, 만일 뒤의 운송인이 앞의 운송인에게 변제한 때에는 앞의 운송인의 권리를 취득한다($^{상\,147}_{117}$). 즉 후자는 전자의 송하인 혹은 수하인에 대한 운임청구권을 행사하여야 하고, 필요하다면 이러한 권리의 행사에 필요한 유치권도 행사하여야 한다. 이러한 순차운송인의 대위가 인정되는 순차운송인의 범위에 대하여 광의의 순차운송, 즉 하수운송, 동일운송, 부분운송, 공동운송 모두에 인정된다고 보는 견해(다수설)와 공동운송에만 인정된다고 보는 견해(소수설)로 나뉘어 있다.

2.3.5.2.7. 복합운송인

(1) 의의

출발지에서 도착지까지 총 운송이 2개 이상의 구간으로 구분되고 각 구간에서 다른 운송용구에 의해 운송이 이루어지는 운송을 통운송이라고 하고, 통운송 중에서 운송구간이 육상운송·해상운송·항공운송 등 운송의 종류가 다른 수개의 구간으로 구성된 운송을 복합운송이라고 한다. 복합운송을 영업적으로 인수하는 사람이 복합운송인이다.

(2) 책임

복합운송에 관한 입법주의도 구분책임주의와 통일책임주의가 있다. 구분책임주의는 운송구간에 따라 그 종류의 운송에 적용될 법규를 중심으로 책임의 존부와 손해의 범위를 정하는 입법주의이고, 통일책임주의는 전 구간의 운송에 대해 일괄하여 책임의 발생과 손해의 범위에 관한 하나의 법규를 마련하는 입법주의이다.

복합운송에 관한 국제적 통일협약으로는 국제상공회의소가 주관이 되어 성안된 1975년 복합운송증권통일규칙과, 국제연합이 주관이 되어 체결된 1980년 국제복합물건운송조약이 있다. 1975년 복합운송증권통일규칙은 구분책임주의를, 1980년 국제복합물건운송조약은 통일책임주의를 각각 원칙으로 채택하였다. 상법상 복합운송인의 책임에 관한 규정은 없다.

2.3.5.3. 여객운송

2.3.5.3.1. 여객운송계약의 의의

여객운송계약은 일정한 지점에서 다른 지점으로 자연인(여객)의 이동을 목적으로 하는 계약이다.

(1) 계약의 당사자

여객운송계약은 통상 여객과 운송인 간에 계약이 이루어지나 타인을 운송의 객체로 하여 여객 아닌 자가 운송계약을 체결하는 것도 가능하다.

(2) 계약의 성질

여객운송계약은 여객의 청약과 운송인의 승낙에 의하여 성립하며, 물건운송계약과 마찬가지로 도급계약이다.

(3) 승차권의 성질

계약체결의 방식은 자유이지만, 통상 승차권이 이용된다. 그러나 승차권의 발행은 계약성립의 요건이 아니다. 승차권은 여객운송인이 여객운송의 편의를 도모하기 위하여 여객에게 발행하는 증권으로 유가증권으로 보는 것이 통설의 입장이다.

2.3.5.3.2 여객운송인의 권리

(1) 운임청구권

여객운송인은 특별한 약정이 없더라도 보수청구권을 가진다. 운임의 청구시기는 운송계약이 도급계약이므로 운송이 완료되어야 보수를 청구할 수 있을 것이나, 실제로는 상관습상 승차권 구입 시 또는 승차 후 운송 종료 전에 승차권과 상환으로 운임을 지급하는 것이 보통이다. 운송인의 운임청구권은 원칙적으로 운송완료 후이므로 운송이 중도에 종료된 때에는 원칙상 운임을 청구하지 못한다.

(2) 유치권

수하물을 인도받은 경우(탁송수하물), 여객운송인은 그 수하물의 운임과 여객의 운임에 관하여 유치권을 행사할 수 있다.

2.3.5.3.3 여객운송인의 손해배상책임

(1) 여객이 입은 손해에 대한 책임

운송인은 자기 또는 사용인이 운송에 관한 주의를 해태하지 아니하였음을 증명하지 아니하면(과실책임주의) 여객이 운송으로 인하여 받은 손해를 배상할 책임을 면하지 못한다($\frac{상\,148}{①}$). 여객운송인은 자기와 사용인의 무과실을 입증하지 않는 한 책임을 면하지 못한다.

여객이 운송으로 인하여 받은 손해란 여객의 사상으로 인한 손해로서 재산적 손해와 정신적 손해를 포함하며, 재산적 손해는 장래의 일실이익도 포함한다. 여객운송인은 여객의 생명·신체에 받은 손상으로 인한 재산상의 손해와 피복의 손상과 연착에 대한 손해, 상실된 장래의 기대이익(일실이익)도 배상하여야 한다. 또한 여객의 정신적 손해(위자료)도 배상하여야 하나, 여객운송계약의 당사자가 아닌 여객의 가족 등이 입은 정신적 손해는 배상액의 범위에 포함되지 않는다(판례). 그러므로 여객의 가족 등이 입은 정신적 손해에 대한 위자료 청구를 하려면 불법행위 법리에 의할 수밖에 없다($\frac{민\,751}{①}$).

여객운송인이 운송으로 인하여 사망한 여객이 입은 일실수익의 손해액을 산정함에 있어서는 사망 당시의 수익을 기준으로 함이 원칙이고 사망 당시 직업이 없었다면 일반노동임금을 기준으로 할 수밖에 없으나, 사망 이전에 장차 일정한 직업에 종사하여 그에 상응한 수익을 얻게 될 것이라고 확실하게 예측할 만한 객관적 사정이 있을 때에는 장차 얻게 될 수익을 기준으로 그 손해액을 산정할 수 있다.[42] 손해배상의 액을 정함에는 법원은 피해자와 그 가족의 정상을 참작하여야 한다($\frac{상\,148}{②}$).

---

42) 大判 1982.7.13, 82다카278.

여객운송계약의 손해배상책임은 물건운송인의 책임이 획일적이고 또 정액배상책임인 점에 비해서 개별적이고 특별손해에 대하여도 그 배상책임을 부담하는 점에서 구별된다.

(2) 여객의 수하물에 대한 책임

1) 탁송수하물

운송인은 여객으로부터 인도를 받은 수하물에 관하여는 운임을 받지 아니한 경우에도 물건운송인과 동일한 책임이 있다($\frac{상\,149}{①}$).

수하물이 도착지에 도착한 날로부터 10일 내에 여객이 그 인도를 청구하지 아니한 때에는 매매에서와 같이 목적물을 공탁하거나 일정한 경우에는 경매를 할 수 있고, 이를 통지하여야 한다. 그러나 주소 또는 거소를 알지 못하는 여객에 대하여는 최고와 통지를 요하지 아니한다($\frac{상\,149}{②,\,67}$).

2) 휴대수하물

운송인은 여객으로부터 인도를 받지 아니한 수하물의 멸실 또는 훼손에 대하여는 자기 또는 사용인의 과실이 없으면 손해를 배상할 책임이 없다($\frac{상}{150}$). 과실의 입증책임은 여객에게 있다.

(3) 손해배상책임의 소멸

여객운송인의 여객 자신에 관한 손해배상책임의 시효에 대해 물건운송인의 경우와는 달리 특별규정이 없으므로 일반상사시효와 같이 그 시효기간이 5년이다($\frac{상}{64}$).

▶ 2.3.6. 공중접객업

2.3.6.1. 공중접객업자의 의의

공중접객업자란 극장, 여관, 음식점 기타 객의 집래를 위한 시설에 의한 거래를 영업으로 하는 자를 말한다($\frac{상}{151}$). 이 규정은 예시적 규정이므로 극장, 여관, 음식점 이외에도 목욕탕, 이발소, 미용실 등이 다양하다. 위 거래를 영업으로 하는 공중접객업자는 당연상인이 되며, 그 시설의 소유자가 아니라 당연상인이 되는 것은 아니다.

2.3.6.2. 공중접객업자의 책임

2.3.6.2.1. 수치한 물건에 대한 책임

(1) 책임의 요건

공중접객업자는 객으로부터 임치를 받은 물건의 멸실 또는 훼손에 대하여 불가항력으로 인함을 증명하지 아니하면 그 손해를 배상할 책임을 면하지 못한다($\frac{상152}{①}$). 공중업자는 물건을 수령하였다는 사실만으로도 그 수령한 물건에 관하여 생긴 손해에 대하여 법률상 당연히 배상책임을 지도록 하여 물건운송인, 운송주선인 등의 책임보다 책임을 가중하고 있다. 임치가 성립하려면 우선 공중접객업자와 객 사이에 공중접객업자가 자기의 지배영역 내에서 목적물보관의 채무를 부담하기로 하는 명시적 또는 묵시적 합의가 있음을 필요로 한다.[43]

---

43) 大判 1992.2.11. 91다21800.

여관 부설주차장에 시정장치가 된 출입문이 설치되어 있거나 출입을 통제하는 관리인이 배치되어 있거나 기타 여관 측에서 그 주차장에의 출입과 주차사실을 통제하거나 확인할 수 있는 조치가 되어 있다면, 그러한 주차장에 여관 투숙객이 주차한 차량에 관하여는 명시적인 위탁의 의사표시가 없어도 여관업자와 투숙객 사이에 임치의 합의가 있는 것으로 볼 수 있으나, 위와 같은 주차장 출입과 주차사실을 통제하거나 확인하는 시설이나 조치가 되어 있지 않은 채 단지 주차의 장소만을 제공하는 데에 불과하여 그 주차장 출입과 주차사실을 여관 측에서 통제하거나 확인하지 않고 있는 상황이라면, 부설주차장 관리자로서의 주의의무 위배 여부는 별론으로 하고 그러한 주차장에 주차한 것만으로 여관업자와 투숙객 사이에 임치의 합의가 있는 것으로 볼 수 없고, 투숙객이 여관 측에 주차사실을 고지하거나 차량열쇠를 맡겨 차량의 보관을 위탁한 경우에만 임치의 성립을 인정할 수 있다.[44]

(2) 불가항력

공중접객업자는 임치받은 물건의 멸실 또는 훼손이 불가항력으로 인한 것임을 증명하면 면책되는데, 불가항력의 개념에 관하여는 주관설·객관설 및 절충설(통설)로 나뉘어 있다. 주관설은 사업의 성질에 따라 최대의 주의를 하더라도 피할 수 없는 위해가 불가항력이라고 설명하는 학설이며, 객관설은 발생을 예측할 수 없는 위해가 불가항력이라고 설명하며, 절충설은 특수사업의 외부에서 발생한 사건으로서 보통 필요하다고 인정되는 주의를 다하더라도 이것을 방지할 수 없는 위해를 불가항력이라고 설명한다.

(3) 면책의 특약

공중접객업자의 책임은 당사자 간의 특약에 의하여 감면할 수 있으나 공중접객업자의 일방적 면책고시만으로는 책임을 면할 수 없다고 할 것이다(상152③).

---

44) 大判 1992.2.11. 91다21800.

2.3.6.2.2. 수치하지 않은 물건에 대한 책임

공중접객업자는 객으로부터 임치를 받지 아니한 경우에도 그 시설 내에 휴대한 물건이 자기 또는 그 사용인의 과실로 인하여 멸실 또는 훼손된 때에는 그 손해를 배상할 책임이 있다(상152②). 과실은 선량한 관리자의 주의의무를 다하지 못한 것이며 과실의 입증책임은 객에게 있다. 객의 휴대물에 대하여 책임이 없음을 게시한 때에도 공중접객업자는 책임을 면하지 못한다(상152③).

2.3.6.2.3. 고가물에 대한 책임

화폐, 유가증권 기타의 고가물에 대하여는 객이 그 종류와 가액을 명시하여 임치하지 아니하면 공중접객업자는 그 물건의 멸실 또는 훼손으로 인한 손해를 배상할 책임이 없다(상153). 공중접객업자 또는 그 사용인이 우연히 고가물을 안 경우에는 보통물로서의 주의의무를 게을리 한 경우에 한하여 고가물의 손해배상책임을 진다 할 것이다. 공중접객업자 또는 그 사용인이 고의로 물건을 멸실 또는 훼손시킨 경우에 고가물에 대한 명시가 없더라도 공중접객업자는 고가물로서의 일체의 손해배상책임을 진다고 보는 견해가 있다.

2.3.6.2.4. 책임의 소멸시효

공중접객업자의 책임은 공중접객업자가 임치물을 반환하거나 객이 휴대물을 가져간 후 6월을 경과하면 소멸시효가 완성한다(상154①). 이 기간은 물건이 전부 멸실한 경우에는 객이 그 시설을 퇴거한 날로부터 기산한다(상154②). 그러나 공중접객업자나 그 사용인이 악의인 경우에는 적용하지 아니한다(상154③). 따라서 악의인 경우에는 상사시효인 5년의 소멸시효에 걸린다.

2.3.6.2.5. 책임에 관한 몇 가지 문제

공중접객업인 숙박업은 일종의 일시사용을 위한 임대차계약이기는 하지만 단순히 여관의 객실 및 관련시설을 제공하여 고객으로 하여금 이를 사용수익하게 할 의무를 부담하는 것에서 한 걸음 더 나아가 고객에게 위험이 없는 안전하고 편안한 객실 및 관련시설을 제공함으로써 고객의 안전을 배려하여야 할 보호의무를 부담한다. 이러한 의무는 숙박계약의 특수성을 고려하여 신의칙상 인정되는 부수적인 의무로서 숙박업자가 이를 위반하여 고객의 생명, 신체를 침해하여 손해를 입힌 경우 불완전이행으로 인한 채무불이행책임을 부담한다.[45]

건물이 화재로 인하여 수선가능한 정도로 손괴되어 건물의 통상용법에 따른 사용이 불가능하게 되었다면 수선에 소요되는 상당한 기간 중 이를 사용하지 못함으로 인한 손해는 손괴로 인한 통상의 손해라 할 것이고, 또 이와 같은 손괴에 대하여 사회통념상 곧바로 수선에 착수할 수 없는 특별한 사정이 있는 경우에는 수선의 착수가 가능한 시점까지 이를 사용을 하지 못함으로 인한 손해 역시 통상의 손해라 할 것이다.[46]

2.3.6.2.6. 불법행위책임과의 관계

공중접객업자나 그 사용인이 객으로부터 임치를 받거나 받지 아니한 물건을 고의 또는 과실로 멸실 또는 훼손시킨 경우에는 위 공중접객업자의 손해배상책임 외에도 불법행위로 인한 손해배상책임도 성립한다(청구권경합설).

---

45) 大判 1994.1.28. 93다43590.
46) 大判 2000.11.24. 2000다38718, 38725.

2.3.7.1. 창고업자의 의의

창고업자란 타인을 위하여 창고에 물건을 보관함을 영업으로 하는 자를 말한다(상$_{155}$). 창고란 물건의 보관에 이용 또는 제공되는 설비를 말하며, 반드시 지붕이 있어야 하는 것은 아니다. 물건은 동산에 한하고 보관은 목적물의 소유권 또는 처분권을 취득하지 않고 하는 보관을 의미한다.

2.3.7.2. 창고업자의 의무 · 책임

2.3.7.2.1. 보관의무

창고업자는 선량한 관리자의 주의로써 임치물을 보관하여야 한다(상$_{62}$). 창고업자의 선관의무는 임치계약이 유상이든 무상이든 불문한다. 주의의무의 내용은 임치물의 멸실 · 훼손을 방지하는 것이다.

당사자가 임치기간을 정하지 아니한 때에는 창고업자는 임치물을 받은 날로부터 6월을 경과한 후에는 언제든지 이를 반환할 수 있다(상$_{163①}$). 임치물을 반환함에는 2주간 전에 예고하여야 한다(상$_{163②}$). 다만 부득이한 사유가 있는 경우에는 창고업자는 언제든지 임치물을 반환할 수 있다(상$_{164}$). 부득이한 사유란 임치물이 부패하거나 임치인이 보관료를 지급하지 않거나 보관이 법령에 위반하는 경우 등을 말한다. 반면에 임치인은 언제든지 계약을 해지할 수 있다(민$_{698}$).

2.3.7.2.2. 창고증권교부의무

창고업자는 임치인의 청구에 의하여 창고증권을 발행하여 교부하여야 한다($\frac{상}{①}$ 156).

2.3.7.2.3. 임치인의 검사·견품적취·보호처분에 따를 의무

임치인 또는 창고증권소지인은 영업시간 내에 언제든지 창고업자에 대하여 임치물의 검사 또는 견품의 적취를 요구하거나 그 보존에 필요한 처분을 할 수 있다($\frac{상}{161}$). 임치물의 검사란 임치물의 존부, 품질, 수량 등을 점검하는 것을 말하고, 견품의 적취란 임치물로부터 견품을 빼어 내는 것을 말하며, 보존에 필요한 처분이란 임치물을 멸실이나 훼손으로부터 방지하는 소극적 처분을 의미하지 가공이나 수선 등의 적극적 처분을 의미하는 것은 아니다.

2.3.7.2.4. 임치물의 반환의무

창고업자는 임치인의 청구가 있을 때에는 보관기간의 약정의 유무를 불문하고 임치물을 반환할 의무를 부담한다($\frac{상 163·164,}{민 698·699}$). 창고증권이 발행된 경우에는 그 소지인의 청구에 대하여서만 임치물을 반환할 의무를 부담한다($\frac{상 157,}{129}$).

2.3.7.2.5. 임치물의 훼손·하자 등의 통지의무

창고업자가 임치물을 받은 후 그 물건의 훼손 또는 하자를 발견하거나 그 물건이 부패할 염려가 있는 때 또는 가격저락의 상황을 안 때에는 지체 없이 임치인에게 그 통지를 발송하여야 한다. 만일 이 경우에 임치인의 지시를 받을 수 없거나 그 지시가 지연되는 때에는 창고업자는 임치인의 이익을 위하여 적당한 처분을 할 수 있다($\frac{상 168,}{108}$). 위탁매매의 경우와는 달리 임치물의 가격하락의 상황을 안 때에는 임치인에게 통지할 의무가 없다고 보는 견해도 있다(다수설). 창고업자는 임치물의 보관에 주의의무를 하는 것이지 임치물의 시장동향까지 파악하여야 하는 것은 아니므로 원칙적으로 통지의무가 없다고 할 것이다.

2.3.7.2.6. 손해배상책임

(1) 책임발생원인

창고업자는 자기 또는 사용인이 임치물의 보관에 관하여 주의를 해태하지 아니하였음을 증명하지 아니하면 임치물의 멸실 또는 훼손에 대하여 손해를 배상할 책임을 면하지 못한다($\frac{\text{상}}{160}$). 이 창고업자의 책임은 과실책임에 근거하고 있으며 임치물의 멸실·훼손에 관하여는 창고업자의 통제 영역에 있다고 할 것이므로 그 책임에서 벗어나고자 하는 창고업자가 과실 없음을 증명하도록 하고 있다. 여기서의 멸실은 물리적 멸실뿐만 아니라 수치인이 임치물을 권한 없는 자에게 무단 출고함으로써 임치인에게 이를 반환할 수 없게 된 경우를 포함한다.[47]

손해배상청구권자는 임치인 또는 창고증권소지인이며, 손해배상액에 대해서는 상법에 특칙이 없으므로 민법의 일반원칙에 의거 상당인과관계에 있는 모든 손해를 배상하여야 할 것이다.

(2) 책임의 소멸

1) 특별소멸원인

창고업자의 책임은 임치인 또는 창고증권 소지인이 유보하지 않고 임치물을 수령하고 또 보관료 기타의 비용을 지급하였을 때에 소멸한다. 그러나 ① 임치물에 즉시 발견할 수 없는 훼손 또는 일부 멸실이 있는 경우로서 임치인 또는 증권소지인이 수령한 날로부터 2주간 내에 창고업자에게 그 통지를 발송한 때 또는 ② 창고업자 또는 그 사용인이 악의인 때에는 소멸하

---

47) 大判 1981.12.22. 80다1609.

지 않는다($\substack{상 168 \\ 146}$). '악의인 경우'라 함은 운송인이나 그 사용인이 운송물에 훼손 또는 일부 멸실이 있다는 것을 알면서 이를 수하인에게 알리지 않고 인도된 경우를 가리킨다.[48]

2) 단기소멸시효

임치물의 멸실 또는 훼손으로 인하여 생긴 창고업자의 책임은 그 물건을 출고한 날로부터 1년이 경과하면 소멸시효가 완성한다($\substack{상 166 \\ ①}$). 멸실(滅失)은 물리적 멸실뿐만 아니라 수치인이 임치물을 권한 없는 자에게 무단 출고함으로써 임치인에게 이를 반환할 수 없게 된 경우를 포함한다.[49]

이 기간은 임치물이 전부 멸실한 경우에는 임치인과 알고 있는 창고증권 소지인에게 그 멸실의 통지를 발송한 날로부터 기산한다($\substack{상 166 \\ ②}$). 그러나 창고업자 또는 그 사용인이 악의인 경우에는 적용하지 아니한다($\substack{상 166 \\ ③}$). 따라서 일반 상사시효인 5년에 의하여 소멸한다($\substack{상 \\ 64}$).

2.3.7.3. 창고업자의 권리

2.3.7.3.1. 임치물인도청구권

창고임치계약이 성립하면 창고업자는 임치인에 대하여 임치물의 인도를 청구할 수 있는 권리를 갖는다.

2.3.7.3.2. 보관료 및 비용상환청구권

창고업자는 임치물을 출고할 때가 아니면 보관료 기타의 비용과 체당금의 지급을 청구하지 못한다. 그러나 보관기간 경과 후에는 출고전이라도 이를 청구할 수 있다($\substack{상 162 \\ ①}$). 임치물의 일부출고의 경우에는 창고업자는 그 비율에 따른 보

---

48) 大判 1987.6.23. 86다카2107.
49) 大判 1981.12.22. 80다1609.

관료 기타의 비용과 체당금의 지급을 청구할 수 있다($\frac{상}{②}$162).

2.3.7.3.3. 유치권

창고업자는 특별상사유치권이 인정되지 않으므로 임치물에 대하여 민사유치권($\frac{민}{320}$)과 임치인이 상인인 경우에는 일반상사유치권($\frac{상}{58}$)을 행사할 수 있다. 그러나 창고업자에게만 인정되는 특별상사유치권은 인정되지 않는다.

2.3.7.3.4. 공탁 및 경매권

창고업자는 임치인 또는 창고증권소지인이 임치물의 수령을 거절하거나 또는 이것을 수령할 수 없을 때에는 임치물의 공탁 및 경매를 할 권리를 가진다($\frac{상}{67}$165.).

2.3.7.3.5. 손해배상청구권

창고업자는 임치물의 성질 또는 하자로 인하여 입은 손해의 배상을 임치인에게 청구할 수 있는데, 창고업자가 이를 안 때에는 청구할 수 없다($\frac{민}{697}$).

2.3.7.3.6. 채권의 단기시효

창고업자의 임치인 또는 창고증권소지인에 대한 채권은 그 물건을 출고한 날로부터 1년간 행사하지 아니하면 소멸시효가 완성한다($\frac{상}{167}$).

2.3.7.4. 창고증권

2.3.7.4.1. 의의

창고증권이란 창고증권소지인이 창고업자에 대해 임치물반환청구권을 표창하는 유가증권이다. 이러한 창고증권은 상법상 임치인의 청구에 의하여 창고업자가 발행한다($\overset{상 156}{①}$). 이 창고증권은 임치물이 창고에 보관되어 있는 동안에 이를 제3자에게 양도하거나 입질하는 데 이용된다.

2.3.7.4.2. 입법주의

창고증권에 관한 입법주의로 단권주의, 복권주의, 병용주의가 있다. 단권주의는 한 장의 창고증권에 의하여 임치물의 입질 또는 양도 등의 처분을 할 수 있게 하는 입법주의이고, 복권주의란 창고업자에게 운송물의 양도를 위한 예증권(預證券)과 담보의 편의를 위한 입질증권의 두 장의 증권을 한 조로 발행하는 입법주의이고, 병용주의는 양자를 모두 인정하는 주의이다. 우리나라는 단권주의를 채택하고 있다.

2.3.7.4.3. 성질

창고증권은 그 성질이 화물상환증과 아주 유사하므로, 화물상환증에 관한 규정을 준용하고 있다($\overset{상}{157}$). 따라서 창고증권도 화물상환증처럼 요식증권성($\overset{상 128}{②}$)·요인증권성($\overset{상 128}{①}$)·상환증권성($\overset{상}{129}$)·지시증권성($\overset{상}{130}$)·문언증권성($\overset{상}{131}$)·처분증권성($\overset{상}{132}$)·인도증권성($\overset{상}{133}$)이 있으나 설권증권성은 없다.

2.3.7.4.4. 발행

창고증권은 임치인의 청구에 의하여 창고업자가 발행하여 교부한다(상 156①). 창고증권에는 ① 임치물의 종류, 품질, 수량, 포장의 종별, 개수와 기호, ② 임치인의 성명 또는 상호, 영업소 또는 주소, ③ 보관장소, ④ 보관료, ⑤ 보관기간을 정한 때에는 그 기간, ⑥ 임치물을 보험에 붙인 때에는 보험금액, 보험기간과 보험자의 성명 또는 상호, 영업소 또는 주소, ⑦ 창고증권의 작성지와 작성연월일을 기재하고 창고업자가 기명날인 또는 서명하여야 한다(상 156②). 창고증권의 요식성은 절대적인 것이 아니므로 창고증권의 본질적 사항이 아닌 항목의 결여는 창고증권의 효력에 영향이 없다고 할 것이다.

2.3.7.4.5. 양도

창고증권은 화물상환증의 경우와 같이 법률상 당연한 지시증권이므로 기명식인 경우에도 배서금지의 기재가 없는 한 배서에 의하여 양도될 수 있다(상 157, 130). 이러한 배서에 권리이전적 효력 및 자격수여적 효력은 있으나, 담보적 효력은 없다.

2.3.7.4.6. 효력

(1) 채권적 효력

창고증권을 작성한 경우에는 임치에 관한 사항은 창고업자와 소지인 간에 있어서는 창고증권에 기재된 바에 의한다(상 157). 창고증권은 임치물 반환청구권을 표창하는 채권적 유가증권이므로 창고증권 소지인이 창고업자에 대하여 임치계약상의 채무인 인도채무의 이행을 청구하고 창고업자가 이를 이행하지 못하면 손해배상책임을 부담한다. 창고증권 소지인은 보관료·기타 보관에 관한 비용과 체당금을 지급할 의무를 부담한다(통설).

(2) 물권적 효력

창고증권에 의하여 임치물을 받을 수 있는 자에게 창고증권을 교부한 때에는 임치물 위에 행사하는 권리의 취득에 관하여 임치물을 인도한 것과 동일한 효력이 있다($\frac{상}{133}$). 창고증권의 물권적 효력이 발생하기 위하여는 ① 창고업자가 임치물을 인도받았어야 하고 ② 임치물이 존재하여야 하며 ③ 창고증권에 의하여 임치물을 받을 수 있는 자에게 이 증권이 교부되어야 한다. 창고증권을 작성한 경우에는 임치물에 관한 처분은 창고증권으로써 하여야 한다($\frac{상}{132}$).

(3) 입질된 임치물의 일부출고

창고증권으로 임치물을 입질한 경우에도 질권자의 승낙이 있으면 임치인은 채권의 변제기 전이라도 임치물의 일부반환을 청구할 수 있다. 이 경우에는 창고업자는 반환한 임치물의 종류, 품질과 수량을 창고증권에 기재하여야 한다($\frac{상}{159}$).

☞ **각 상행위 요약**

	대리상	중개인	위탁매매인	운송주선인	운송인	공중접객업자	창고업자
의의	일정한 상인을 위하여 상업사용인이 아니면서 상시 그 영업부류에 속하는 거래의 대리(체약대리상) 또는 중개(중개대리상)를 하는 자	불특정다수인간의 중개의 인수라는 법률행위를 영업으로 하는 자	자기의 명의로 타인의 계산으로 물건 또는 유가증권의 매매를 영업으로 하는 자 ※준위탁매매인: 매매 이외의 영업행위자	자기의 명의로 물건운송의 주선을 영업으로 하는 자	육상·호천·항만에서 물건 또는 여객의 운송을 영업으로 하는 자	공중의 집래에 적합한 설비를 갖추어 이 설비의 이용에 의한 거래를 영업으로 하는 자	타인을 위하여 물건을 창고에 보관함을 영업으로 하는 자(자기물건 부동산 제외)

	대리상	중개인	위탁매매인	운송주선인	운송인	공중접객업자	창고업자
의무	대리상: 본인 ①통지의무 ②겸업피지 의무 ③영업비밀준 수의무 ④선관의무	중개인 ①선관주의 의무 ②견품보관 의무 ③결약서교환 의무 ④장부작성 및 등본 교부 ⑤성명, 상호 묵비 ⑥중개의무 (이행담보 책임)	①통지의무, 계산서 제 출의무 ②지정가액준 수의무 ③이행담보책 임(개입의 무) ④위탁물의 훼손·하 자 등의 통지, 처분 의무	①통지의무, 계산서제 출의무 ②지정가액준 수의무 ③운송물의 훼손, 하 자 등에 대한 통 지·처분 의무	①화물상환증 교부의무 ②운송물의 보관 및 처분의무 ③운송물인도 의무 ④손해배상 책임	①수치한 물 건에 대한 책임: 불가 항력의 경우 에만 면책 ②수치하지 않은 물건 에 대한 책 임: 과실 있 으면 책임 ③고가물에 대한 책임: 명시하여 예치하여야 책임	①보관의무 ②창고증권교부 의무 ③임치인의 검 사·견품적취 ·보호처분에 따 를 의무 ④임치물의 반환 의무 ⑤임치물의 훼 손·하자 등의 통지의무 ⑥손해배상책임
권리	①보수청구권 ②유치권 ③보상청구권	①보수청구권 ②비용상환청 구권의 부 존재 ③급여수령권 의 부존재	①보수청구권 ②비용상환청 구권 ③유치권 ④매수물의 공탁 및 경매권 ⑤개입권 (시세)	①보수청구권 ②비용상환청 구권 ③유치권 ④개입권 (직접운송)	①운송물인도 청구권 ②화물명세서 교부청구권 ③운임 및 기 타비용청 구권 ④유치권 ⑤운송물의 공탁경매권		①임치물인도청 구권 ②보관료 및 비용 상환청구권 ③유치권 ④공탁 및 경매권 ⑤손해배상청구권
종료	①위임계약의 일반종료원 인: 위임인 의 사망· 파산 * 본인 사망X ②법정종료원 인: 해지				운송인의 송화 인 또는 수하 인에 대한 권 리는 1년간 행 사하지 아니하 면 소멸시효가 완성됨		
관계 및 책임 유무	본인: 중개사 무에 관한 위 임계약 제3자에 대하 여 책임無 ※ 대리상과 제3자와의 관계 ①체약대리상 – 대리의 법리 ②중개대리상 – 제3자에 대하여 책 임無	본인: 중개행 위를 처리할 의무 부담 제3자에 대하 여 책임無	본인:위임 계약 제3자: 권리 와의무부담 ※ 매수위탁자 가 상인일 때 ▶매수인에게 인정된 의 무부과	본인: 위임 계약	본인: 도급 계약		임치계약 ※창고증권: 창고 업자임치물을 수령하였음을 증명하고 임치 물 반환청구권 을 표창하는 유 가증권

☞ 각 상행위 특칙 비교

	상행위일반	대리상	중개인	위탁매매인	운송주선인	창고업자	공중접객업자
상사유치권	일 반	특별	없음	특별	특별	없음	없음
공탁경매권	인정	없음	없음	인정	인정	인정	규정 없음
개입권	X	X	개입의무	개입권	개입권	X	X
경업회피의무	X	있 음	X	X	X	X	X
고가물특칙	X	X	X	X	있 음	없 음	있 음
특별소멸시효	X	X	X	X	있 음	있 음	없 음
단기소멸시효	X	X(5년)	X(5년)	X(5년)	1년	1년	6개월
상대방	상인	상 인	일방은 상인	비상인	비상인	비상인	비상인
책임	과실책임	과실책임	과실책임	과실책임	무과실책임	무과실책임	무과실책임

☞ 유치권

	민사유치권	상사유치권(58)	대리상(91)	위탁매매인(111)	운송주선인(120)
당사자	상인·비상인 불문	쌍방이 상인	대리상과 본인 * 채무자도 상인	위탁매매인과 위탁자 * 채무자 상인 불요	위탁자와 운송주선인 * 채무자 상인 불요
목적물의소유권	소유권의 귀속에 제한이 없음	채무자소유의 물건 또는 유가증권	소유권의 귀속에 제한이 없음.		
목적물의 점유	본인을 위하여 적법한 점유	채권자의 상행위로 점유취득해야 함	본인을 위하여점 유하는 물건 또는 유가증권	위탁자를 위하여 점유 하는 물건 또는 유가 증권	운송물
피담보 채권	물건 또는 유가 증권(유치물)에 관련하여 발생한 채권	당사자 쌍방을 위하 여 상행위가 되는 행위에 의한 채권. 변제기에 있어야 함	거래의 대리 또는 중개로 인한 채권. 변제기에 있어야 함	위탁자를 위하여 물건 의 매도 또는 매수를 함으로 말미암아 위탁 자에 대하여 생긴 채 권변제기에 있어야 함	운송물에 관하여 수 령할 보수, 운임 기 타 위탁자를 위한 체당금이나 선대금 에 관해서만 행사
목적물과 피담보채권 의 관련성	피담보채권과 목 절물의 개별 적인 견련관계 '필요'	피담보채권과 목적 물의 개별적인 견련 관계 '불필요'	개별적인 견련 관 계 '불필요'	개별적인 견련관계 '불필요'	개별적인 견련관계 '필요'

새로운 상행위

▶ 2.4.1. 서설

경제활동의 급속한 발전은 리스, 프랜차이즈, 팩토링과 같은 새로운 거래형태를 탄생시키기에 이르렀고 최근에는 전자상거래가 급속히 발전하고 있다. 이 중 리스, 프랜차이즈, 팩토링은 새로운 상행위로 상법에 반영되었고, 전자상거래는 특별법인 전자거래기본법 및 전자서명법으로 제정되었다. 전자상거래에 더 나아가 전자금융기법들이 생기면서 전자금융거래법이 제정되어 시행되고 있다.

▶ 2.4.2. 리스

2.4.2.1. 리스계약의 의의

리스의 개념에 관하여 상법 제46조 제19호는 '기계·시설 기타 재산의 물융에 관한 행위'라고 정의하고 있고, 시설대여업법 제2조 제1호는 "대여시설이용자가 선정한 특정물건을 시설대여회사가 새로이 취득하거나 대여받아 대여시설이용자에게 대통령령이 정하는 일정기간 이상 사용하게 하고, 그 기간에 걸쳐 일정대가를 정기적으로 분할하여 지급받으며, 그 기간 종료 후의 물건의 처분에 관하여는 당사자 간의 약정으로 정하는 물적 금융을 말한다."고 정의하고 있다.

즉 리스는 대개 리스이용자가 리스물건을 선정하면 리스회사가 공급자로부터 그 리스물건을 매입하여 그 리스이용자로 하여금 일정한 기간 사용하게 하고 리스이용자는 그 기간에 그 대가를 분할지급하며, 그 기간 종료 후의 리스물건의 처분은 당사자의 약정으로 정하는 계약이라고 할 수 있다. 판례도 비슷한 취지로 시설대여(리스)는 시설대여 회사가 대여시설 이용자가 선정한 특정 물건을 새로이 취득하거나 대여받아, 그 물건에 대한 직접적인 유지·관리책임을 지지 아니하면서 대여시설 이용자에게 일정기간 사용하게 하고 그 기간 종료 후에 물건의 처분에 관하여는 당사자 간의 약정으로 정하는 계약이라고 판시하고 있다.[50]

리스계약은 형식에서는 임대차계약과 유사하나, 그 실질은 대여시설을 취득하는 데 소요되는 자금에 관한 금융의 편의를 제공하는 것을 본질적인 내용으로 하는 물적 금융이고 임대차계약과는 여러 가지 다른 특질이 있기 때문에 이에 대하여는 민법의 임대차에 대한 규정이 바로 적용되지 아니한다.[51] 임대차

---

50) 大判 1996.8.23. 95다51915.
51) 大判 1996.8.23. 95다51915.

계약과 리스의 차이점을 보면 하자담보책임의 유무, 수리책임의 유무, 물건의 일부 멸실의 경우 리스료 감액의 가부, 임차인의 해지권보유의 유무 등의 면에서 차이가 있다. 즉 임대차계약에서는 하자담보책임, 수리책임, 일부 멸실의 경우 감액 및 임차인의 해지권이 있는 반면에 리스계약에서는 없다.

리스의 경제적 기능에는 ① 매수자금 조달기능, ② 절세기능, ③ 국제금융 이용기능 등이 있다.

2.4.2.2. 리스의 종류

리스의 종류와 형태는 매우 다양하지만 법적으로 중요한 의미를 갖는 것은 금융리스와 운용리스의 구별이다.

(1) 금융리스(finance lease)

금융리스란 리스회사가 리스이용자에게 기계설비와 같은 리스물건의 구입자금을 융자하여 주는 대신에 리스물건을 직접 구입하여 이를 임대하는 것을 말한다. 이때에는 리스기간이 보통 리스물건의 내용연수에 상당한 기간으로 되며, 리스이용자는 이 기간 중 계약을 해지할 수 없다. 또 리스이용자는 물건구입대금과 부대비용·리스회사 이윤 등을 합한 금액에 상당하는 리스료를 지급하여야 할 채무와 리스물건에 대한 유지·관리책임 등을 부담한다. 일반적으로 리스라고 할 때에는 이러한 금융리스를 말한다.

(2) 운용리스(operating lease)

운용리스란 리스회사가 불특정 다수를 대상으로 가동률이 높은 범용기종(자동차, 컴퓨터, 사진기, 건설기계 등)을 내용연수의 일부 동안 임대하여 투하자금의 회수를 꾀하는 형태이다. 또 리스이용자는 수시로 또는 일정한 예고기간을 두고 해지할 수 있으며, 통상 리스물건의 수선의무·위험부담·하자담보책임은 리스회사가 진다. 이 운용리스는 리스물건 자체의 이용에 목적이 있으며,

금융적 성격이 거의 없고 서비스 제공적 성격이 강하다.

2.4.2.3. 리스계약의 법적 성질

(1) 특수임대차설

이 설에 의하면 금융리스계약이 임대차계약을 모체로 하고 있다는 견해로 리스계약의 형식적 성격을 강조하여, 임대인이 임차인의 사용 수익을 위해 물건을 대여하여 주는 급부에 대한 반대급부인 임대료는 물건의 사용 수익에 대한 대가이어야 한다는 것을 강조하고 있다.

그런데 판례는 시설대여(리스)는 형식에서는 임대차계약과 유사하나, 그 실질은 대여시설을 취득하는 데 소요되는 자금에 관한 금융의 편의를 제공하는 것을 본질적인 내용으로 하는 물적 금융이고 임대차계약과는 여러 가지 다른 특질이 있기 때문에 이에 대하여는 민법의 임대차에 대한 규정이 바로 적용되지 아니한다고 하여 특수임대차설을 부정한다.[52]

(2) 소비대차설

이 설에 의하면 리스계약도 물건을 융자해 준다는 금융적인 측면을 강조하면, 금융리스계약은 소비대차에 매우 가깝다고 한다. 리스이용자가 물건공급자로부터 물건을 공급받고 이에 대하여 리스회사가 융자를 해 주면서 그 물건에 대한 소유권을 담보의 목적으로 유보하는 형태의 계약이라고 한다. 금융리스는 소비대차와 달리 원칙으로 리스이용자가 리스물건의 소유권을 취득하지 않으며, 또 리스기간이 종료되면 재리스나 구매선택권이 주어져 있지 않은 한 리스물건 그 자체를 반환하여야 하므로 소비대차와 구별하지 않으면 안 된다.

---

52) 大判 1996.8.23. 95다51915.

(3) 매매설

리스료의 본질이 리스회사가 공급업자에게 지급한 매매대금에 대한 상환에 있다고 하면, 금융리스계약은 매매계약에 매우 가깝게 접근하므로 금융리스계약을 할부매매계약으로 파악한다. 즉 금융리스에서는 리스이용자가 리스기간이 종료할 때에 무상 또는 명목상의 금액으로 리스물건을 구입할 수 있는 것으로 정한 경우가 많은데, 이는 리스물건을 할부로 매수하거나 리스회사가 리스물건을 소유권유보부로 매도하는 것과 유사하다는 점을 감안하여 금융리스를 할부매매계약 또는 소유권유보부매매계약으로 보는 것이다. 이에 대해서 매매계약에 있어서는 종국적으로 매매목적물의 소유권이 매수인에게 귀속됨에 반하여 리스의 경우는 리스물건의 소유권이 리스회사에 있고, 또 리스의 경우는 금융이 주된 목적임에 반하여 할부판매 또는 소유권유보부매매에 있어서는 매매가 주목적이고 금융은 매매를 위한 수단에 불과하다는 점을 간과하였다는 비판이 있다.

(4) 무명계약설(비전형계약설)

리스의 경제적 실질인 금융적 측면을 중시하여 리스는 민법의 임대차와는 다른 특수한 무명계약(비전형계약설)이라고 하는 설이다. 대법원은 일관되게 무명계약설의 입장에 있는데, 이에 의하면 리스가 형식에서는 임대차계약과 유사하나 그 실질은 물적 금융이고 임대차계약과는 여러 가지 다른 특질이 있기 때문에 시설대여(리스)계약은 비전형 계약(무명계약)이고 따라서 이에 대하여는 민법의 임대차에 관한 규정이 바로 적용되지는 아니한다고 판시하고 있다.[53]

---

53) 大判 1986.8.19, 84다카503, 504.

2.4.2.4. 리스계약의 법률관계

☞ 리스의 3자 관계도[54]

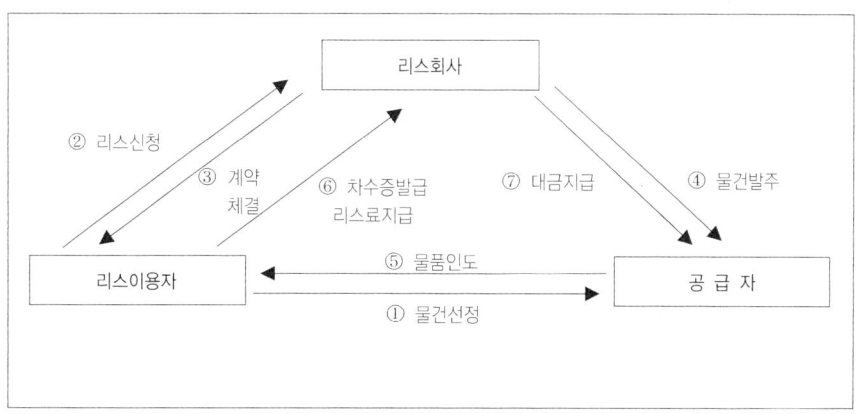

2.4.2.4.1. 리스계약의 법적 특성

(1) 약관에 의한 거래

리스계약은 각 리스회사가 임의로 작성한 약관에 의하여 체결되는 것이 보통이다.

(2) 리스기간 중의 계약해지의 제한

리스이용자나 리스회사는 리스기간 중에는 원칙적으로 리스계약을 해지할 수 없다.

(3) 하자담보책임의 배제

리스계약에서는 민법의 하자담보책임을 배제하여 리스회사가 물건의 하자에 대하여 담보책임을 지지 않는 것으로 정하고 있는 것이 보통이다. 리스의 본질

---

54) 최기원, (제11신정판) 상법학신론(상), 박영사, 2000, 395면.

및 구조상으로 보아 리스회사는 리스이용자가 전문지식을 갖고 선정한 물건을 발주할 뿐이므로 경제적 지위를 남용한다거나 신의 측 또는 공서양식에 반한다고 할 수 없기 때문이다. 다만 리스이용자는 물건의 하자를 이유로 리스회사에 대하여 담보책임을 추궁할 수 없으나 공급자에 대하여는 그 책임을 추궁할 수 있다.

(4) 위험부담의 전환

리스계약에서는 민법상 채무자위험부담원칙에 대한 예외로서 불가항력에 의한 리스물건의 멸실, 훼손 또는 도난의 경우에 모든 책임과 위험은 리스이용자가 부담하는 것으로 특약되는 것이 보통이다.

(5) 물건보전의무의 전환

리스계약에 있어서는 리스물건의 유지·관리·수선의무 등은 리스이용자가 부담하고, 리스회사는 이를 부담하지 않는 것으로 약정되어 있다(산업리스약관 제13조). 민법의 임대차에 있어서 임대인이 물건의 사용·수익에 필요한 수선의무를 부담하나, 리스계약에서는 리스이용자가 이 의무를 부담한다.

(6) 소유권에 기한 책임의 배제

리스물건으로 인하여 제3자가 손해를 입은 경우, 그 소유자인 리스회사의 손해배상책임은 경우에 따라 각각 다르다. 예컨대, 리스물건인 자동차에 의하여 교통사고가 생긴 경우에, 리스회사는 자동차의 운행에 대한 지배를 하지 아니하므로 운행제공자로서의 책임이 없으나 리스물건이 특허권 침해품인 경우에는 그 리스물건을 제조한 공급자, 이를 대여한 리스회사 및 이를 사용한 리스이용자 모두가 특허권의 침해자로서 특허권에 대하여 책임을 진다.

2.4.2.4.2. 리스업자와 리스이용자와의 관계

(1) 리스업자의 권리·의무

리스업자는 일반적으로 리스료 지급청구권, 리스물건 반환청구권, 리스계약 해지권 등의 권리를 갖는다. 반면에 리스이용자가 리스물건을 이용할 수 있도록 인도하여야 할 의무를 부담한다. 리스회사는 리스물건의 하자나 리스계약의 해지 또는 리스물건의 멸실여부와 관계없이 매기마다 리스료의 지급을 청구할 수 있다. 금융리스의 경우 리스 이용자처럼 리스회사도 리스기간 중에 리스계약을 해지할 수 없는 것이 원칙이나, 예외적으로 리스이용자에게 리스료의 불지급 등의 채무불이행이 있거나 파산 등의 경우에는 리스회사는 리스계약을 일방적으로 해지하고 리스물건의 반환과 잔여리스료의 지급 또는 손해금의 지급을 청구할 수 있다.

시설대여계약서상 시설대여 회사가 물건 인도 시 물건이 정상적인 성능을 갖추고 있는 것을 담보하도록 되어 있으나, 다만 대여시설 이용자가 물건 인도인수확인서를 발급하였을 때는 물건의 상태 및 성능이 정상적인 것을 확인한 것으로 간주한다고 되어 있는 경우, 시설대여계약은 그 실질이 대여시설의 취득자금에 관한 금융의 편의 제공에 있음에 비추어 시설대여 회사의 담보책임은 대여시설이 공급자로부터 이용자에게 인도될 당시에서의 대여 시설의 성능이 정상적임을 담보하되, 이용자가 별다른 이의 없이 리스물건 인도·인수 확인서를 발급하면 시설대여 회사의 하자담보의무는 충족된 것으로 보는 범위 내에서의 책임이라고 봄이 상당하다.[55]

(2) 리스이용자의 권리·의무

리스이용자는 리스기간 동안 리스물건을 사용하거나 수익할 권리를 가지며, 리스료 지급의무와 리스계약기간이 만료하면 리스물건을 반환할 물건을 의무를 부담한다. 리스료는 리스물건의 사용·수익에 대한 대가가 아니라, 리스회사가 제공한 금융에 대한 대가이다. 반환된 물건에 통상의 손모가 아닌 현저한 손괴

---

55) 大判 1996.8.23. 95다51915.

가 생긴 경우에는 리스이용자가 원상회복을 하거나 손해배상을 하여야 한다. 반면 리스물건을 반환하지 않는 때에는 리스계약이 존속하는 것으로 보아, 리스이용자는 리스료를 지급하여야 한다.

▶ 2.4.3. 프랜차이즈 계약

2.4.3.1. 프랜차이즈 계약의 의의

프랜차이즈 계약은 프랜차이즈 이용자가 프랜차이즈 제공자의 상호, 상표, 서비스표 등의 영업표지를 자기의 영업을 위하여 이용하되, 프랜차이즈 이용자는 자기의 영업과 관련하여 프랜차이즈 제공자의 지도와 통제를 받고, 이에 대해 일정한 대가를 지급할 것을 내용으로 하는 계약을 말한다. 근래 주로 요식업계통 특히 패스트푸드 업계에서 이런 계약을 흔히 볼 수 있다. 상법에서는 상호·상표 등의 사용허락에 의한 영업에 관한 행위($\frac{46}{20}$)로 규정하고 있다.

2.4.3.2. 프랜차이즈 종류

(1) 대가사업에 따른 분류

프랜차이즈의 대상인 사업이 무엇인가에 따라 상품의 판매에 관한 '상품프랜차이즈', 용역의 제공에 관한 '용역프랜차이즈' 등이 있다.

(2) 당사자에 따른 분류

프랜차이즈계약의 당사자에 따라 '생산자와 도매상 간의 프랜차이즈', '도매상과 소매상 간의 프랜차이즈', '소매상과 생산자 간의 프랜차이즈' 및 '소매상과 소매상 간의 프랜차이즈' 등이 있다.

2.4.3.3. 프랜차이즈 계약의 특성

① 프랜차이즈 이용자는 프랜차이즈 제공자의 상호, 상표 등의 영업표지를 사용하여 영업을 하지만, 독립한 영업 주체이며, 프랜차이즈 제공자의 지점 등과 같이 예속된 영업체가 아니다.

② 프랜차이즈 이용자는 독립한 영업자이나 프랜차이즈 제공자의 지도와 통제를 받는다. 점포의 위치와 외관, 영업시간과 방법, 상품과 서비스의 생산 및 보관, 광고방법, 종업원의 복장 기타 프랜차이즈 제공자의 시장전략 등에 관하여 지도와 통제를 받는다.

③ 프랜차이즈 이용자는 자기의 영업에 관하여 프랜차이즈 제공자의 상호, 상표 등의 영업표지를 사용할 수 있는 라이선스를 갖는다. 이를 통해 일반 소비자들은 동일한 기업으로 인식하게 되고, 프랜차이즈 이용자가 설정자의 영업상의 신용을 이용할 수 있는 것이다.

④ 프랜차이즈 이용자는 프랜차이즈 제공자에 대하여 일정한 대가를 지급하며, 대가의 결정기준과 지급방법은 제한이 없다.

2.4.3.4. 프랜차이즈 계약의 법적 성질

2.4.3.4.1. 프랜차이즈 계약의 법적 성질

프랜차이즈계약의 법적 성질에 관하여는 특약점관계유사설, 상품매매 또는 권리이용임대차설, 신종계약설 등이 주장되고 있으나, 프랜차이즈계약은 상호, 상표 등의 영업표지에 대한 사용권의 설정과 더불어 영업상의 통제와 조력을 내용으로 하는 새로운 유형의 비전형계약이라고 보는 신종계약설이 통설이다. 그 밖의 프랜차이즈 계약의 법적 성질은 다음과 같다.

프랜차이즈 계약은 현행법상 계약의 어느 형태에도 속하지 않는 비전형 계약이며, 여러 가지 복합적 성질을 가진 혼합계약이다. 프랜차이즈 제공자의 상호를 프랜차이즈 이용자가 사용할 수 있다는 점에서 명의대여계약의 요소가 있고, 상표를 사용하는 면에서 상표사용권의 설정계약의 요소가 있으며, 경영지도와 통제를 하는 점에서 노무제공의 성질을 가지게 된다. 또 제품의 원료 또는 부품의 공급을 받는 경우에는 매매계약이 된다. 프랜차이즈 이용자는 대가를 지급하므로 유상계약이 되고, 양자가 서로 대가적 의미를 가지는 채무를 부담하므로 쌍무계약이며, 계약기간 내내 양 당사자가 계속적으로 이 채무를 부담하므로 계속적 채무계약이다.

2.4.3.4.2. 프랜차이즈계약 성립요건

프랜차이즈계약의 성립요건은 ① 영업표지의 사용허가 ② 프랜차이즈 제공자의 통제·조력 ③ 프랜차이즈 이용자의 독립적 지위 ④ 프랜차이즈료의 지급 등이다.

2.4.3.5. 프랜차이즈 계약의 법률관계

프랜차이즈계약의 당사자는 프랜차이즈 제공자(franchisor)와 프랜차이즈 이용자(franchisee)이다. 프랜차이즈 제공자는 프랜차이즈를 주는 본부 또는 본점을 말하며, 프랜차이즈 이용자는 타인의 지도·통제 하에 그의 영업표지를 사용하여 자기의 영업에 종사하는 자를 말한다.

프랜차이즈거래의 법률관계는 프랜차이즈 제공자와 프랜차이즈 이용자와의 관계(내부관계), 프랜차이즈 제공자와 제3자와의 관계(외부관계) 및 프랜차이즈 이용자와 제3자와의 관계가 있다.

2.4.3.5.1. 프랜차이즈 제공자와 프랜차이즈 이용자와의 관계

프랜차이즈 제공자와 프랜차이즈 이용자 간의 내부관계는 프랜차이즈계약에 의하여 정하여진다. 프랜차이즈 이용자는 프랜차이즈 제공자의 영업상의 지도와 통제를 받고, 대가를 지급하며, 프랜차이즈 제공자가 공급하는 상품을 취급하고 경영상의 비밀을 준수할 의무가 있다. 반면 프랜차이즈 이용자의 가장 기본적인 권리는 프랜차이즈 상호와 상표 등을 사용할 수 있는 권리이다.

2.4.3.5.2. 프랜차이즈 이용자와 제3자와의 관계

이들 사이의 법률관계는 당사자 사이의 매매계약이나 기타 거래에 따라서 정해지며, 채무불이행이나 불법행위의 책임도 일반원칙에 따른다.

2.4.3.5.3. 프랜차이즈 제공자와 제3자와의 관계

대외적으로는 프랜차이즈 이용자가 영업 주체로서 거래를 하게 되므로 프랜차이즈 제공자는 제3자에 대해서 직접적인 법률관계가 없다. 그러나 프랜차이즈 이용자는 프랜차이즈 제공자의 상호나 상표 등을 사용하여 제3자와 거래를 함으로써 이 양자의 동일성을 대외적으로 인식시키는 것이므로, 프랜차이즈 이용자와 거래한 제3자에 대해서는 프랜차이즈 이용자의 거래행위에 관하여 프랜차이즈 제공자도 연대책임을 지는 것으로 보아야 할 것이다. 즉 이용자가 설정자의 상호 등 영업상의 표지를 사용할 경우에는 설정자가 제24조가 정하는 명의대여자에 해당하므로 이용자의 영업사의 채무에 대해 연대책임을 져야 한다.
프랜차이즈 이용자의 거래에 관한 행위가 제3자에 대하여 불법행위가 되는 경우에는 프랜차이즈 제공자의 영업상 지시나 통제에 따른 결과가 불법행위가 된 경우에 대하여 그 불법행위상의 책임을 물을 수 있을 것이다.

▶ 2.4.4. 팩토링 계약

2.4.4.1. 팩토링 계약의 의의

팩토링 계약은 거래에 있어서 팩토링회사(factor)가 채권자(client)의 영업활동에 의해서 발생하는 현재·장래의 채권을 채권자로부터 양도받고, 그 대가로 팩토링회사는 채권자에게 금융의 제공을 해주는 거래형태이다. 팩토링회사는 단순한 금융제공자가 아니라 채권의 관리와 회수, 제3채무자에 대한 신용조사, 신용위험의 인수, 경영정보의 제공, 기타 업무처리의 대행 등의 서비스를 제공한다. 상법에서는 영업상 채권의 매입·회수 등에 관한 행위($^{상 46}_{XXI}$)로 규정하고 있다.

2.4.4.2. 팩토링 계약의 유형

팩토링회사의 상환청구권의 유무에 따라 상환청구권이 있는 팩토링을 진정팩토링이라고 하며, 상환청구권이 없는 팩토링을 부진정팩토링이라 하는데, 우리나라의 팩토링은 대부분 후자에 속한다. 그 외에 물품공급자의 종류에 따라 소매팩토링과 도매팩토링으로 구분하고, 매매대금의 선급여하에 의해서는 선급식팩토링과 만기식팩토링으로 구분한다.

2.4.4.3 팩토링 계약의 법적 성질

팩토링의 법적 성질에 대해서는 몇 가지 학설이 있다.

(1) 소비대차설

금융제공자에 대한 금융의 기능을 중시하며, 대금채권의 양도는 담보의 목적에서 행해지는 양도담보의 성격을 띤다고 보는 입장이다.

(2) 채권매매설

팩토링을 외상매출채권의 매매라는 견해이다. 국내에서 이 설을 취하는 입장은 없다.

(3) 이분설

팩토링을 진정팩토링과 부진정팩토링으로 나뉘어 각각의 법적 성질을 따지는 이론이다. 진정팩토링의 경우에 채권양도는 채권의 매매로 보고, 부진정팩토링의 경우에는 채권양도에 관하여 이를 소비대차로 보는 설과 채권양도의 이행행위로 보는 채권매매설이 대립되어 있다. 국내에서는 이분설이 주류를 이루고 있으며 진정팩토링의 경우에는 채권매매로, 부진정팩토링의 경우에는 채권을 담보로 하는 소비대차로 보는 견해가 일반적이다.

2.4.4.4. 팩토링 계약의 법률관계

2.4.4.4.1. 팩토링업자와 물품공급자와의 관계

(1) 채권양도

물품공급자의 매매채권을 팩토링업자에게 양도하는 것은 팩토링업무의 중요 부분으로서 양도채권의 범위는 팩토링거래의 기본계약에 따라 정해지며, 현존하는 채권은 물론 장차 발생할 채권도 양도의 대상이 된다. 장래채권이 양도성을 가지는지에 대해 우리나라에서는 이설은 없지만, 법률행위의 유효요건으로서 목적의 확정성은 필수적이므로, 장래채권의 경우에도 채권의 확정성 내지 확정가능성은 갖추어야 한다. 그러나 채권이 그 성질, 당사자 간의 의사 및 법률 등에 의하여 양도할 수 없는 경우에는 팩토링거래에서도 양도대상이 되지 않는다.

(2) 금융제공

팩토링은 매매채권을 인수하는 단기금융의 한 형태이며, 구체적으로 어떤 방법의 금융을 제공할 것인가 하는 것은 팩토링계약에서 정해진다. 국내에서는 팩토링거래 계약서에 매출채권을 담보로 하는 자금대부와 지급보증을 팩토링업무의 일종으로 명시하고 있다.

2.4.4.4.2. 물품공급자와 매수인과의 관계

물품공급자와 매수인 간에는 통상의 매매계약관계가 성립하며 구체적 법률관계는 당사자 간의 계약에 의해 정해진다.

2.4.4.4.3. 팩토링업자와 매수인과의 관계

팩토링업자는 양수한 매출채권을 행사할 수 있으며 채무자(매수인)는 대항요건이 구비된 경우에는 팩토링업자에 대하여 대금지급채무를 이행해야 한다. 물품공급업자가 팩토링회사에 외상매출채권을 양도하는 것은 민법상의 채권양도이므로 민법상 채권양도의 대항요건을 갖추지 아니하면 채무자는 팩토링 회사에 대항할 수 있다(민450①). 이때 채무자는 양도통지를 받은 때까지 거래기업에 대하여 생긴 사유로써 팩토링회사에 대항할 수 있다(민450②). 그러나 채무자가 이의 없이 채권양도를 승낙한 경우에는 거래기업에 대항할 수 있는 사유로써 팩토링회사에 대항하지 못한다(민451①). 거래기업은 매출채권을 팩토링회사에게 양도함에 있어서 동 채권이 유효하게 성립하였고 기타의 항변이 없을 것을 담보해야 한다. 채무자가 거래기업에 대한 채권을 가지고 팩토링회사의 채권추심에 대하여 상계할 수 있는가가 문제될 수 있다. 채권양도의 일반원칙에 따른다면 채무자는 채권양도의 통지를 받을 때까지는 팩토링회사의 채권추심에 대하여 상계로써 항변할 수 있다(민450①). 이의를 보류하지 않고 채권양도를 승낙하였다면 채무자는 팩토링회사에 대하여 상계로써 대항할 수 없고(민451①), 채무자의 거래기업에 대한 채권(자동채권)이 매출채권(수동채권)의 포괄적 일괄양도 이후에 성립한 경우에는 채무자는 팩토링회사에 대하여 상계로서 대항할 수 없다(민451②반대해석).

▶ 2.4.5. 전자상거래와 법

2.4.5.1. 서

최근 인터넷의 발달로 인해 온라인으로 거래가 이루어지는 비중이 날로 증가하고 있다. 따라서 전자상거래의 종류에 따라 민법의 적용을 받는 전자거래인가 상법의 적용을 받는 전자상거래인가의 구별은 있을 수 있지만 일반적으로 기업 대 개인, 즉 BtoC의 형태가 일반적이라는 점에서 전자상거래라고 부르는 것이 타당하다고 생각한다.

이러한 전자상거래와 관련하여 상법과 가장 관련되는 문제는 새로운 상행위로서의 전자상거래를 인정하여 명문화할 것인가와 온라인상에서 이루어지는 계약의 내용들이 어떻게 적절하게 기존의 법체계에 적용될 것인가 하는 문제, 지급결제에 관한 문제 등이 주를 이룰 것이다. 그 밖에도 범죄, 소비자보호, 지적재산권, 분쟁과 관련된 여러 문제들이 있을 수 있다. 이하에서는 특별법으로 제정된 전자거래기본법과 전자서명법에 대한 개괄적인 이해만 하기로 한다.

2.4.5.2. 전자거래기본법 및 전자서명법의 제정

2.4.5.2.1. 서론

전자거래기본법은 1998년 8월 6일 입법예고를 하여 1998년 11월 16일 국무회의의 의결을 거친 다음 1998년 11월 26일 국회에 제출되었고, 1999년 1월 5일 국회의결을 거쳐 1999년 2월 8일 법률 제5,981호로 공포되었다. 전자서명법은 1998년 7월 28일 입법예고를 하여 1998년 11월 16일 국무회의 의결을 거친 다음 1998년 11월 26일 국회에 제출되었고, 1998년 11월 26일 국회의결을 거쳐 1999년 2월 5일 법률 제5792호로 공포되었다.

2.4.5.2.2. 전자거래기본법

전자거래기본법의 구조는 크게 전자문서, 전자거래의 안전, 전자거래의 촉진, 소비자의 보호에 관한 장으로 구성되어 있다. 전자문서와 관련하여 전자문서와 전자서명의 법적 효력, 전자문서의 증거능력 및 보관, 송·수신시기 및 장소, 작성자가 송신한 것으로 보는 경우, 수신한 전자문서의 독립성, 수신확인 등에 대하여 규정하고 있다.

2.4.5.2.3. 전자서명법

전자서명법은 전자거래에 있어서 전자문서의 안전성과 신뢰성을 확보하고 그 이용을 활성화하기 위하여 전자서명 및 그 인증(공인인증기관 및 인증서의 효력 등)에 관하여 규정하고 있다.

부 록

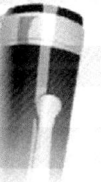

상법총칙·상행위법

第1編 總則

第1章 通則

第1條(商事適用法規) 商事에 關하여 本法에 規定이 없으면 商慣習法에 依하고 商慣習法이 없으면 民法의 規定에 依한다.

第2條(公法人의 商行爲) 公法人의 商行爲에 對하여는 法令에 다른 規定이 없는 境遇에 限하여 本法을 適用한다.

第3條(一方的 商行爲) 當事者中 그 1人의 行爲가 商行爲인 때에는 全員에 對하여 本法을 適用한다.

第2章 商人

第4條(商人 - 當然商人) 自己名義로 商行爲를 하는 者를 商人이라 한다.

第5條(同前 - 擬制商人) ①店鋪 其他 類似한 設備에 依하여 商人的 方法으로 營業을 하는 者는 商行爲를 하지 아니하더라도 商人으로 본다.

②會社는 商行爲를 하지 아니하더라도 前項과 같다.

第6條(無能力者의 營業과 登記) 未成年者 또는 限定治産者가 法定代理人의 許諾을 얻어 營業을 하는 때에는 登記를 하여야 한다.

第7條(無能力者와 無限責任社員) 未成年者 또는 限定治産者가 法定代理人의 許諾을 얻어 會社의 無限責任社員이 된 때에는 그 社員資格으로 因한 行爲에는 能力者로 본다.

第8條(法定代理人에 依한 營業의 代理) ①法定代理人이 未成年者, 限定治産者 또는 禁治産者를 爲하여 營業을 하는 때에는 登記를 하여야 한다.

②法定代理人의 代理權에 對한 制限은 善意의 第3者에게 對抗하지 못한다.

第9條(小商人) 支配人, 商號, 商業帳簿와 商業登記에 關한 規定은 小商人에게 適用하지 아니한다.

第3章 商業使用人

第10條(支配人의 選任) 商人은 支配人을 選任하여 本店 또는 支店에서 營業을 하게 할 수 있다.

第11條(支配人의 代理權) ①支配人은 營業主에 갈음하여 그 營業에 關한 裁判上 또는 裁判外의 모든 行爲를 할 수 있다.

②支配人은 支配人이 아닌 店員 其他 使用人을 選任 또는 解任할 수 있다.

③支配人의 代理權에 對한 制限은 善意의 第3者에게 對抗하지 못한다.

第12條(共同支配人) ①商人은 數人의 支配人에게 共同으로 代理權을 行使하게 할 수 있다.

②前項의 境遇에 支配人 1人에 對한 意思表示는 營業主에 對하여 그 效力이 있다.

第13條(支配人의 登記) 商人은 支配人의 選任과 그 代理權의 消滅에 關하여 그 支配人을 둔 本店 또는 支店所在地에서 登記하여야 한다. 前條 第1項에 規定한 事項과 그 變更도 같다.

第14條(表見支配人) ①本店 또는 支店의 營業主任 其他 類似한 名稱을 가진 使用人은 本店 또는 支店의 支配人과 同一한 權限이 있는 것으로 본다. 그러나 裁判上의 行爲에 關하여는 그러하지 아니하다.

②前項의 規定은 相對方이 惡意인 境遇에는 適用하지 아니한다.

第15條(部分的 包括代理權을 가진 使用人) ①營業의 特定한 種類 또는 特定한 事項에 對한 委任을 받은 使用人은 이에 關한 裁判外의 모든 行爲를 할 수 있다.

②第11條 第3項의 規定은 前項의 境遇에 準用한다.

第16條(物件販賣店鋪의 使用人) ①物件을 販賣하는 店鋪의 使用人은 그 販賣에 關한

모든 權限이 있는 것으로 본다.

②第14條 第2項의 規定은 前項의 境遇에 準用한다.

第17條(商業使用人의 義務) ①商業使用人은 營業主의 許諾없이 自己 또는 第三者의 計算으로 營業主의 營業部類에 屬한 去來를 하거나 會社의 無限責任社員, 理事 또는 다른 商人의 使用人이 되지 못한다.

②商業使用人이 前項의 規定에 違反하여 去來를 한 境遇에 그 去來가 自己의 計算으로 한 것인 때에는 營業主는 이를 營業主의 計算으로 한 것으로 볼 수 있고 第3者의 計算으로 한 것인 때에는 營業主는 使用人에 對하여 이로 因한 利得의 讓渡를 請求할 수 있다.

③前項의 規定은 營業主로부터 使用人에 對한 契約의 解止 또는 損害賠償의 請求에 影響을 미치지 아니한다.

④第2項에 規定한 權利는 營業主가 그 去來를 안 날로부터 2週間을 經過하거나 그 去來가 있은 날로부터 1年을 經過하면 消滅한다.

第4章 商號

第18條(商號選定의 自由) 商人은 그 姓名 其他의 名稱으로 商號를 定할 수 있다.

第19條(會社의 商號) 會社의 商號에는 그 種類에 따라 合名會社, 合資會社, 株式會社 또는 有限會社의 文字를 使用하여야 한다.

第20條(會社商號의 不當使用의 禁止) 會社가 아니면 商號에 會社임을 表示하는 文字를 使用하지 못한다. 會社의 營業을 讓受한 境遇에도 같다.

第21條(商號의 單一性) ①同一한 營業에는 單一商號를 使用하여야 한다.

②支店의 商號에는 本店과의 從屬關係를 表示하여야 한다.

第22條(商號登記의 效力) 他人이 登記한 商號는 동일한 特別市·廣域市·市·郡에서 同種營業의 商號로 登記하지 못한다.

第22條의2(商號의 假登記) ①株式會社 또는 有限會社를 設立하고자 할 때에는 本店의 所在地를 관할하는 登記所에 商號의 假

登記를 申請할 수 있다.

②會社는 商號나 目的 또는 商號와 目的을 변경하고자 할 때에는 本店의 所在地를 관할하는 登記所에 商號의 假登記를 申請할 수 있다.

③會社는 本店을 移轉하고자 할 때에는 移轉할 곳을 관할하는 登記所에 商號의 假登記를 申請할 수 있다.

④商號의 假登記는 第22條의 適用에 있어서는 商號의 登記로 본다.

⑤商號의 假登記에 있어서 本登記를 할 때까지의 기간, 供託金의 供託과 그 回收, 假登記의 抹消 기타 필요한 節次는 大法院規則으로 정한다.

第23條(主體를 誤認시킬 商號의 使用禁止) ①누구든지 不正한 目的으로 他人의 營業으로 誤認할 수 있는 商號를 使用하지 못한다.

②第1項의 規定에 違反하여 商號를 使用하는 者가 있는 境遇에 이로 因하여 損害를 받을 念慮가 있는 者 또는 商號를 登記한 者는 그 廢止를 請求할 수 있다.

③第2項의 規定은 損害賠償의 請求에 影響을 미치지 아니한다.

④동일한 特別市·廣域市·市·郡에서 同種營業으로 他人이 登記한 商號를 使用하는 者는 不正한 目的으로 使用하는 것으로 推定한다.

第24條(名義貸與者의 責任) 他人에게 自己의 姓名 또는 商號를 使用하여 營業을 할 것을 許諾한 者는 自己를 營業主로 誤認하여 去來한 第3者에 對하여 그 他人과 連帶하여 辨濟할 責任이 있다.

第25條(商號의 讓渡) ①商號는 營業을 廢止하거나 營業과 함께 하는 境遇에 限하여 이를 讓渡할 수 있다.

②商號의 讓渡는 登記하지 아니하면 第3者에게 對抗하지 못한다.

第26條(商號不使用의 效果) 商號를 登記한 者가 正當한 事由없이 2年間 商號를 使用하지 아니하는 때에는 이를 廢止한 것으로 본다.

第27條(商號登記의 抹消請求) 商號를 變更 또는 廢止한 境遇에 2週間內에 그 商號를 登記한 者가 變更 또는 廢止의 登記를 하

지 아니하는 때에는 利害關係人은 그 登記의 抹消를 請求할 수 있다.

第28條(商號不正使用에 對한 制裁) 第20條와 第23條 第1項에 違反한 者는 200萬 원 이하의 過怠料에 處한다.

第5章 商業帳簿

第29條(商業帳簿의 種類·作成原則) ①商人은 營業上의 財産 및 損益의 狀況을 明白히 하기 위하여 會計帳簿 및 貸借對照表를 作成하여야 한다.

②商業帳簿의 作成에 관하여 이 法에 規定한 것을 제외하고는 一般的으로 公正·妥當한 會計慣行에 의한다.

第30條(商業帳簿의 作成方法) ①會計帳簿에는 去來와 기타 營業上의 財産에 影響이 있는 事項을 記載하여야 한다.

②商人은 營業을 開始한 때와 每年 1回 이상 一定時期에, 會社는 成立한 때와 每 決算期에 會計帳簿에 의하여 貸借對照表를 作成하고, 作成者가 이에 記名捺印 또는 署名하여야 한다.

第31條(資産評價의 原則) 會計帳簿에 記載될 資産은 다음의 方法에 의하여 評價하여야 한다.

1. 流動資産은 取得價額·製作價額 또는 時價에 의한다. 그러나 時價가 取得價額 또는 製作價額보다 현저하게 낮은 때에는 時價에 의한다.

2. 固定資産은 取得價額 또는 製作價額으로부터 상당한 減價額을 控除한 價額에 의하되, 豫測하지 못한 減損이 생긴 때에도 상당한 減額을 하여야 한다.

第32條(商業帳簿의 提出) 法院은 申請에 依하여 또는 職權으로 訴訟當事者에게 商業帳簿 또는 그 一部分의 提出을 命할 수 있다.

第33條(商業帳簿等의 保存) ①商人은 10年間 商業帳簿와 營業에 關한 重要書類를 保存하여야 한다. 다만, 傳票 또는 이와 유사한 書類는 5年間 이를 保存하여야 한다.

②前項의 期間은 商業帳簿에 있어서는 그 閉鎖한 날로부터 起算한다.

③第1項의 帳簿와 書類는 마이크로필름 기타의 電算情報處理組織에 의하여 이를 보존할 수 있다.

④第3項의 規定에 의하여 帳簿와 書類를 보존하는 경우 그 보존방법 기타 필요한 사항은 大統領令으로 정한다.

第6章 商業登記

第34條(通則) 本法에 依하여 登記할 事項은 當事者의 申請에 依하여 營業所의 所在地를 管轄하는 法院의 商業登記簿에 登記한다.

第34條의2(電算情報處理組織에 의한 商業登記) ①商業登記事務는 그 전부 또는 일부를 電算情報處理組織에 의하여 처리할 수 있다.

②第1項의 規定에 의한 商業登記事務의 處理節次는 大法院規則으로 정한다.

第35條(支店所在地에서의 登記) 本店의 所在地에서 登記할 事項은 다른 規定이 없으면 支店의 所在地에서도 登記하여야 한다.

第36條 削除

第37條(登記의 효력) ①登記할 사항은 이를 登記하지 아니하면 善意의 第3者에게 對抗하지 못한다.

②登記한 후라도 第3者가 정당한 사유로 인하여 이를 알지 못한 때에는 第1項과 같다.

第38條(支店所在地에서의 登記의 效力) 支店의 所在地에서 登記할 事項을 登記하지 아니한 때에는 前條의 規定은 그 支店의 去來에 限하여 適用한다.

第39條(不實의 登記) 故意 또는 過失로 因하여 事實과 相違한 事項을 登記한 者는 그 相違를 善意의 第3者에게 對抗하지 못한다.

第40條(變更, 消滅의 登記) 登記한 事項에 變更이 있거나 그 事項이 消滅한 때에는 當事者는 遲滯없이 變更 또는 消滅의 登記를 하여야 한다.

第7章 營業讓渡

第41條(營業讓渡人의 競業禁止) ①營業을 讓渡한 境遇에 다른 約定이 없으면 讓渡人은 10年間 동일한 特別市·廣域市·市·

郡과 인접 特別市·廣域市·郡에서 同種
營業을 하지 못한다.

②讓渡人이 同種營業을 하지 아니할 것을
約定한 때에는 동일한 特別市·廣域市·
市·郡과 인접 特別市·廣域市·市·郡에
限하여 20年을 超過하지 아니한 範圍內에
서 그 效力이 있다.

第42條(商號를 續用하는 讓受人의 責任)
①營業讓受人이 讓渡人의 商號를 繼續使
用하는 경우에는 讓渡人의 營業으로 因한
第3者의 債權에 對하여 讓受人도 辨濟할
責任이 있다.

②前項의 規定은 讓受人이 營業讓渡를 받
은 後 遲滯없이 讓渡人의 債務에 對한 責
任이 없음을 登記한 때에는 適用하지 아니
한다. 讓渡人과 讓受人이 遲滯없이 第3者
에 對하여 그 뜻을 通知한 境遇에 그 通知
를 받은 第3者에 對하여도 같다.

第43條(營業讓受人에 對한 辨濟) 前條 第1
項의 境遇에 讓渡人의 營業으로 因한 債權
에 對하여 債務者가 善意이며 重大한 過失
없이 讓受人에게 辨濟한 때에는 그 效力이
있다.

第44條(債務引受를 廣告한 讓受人의 責任)
營業讓受人이 讓渡人의 商號를 繼續使用
하지 아니하는 境遇에 讓渡人의 營業으로
因한 債務를 引受할 것을 廣告한 때에는
讓受人도 辨濟할 責任이 있다.

第45條(營業讓渡人의 責任의 存續期間) 營
業讓受人이 第42條 第1項 또는 前條의 規
定에 依하여 辨濟의 責任이 있는 境遇에는
讓渡人의 第3者에 對한 債務는 營業讓渡
또는 廣告後 2年이 經過하면 消滅한다.

第2編 商行爲

第1章 通則

第46條(基本的 商行爲) 營業으로 하는 다
음의 行爲를 商行爲라 한다. 그러나 오로지
賃金을 받을 目的으로 物件을 製造하거나
勞務에 從事하는 者의 行爲는 그러하지 아
니하다.

1. 動産, 不動産, 有價證券 其他의 財産의
賣買

2. 動産, 不動産, 有價證券 其他의 財産의
賃貸借

3. 製造, 加工 또는 修繕에 關한 行爲

4. 電氣, 電波, 가스 또는 물의 供給에 關
한 行爲

5. 作業 또는 勞務의 都給의 引受

6. 出版, 印刷 또는 撮影에 關한 行爲

7. 廣告, 通信 또는 情報에 關한 行爲

8. 受信·與信·換 기타의 金融去來

9. 客의 集來를 爲한 施設에 依한 去來

10. 商行爲의 代理의 引受

11. 仲介에 關한 行爲

12. 委託賣買 其他의 周旋에 關한 行爲

13. 運送의 引受

14. 任置의 引受

15. 信託의 引受

16. 相互賦金 기타 이와 유사한 행위

17. 保險

18. 鑛物 또는 土石의 採取에 關한 行爲

19. 機械·施設 기타 財産의 物融에 관한
행위

20. 商號·商標 등의 使用許諾에 의한 營
業에 관한 행위

21. 營業上 債權의 買入·回收 등에 관한
행위

第47條(補助的 商行爲) ①商人이 營業을
爲하여 하는 行爲는 商行爲로 본다.

②商人의 行爲는 營業을 爲하여 하는 것으
로 推定한다.

第48條(代理의 方式) 商行爲의 代理人이
本人을 爲한 것임을 表示하지 아니하여도
그 行爲는 本人에 對하여 效力이 있다. 그
러나 相對方이 本人을 爲한 것임을 알지
못한 때에는 代理人에 對하여도 履行의 請
求를 할 수 있다.

第49條(委任) 商行爲의 委任을 받은 者는
委任의 本旨에 反하지 아니한 範圍內에서
委任을 받지 아니한 行爲를 할 수 있다.

第50條(代理權의 存續) 商行爲의 委任에
依한 代理權은 本人의 死亡으로 因하여 消
滅하지 아니한다.

第51條(對話者間의 請約의 拘束力) 對話者
間의 契約의 請約은 相對方이 卽時 承諾하
지 아니한 때에는 그 效力을 잃는다.

第52條(隔地者間의 請約의 拘束力) ①隔地

者間의 契約의 請約은 承諾期間이 없으면 相對方이 相當한 期間內에 承諾의 通知를 發送하지 아니한 때에는 그 效力을 잃는다.
②民法 第530條의 規定은 前項의 境遇에 準用한다.

第53條(請約에 對한 諾否通知義務) 商人이 常時 去來關係에 있는 者로부터 그 營業部類에 屬한 契約의 請約을 받은 때에는 遲滯없이 諾否의 通知를 發送하여야 한다. 이를 懈怠한 때에는 承諾한 것으로 본다.

第54條(商事法定利率) 商行爲로 因한 債務의 法定利率은 年 6分으로 한다.

第55條(法定利子請求權) ①商人間에서 金錢의 消費貸借를 한 때에는 貸主는 法定利子를 請求할 수 있다.
②商人이 그 營業範圍內에서 他人을 爲하여 金錢을 替當한 때에는 替當한 날 以後의 法定利子를 請求할 수 있다.

第56條(支店去來의 債務履行場所) 支店에서의 去來로 因한 債務履行의 場所가 그 行爲의 性質 또는 當事者의 意思表示에 依하여 特定되지 아니한 境遇에는 特定物의 引渡以外의 債務의 履行은 그 支店을 履行場所로 본다.

第57條(多數債務者間 또는 債務者와 保證人의 連帶) ①數人이 그 1人 또는 全員에게 商行爲가 되는 行爲로 因하여 債務를 負擔한 때에는 連帶하여 辨濟할 責任이 있다.
②保證人이 있는 境遇에 그 保證이 商行爲이거나 主債務가 商行爲로 因한 것인 때에는 主債務者와 保證人은 連帶하여 辨濟할 責任이 있다.

第58條(商事留置權) 商人間의 商行爲로 因한 債權이 辨濟期에 있는 때에는 債權者는 辨濟를 받을 때까지 그 債務者에 對한 商行爲로 因하여 自己가 占有하고 있는 債務者所有의 物件 또는 有價證券을 留置할 수 있다. 그러나 當事者間에 다른 約定이 있으면 그러하지 아니하다.

第59條(流質契約의 許容) 民法 第339條의 規定은 商行爲로 因하여 생긴 債權을 擔保하기 爲하여 設定한 質權에는 適用하지 아니한다.

第60條(物件保管義務) 商人이 그 營業部類에 屬한 契約의 請約을 받은 境遇에 見品 其他의 物件을 받은 때에는 그 請約을 拒絶한 때에도 請約者의 費用으로 그 物件을 保管하여야 한다. 그러나 그 物件의 價額이 保管의 費用을 償還하기에 不足하거나 保管으로 因하여 損害를 받을 念慮가 있는 때에는 그러하지 아니하다.

第61條(商人의 報酬請求權) 商人이 그 營業範圍內에서 他人을 爲하여 行爲를 한 때에는 이에 對하여 相當한 報酬를 請求할 수 있다.

第62條(任置를 받은 商人의 責任) 商人이 그 營業範圍內에서 物件의 任置를 받은 境遇에는 報酬를 받지 아니하는 때에도 善良한 管理者의 注意를 하여야 한다.

第63條(去來時間과 履行 또는 그 請求) 法令 또는 慣習에 依하여 營業時間이 定하여져 있는 때에는 債務의 履行 또는 履行의 請求는 그 時間內에 하여야 한다.

第64條(商事時效) 商行爲로 因한 債權은 本法에 다른 規定이 없는 때에는 5年間 行使하지 아니하면 消滅時效가 完成한다. 그러나 다른 法令에 이보다 短期의 時效의 規定이 있는 때에는 그 規定에 依한다.

第65條(有價證券과 準用規定) 金錢, 物件 또는 有價證券의 支給을 目的으로 하는 有價證券에는 民法 第508條 乃至 第525條의 規定을 適用하는 外에 어음法 第12條 第1項, 第2項의 規定을 準用한다.

第66條(準商行爲) 本章의 規定은 第5條의 規定에 依한 商人의 行爲에 準用한다.

第2章 賣買

第67條(賣渡人의 目的物의 供託, 競賣權) ①商人間의 賣買에 있어서 買受人이 目的物의 受領을 拒否하거나 이를 受領할 수 없는 때에는 賣渡人은 그 物件을 供託하거나 相當한 期間을 定하여 催告한 後 競賣할 수 있다. 이 境遇에는 遲滯없이 買受人에 對하여 그 通知를 發送하여야 한다.
②前項의 境遇에 買受人에 對하여 催告를 할 수 없거나 目的物이 滅失 또는 毁損될 念慮가 있는 때에는 催告없이 競賣할 수 있다.

③前2項의 規定에 依하여 賣渡人이 그 目的物을 競賣한 때에는 그 代金에서 競賣費用을 控除한 殘額을 供託하여야 한다. 그러나 그 全部나 一部를 賣買代金에 充當할 수 있다.

第68條(確定期賣買의 解除) 商人間의 賣買에 있어서 賣買의 性質 또는 當事者의 意思表示에 依하여 一定한 日時 또는 一定한 期間內에 履行하지 아니하면 契約의 目的을 達成할 수 없는 境遇에 當事者의 一方이 履行時期를 經過한 때에는 相對方은 卽時 그 履行을 請求하지 아니하면 契約을 解除한 것으로 본다.

第69條(買受人의 目的物의 檢查와 瑕疵 通知義務) ①商人間의 賣買에 있어서 買受人이 目的物을 受領한 때에는 遲滯없이 이를 檢查하여야 하며 瑕疵 또는 數量의 不足을 發見한 境遇에는 卽時 賣渡人에게 그 通知를 發送하지 아니하면 이로 因한 契約解除, 代金減額 또는 損害賠償을 請求하지 못한다. 賣買의 目的物에 卽時 發見할 수 없는 瑕疵가 있는 境遇에 買受人이 6月內에 이를 發見한 때에도 같다.
②前項의 規定은 賣渡人이 惡意인 境遇에는 適用하지 아니한다.

第70條(買受人의 目的物保管, 供託義務) ①第69條의 境遇에 買受人이 契約을 解除한 때에도 賣渡人의 費用으로 賣買의 目的物을 保管 또는 供託하여야 한다. 그러나 그 目的物이 滅失 또는 毁損될 念慮가 있는 때에는 法院의 許可를 얻어 競賣하여 그 代價를 保管 또는 供託하여야 한다.
②第1項의 規定에 依하여 買受人이 競賣한 때에는 遲滯없이 賣渡人에게 그 通知를 發送하여야 한다.
③第1項 및 第2項의 規定은 目的物의 引渡場所가 賣渡人의 營業所 또는 住所와 동일한 特別市·廣域市·市·郡에 있는 때에는 이를 적용하지 아니한다.

第71條(同前-數量超過等의 境遇) 前條의 規定은 賣渡人으로부터 買受人에게 引渡한 物件이 賣買의 目的物과 相違하거나 數量이 超過한 境遇에 그 相違 또는 超過한 部分에 對하여 準用한다.

第3章 相互計算

第72條(意義) 相互計算은 商人間 또는 商人과 非商人間에 常時 去來關係가 있는 境遇에 一定한 期間의 去來로 因한 債權債務의 總額에 關하여 相計하고 그 殘額을 支給할 것을 約定함으로써 그 效力이 생긴다.

第73條(商業證券上의 債權債務에 關한 特則) 어음 其他의 商業證券으로 因한 債權債務를 相互計算에 計入한 境遇에 그 證券債務者가 辨濟하지 아니한 때에는 當事者는 그 債務의 項目을 相互計算에서 除去할 수 있다.

第74條(相互計算期間) 當事者가 相計할 期間을 定하지 아니한 때에는 그 期間은 6月로 한다.

第75條(計算書의 承認과 異議) 當事者가 債權債務의 各 項目을 記載한 計算書를 承認한 때에는 그 各 項目에 對하여 異議를 하지 못한다. 그러나 錯誤나 脫漏가 있는 때에는 그러하지 아니하다.

第76條(殘額債權의 法定利子) ①相計로 因한 殘額에 對하여는 債權者는 計算閉鎖日 以後의 法定利子를 請求할 수 있다.
②前項의 規定에 不拘하고 當事者는 各 項目을 相互計算에 計入한 날로부터 利子를 붙일 것을 約定할 수 있다.

第77條(解止) 各 當事者는 언제든지 相互計算을 解止할 수 있다. 이 境遇에는 卽時 計算을 閉鎖하고 殘額의 支給을 請求할 수 있다.

第4章 匿名組合

第78條(意義) 匿名組合은 當事者의 一方이 相對方의 營業을 爲하여 出資하고 相對方은 그 營業으로 因한 利益을 分配할 것을 約定함으로써 그 效力이 생긴다.

第79條(匿名組合員의 出資) 匿名組合員이 出資한 金錢 其他의 財産은 營業者의 財産으로 본다.

第80條(匿名組合員의 對外關係) 匿名組合員은 營業者의 行爲에 關하여서는 第3者에 對하여 權利나 義務가 없다.

第81條(姓名, 商號의 使用許諾으로 因한 責任) 匿名組合員이 自己의 姓名을 營業者의 商號中에 使用하게 하거나 自己의 商號를 營業者의 商號로 使用할 것을 許諾한 때에는 그 使用以後의 債務에 對하여 營業者와 連帶하여 辨濟할 責任이 있다.

第82條(利益配當과 損失分擔) ①匿名組合員의 出資가 損失로 因하여 減少된 때에는 그 損失을 塡補한 後가 아니면 利益配當을 請求하지 못한다.

②損失이 出資額을 超過한 境遇에도 匿名組合員은 이미 받은 利益의 返還 또는 增資할 義務가 없다.

③前2項의 規定은 當事者間에 다른 約定이 있으면 適用하지 아니한다.

第83條(契約의 解止) ①組合契約으로 組合의 存續期間을 定하지 아니하거나 어느 當事者의 終身까지 存續할 것을 約定한 때에는 各 當事者는 營業年度末에 契約을 解止할 수 있다. 그러나 이 解止는 6月前에 相對方에게 豫告하여야 한다.

②組合의 存續期間의 約定의 有無에 不拘하고 不得已한 事情이 있는 때에는 各 當事者는 언제든지 契約을 解止할 수 있다.

第84條(契約의 終了) 組合契約은 다음의 事由로 因하여 終了한다.

1. 營業의 廢止 또는 讓渡
2. 營業者의 死亡 또는 禁治産
3. 營業者 또는 匿名組合員의 破産

第85條(契約終了의 效果) 組合契約이 終了한 때에는 營業者는 匿名組合員에게 그 出資의 價額을 返還하여야 한다. 그러나 出資가 損失로 因하여 減少된 때에는 그 殘額을 返還하면 된다.

第86條(準用規定) 第272條, 第277條와第278條의 規定은 匿名組合員에 準用한다.

第5章 代理商

第87條(意義) 一定한 商人을 爲하여 商業使用人이 아니면서 常時 그 營業部類에 屬하는 去來의 代理 또는 仲介를 營業으로 하는 者를 代理商이라 한다.

第88條(通知義務) 代理商이 去來의 代理 또는 仲介를 한 때에는 遲滯없이 本人에게 그 通知를 發送하여야 한다.

第89條(競業禁止) ①代理商은 本人의 許諾없이 自己나 第3者의 計算으로 本人의 營業部類에 屬한 去來를 하거나 同種營業을 目的으로 하는 會社의 無限責任社員 또는 理事가 되지 못한다.

②第17條 第2項 乃至 第4項의 規定은 代理商이 前項의 規定에 違反한 境遇에 準用한다.

第90條(通知를 받을 權限) 物件의 販賣나 그 仲介의 委託을 받은 代理商은 賣買의 目的物의 瑕疵 또는 數量不足 其他 賣買의 履行에 關한 通知를 받을 權限이 있다.

第91條(代理商의 留置權) 代理商은 去來의 代理 또는 仲介로 因한 債權이 辨濟期에 있는 때에는 그 辨濟를 받을 때까지 本人을 爲하여 占有하는 物件 또는 有價證券을 留置할 수 있다. 그러나 當事者間에 다른 約定이 있으면 그러하지 아니하다.

第92條(契約의 解止) ①當事者가 契約의 存續期間을 約定하지 아니한 때에는 各 當事者는 2月前에 豫告하고 契約을 解止할 수 있다.

②第83條 第2項의 規定은 代理商에 準用한다.

第92條의2(代理商의 補償請求權) ①代理商의 活動으로 本人이 새로운 顧客을 획득하거나 營業上의 去來가 현저하게 증가하고 이로 인하여 契約의 종료 후에도 本人이 이익을 얻고 있는 경우에는 代理商은 本人에 대하여 상당한 補償을 請求할 수 있다. 다만, 契約의 종료가 代理商의 責任있는 사유로 인한 경우에는 그러하지 아니하다.

②第1項의 規定에 의한 補償金額은 契約의 종료 전 5年間의 平均年報酬額을 초과할 수 없다. 契約의 存續期間이 5年 미만인 경우에는 그 기간의 平均年報酬額을 기준으로 한다.

③第1項의 規定에 의한 補償請求權은 契約이 종료한 날부터 6月을 경과하면 消滅한다.

第92條의3(代理商의 營業秘密遵守義務) 代理商은 契約의 종료 후에도 契約과 관련하여 알게 된 本人의 營業上의 秘密을 준수하여야 한다.

第6章 仲介業

第93條(意義) 他人間의 商行爲의 仲介를 營業으로 하는 者를 仲介人이라 한다.

第94條(仲介人의 給與受領代理權) 仲介人은 그 仲介한 行爲에 關하여 當事者를 爲하여 支給 其他의 履行을 받지 못한다. 그러나 다른 約定이나 慣習이 있으면 그러하지 아니하다.

第95條(見品保管義務) 仲介人이 그 仲介한 行爲에 關하여 見品을 받은 때에는 그 行爲가 完了될 때까지 이를 保管하여야 한다.

第96條(結約書交付義務) ①當事者間에 契約이 成立된 때에는 仲介人은 遲滯없이 各 當事者의 姓名 또는 商號, 契約年月日과 그 要領을 記載한 書面을 作成하여 記名捺印 또는 署名한 後 各 當事者에게 交付하여야 한다.

②當事者가 卽時 履行을 하여야 하는 境遇를 除外하고 仲介人은 各 當事者로 하여금 第1項의 書面에 記名捺印 또는 署名하게 한 後 그 相對方에게 交付하여야 한다.

③第1項 및 第2項의 境遇에 當事者의 一方이 書面의 受領을 拒否하거나 記名捺印 또는 署名하지 아니한 때에는 仲介人은 遲滯없이 相對方에게 그 通知를 發送하여야 한다.

第97條(仲介人의 帳簿作成義務) ①仲介人은 前條에 規定한 事項을 帳簿에 記載하여야 한다.

②當事者는 언제든지 自己를 爲하여 仲介한 行爲에 關한 帳簿의 謄本의 交付를 請求할 수 있다.

第98條(姓名, 商號默秘의 義務) 當事者가 그 姓名 또는 商號를 相對方에게 表示하지 아니할 것을 仲介人에게 要求한 때에는 仲介人은 그 相對方에게 交付할 第96條 第1項의 書面과 前條 第2項의 謄本에 이를 記載하지 못한다.

第99條(仲介人의 履行責任) 仲介人이 任意로 또는 前條의 規定에 依하여 當事者의 一方의 姓名 또는 商號를 相對方에게 表示하지 아니한 때에는 相對方은 仲介人에 對하여 履行을 請求할 수 있다.

第100條(報酬請求權) ①仲介人은 第96條의 節次를 終了하지 아니하면 報酬를 請求하지 못한다.

②仲介人의 報酬는 當事者雙方이 均分하여 負擔한다.

第7章 委託賣買業

第101條(意義) 自己名義로서 他人의 計算으로 物件 또는 有價證券의 賣買를 營業으로 하는 者를 委託賣買人이라 한다.

第102條(委託賣買人의 地位) 委託賣買人은 委託者를 爲한 賣買로 因하여 相對方에 對하여 直接 權利를 取得하고 義務를 負擔한다.

第103條(委託物의 歸屬) 委託賣買人이 委託者로부터 받은 物件 또는 有價證券이나 委託賣買로 因하여 取得한 物件, 有價證券 또는 債權은 委託者와 委託賣買人 또는 委託賣買人의 債權者間의 關係에서는 이를 委託者의 所有 또는 債權으로 본다.

第104條(通知義務, 計算書提出義務) 委託賣買人이 委託받은 賣買를 한 때에는 遲滯없이 委託者에 對하여 그 契約의 要領과 相對方의 住所, 姓名의 通知를 發送하여야 하며 計算書를 提出하여야 한다.

第105條(委託賣買人의 履行擔保責任) 委託賣買人은 委託者를 爲한 賣買에 關하여 相對方이 債務를 履行하지 아니하는 境遇에는 委託者에 對하여 이를 履行할 責任이 있다. 그러나 다른 約定이나 慣習이 있으면 그러하지 아니하다.

第106條(指定價額遵守義務) ①委託者가 指定한 價額보다 廉價로 賣渡하거나 高價로 買受한 境遇에도 委託賣買人이 差額을 負擔한 때에는 그 賣買는 委託者에 對하여 效力이 있다.

②委託者가 指定한 價額보다 高價로 賣渡하거나 廉價로 買受한 境遇에는 그 差額은 다른 約定이 없으면 委託者의 利益으로 한다.

第107條(委託賣買人의 介入權) ①委託賣買人이 去來所의 時勢있는 物件의 賣買를 委託받은 때에는 直接 그 賣渡人이나 買受人이 될 수 있다. 이 境遇의 賣買代價는 委託賣買人이 賣買의 通知를 發送한 때의 去

來所의 時勢에 依한다.

②前項의 境遇에도 委託賣買人은 委託者에 對하여 報酬를 請求할 수 있다.

第108條(委託物의 毁損, 瑕疵等의 效果) ①委託賣買人이 委託賣買의 目的物을 引渡받은 後에 그 物件의 毁損 또는 瑕疵를 發見하거나 그 物件이 腐敗할 念慮가 있는 때 또는 價格低落의 商況을 안 때에는 遲滯없이 委託者에게 그 通知를 發送하여야 한다.

②前項의 境遇에 委託者의 指示를 받을 수 없거나 그 指示가 遲延되는 때에는 委託賣買人은 委託者의 利益을 爲하여 適當한 處分을 할 수 있다.

第109條(買受物의 供託, 競賣權) 第67條의 規定은 委託賣買人이 買受의 委託을 받은 境遇에 委託者가 買受한 物件의 受領을 拒否하거나 이를 受領할 수 없는 때에 準用한다.

第110條(買受委託者가 商人인 境遇) 商人인 委託者가 그 營業에 關하여 物件의 買受를 委託한 境遇에는 委託者와 委託賣買人間의 關係에는 第68條 乃至 第71條의 規定을 準用한다.

第111條(準用規定) 第91條의 規定은 委託賣買人에 準用한다.

第112條(委任에 關한 規定의 適用) 委託者와 委託賣買人間의 關係에는 本章의 規定外에 委任에 關한 規定을 適用한다.

第113條(準委託賣買人) 本章의 規定은 自己名義로써 他人의 計算으로 賣買 아닌 行爲를 營業으로 하는 者에 準用한다.

第8章 運送周旋業

第114條(意義) 自己의 名義로 物件運送의 周旋을 營業으로 하는 者를 運送周旋人이라 한다.

第115條(損害賠償責任) 運送周旋人은 自己나 그 使用人이 運送物의 受領, 引渡, 保管, 運送人이나 다른 運送周旋人의 選擇其他 運送에 關하여 注意를 懈怠하지 아니하였음을 證明하지 아니하면 運送物의 滅失, 毁損 또는 延着으로 因한 損害를 賠償할 責任을 免하지 못한다.

第116條(介入權) ①運送周旋人은 다른 約定이 없으면 直接運送할 수 있다. 이 境遇에는 運送周旋人은 運送人과 同一한 權利義務가 있다.

②運送周旋人이 委託者의 請求에 依하여 貨物相換證을 作成한 때에는 直接運送하는 것으로 본다.

第117條(中間運送周旋人의 代位) ①數人이 順次로 運送周旋을 하는 境遇에는 後者는 前者에 갈음하여 그 權利를 行使할 義務를 負擔한다.

②前項의 境遇에 後者가 前者에게 辨濟한 때에는 前者의 權利를 取得한다.

第118條(運送人의 權利의 取得) 前條의 境遇에 運送周旋人이 運送人에게 辨濟한 때에는 運送人의 權利를 取得한다.

第119條(報酬請求權) ①運送周旋人은 運送物을 運送人에게 引渡한 때에는 卽時 報酬를 請求할 수 있다.

②運送周旋契約으로 運賃의 額을 定한 境遇에는 다른 約定이 없으면 따로 報酬를 請求하지 못한다.

第120條(留置權) 運送周旋人은 運送物에 關하여 받을 報酬, 運賃, 其他 委託者를 爲한 替當金이나 先貸金에 關하여서만 그 運送物을 留置할 수 있다.

第121條(運送周旋人의 責任의 時效) ①運送周旋人의 責任은 受荷人이 運送物을 受領한 날로부터 1年을 經過하면 消滅時效가 完成한다.

②前項의 期間은 運送物이 全部 滅失한 境遇에는 그 運送物을 引渡할 날로부터 起算한다.

③前2項의 規定은 運送周旋人이나 그 使用人이 惡意인 境遇에는 適用하지 아니한다.

第122條(運送周旋人의 債權의 時效) 運送周旋人의 委託者 또는 受荷人에 對한 債權은 1年間 行使하지 아니하면 消滅時效가 完成한다.

第123條(準用規定) 運送周旋人에 關하여는 本章의 規定外에 委託賣買人에 關한 規定을 準用한다.

第124條(同前) 第136條, 第140條와 第141條의 規定은 運送周旋業에 準用한다.

第9章 運送業

第125條(意義) 陸上 또는 湖川, 港灣에서 物件 또는 旅客의 運送을 營業으로 하는 者를 運送人이라 한다.

第1節 物件運送

第126條(運送狀) ①送荷人은 運送人의 請求에 依하여 運送狀을 交付하여야 한다.

②運送狀에는 다음의 事項을 記載하고 送荷人이 記名捺印 또는 署名하여야 한다.

1. 運送物의 種類, 重量 또는 容積, 包裝의 種別, 個數와 記號

2. 到着地

3. 受荷人과 運送人의 姓名 또는 商號, 營業所 또는 住所

4. 運賃과 그 先給 또는 着給의 區別

5. 運送狀의 作成地와 作成年月日

第127條(運送狀의 虛僞記載에 對한 責任) ①送荷人이 運送狀에 虛僞 또는 不正確한 記載를 한 때에는 運送人에 對하여 이로 因한 損害를 賠償할 責任이 있다.

②前項의 規定은 運送人이 惡意인 境遇에는 適用하지 아니한다.

第128條(貨物相換證의 發行) ①運送人은 送荷人의 請求에 依하여 貨物相換證을 交付하여야 한다.

②貨物相換證에는 다음의 事項을 記載하고 運送人이 記名捺印 또는 署名하여야 한다.

1. 第126條 第2項 第1號 乃至 第3號의 事項

2. 送荷人의 姓名 또는 商號, 營業所 또는 住所

3. 運賃 其他 運送物에 關한 費用과 그 先給 또는 着給의 區別

4. 貨物相換證의 作成地와 作成年月日

第129條(貨物相換證의 相換證券性) 貨物相換證을 作成한 境遇에는 이와 相換하지 아니하면 運送物의 引渡를 請求할 수 없다.

第130條(貨物相換證의 當然한 指示證券性) 貨物相換證은 記名式인 境遇에도 背書에 依하여 讓渡할 수 있다. 그러나 貨物相換證에 背書를 禁止하는 뜻을 記載한 때에는 그러하지 아니하다.

第131條(貨物相換證의 文言證券性) 貨物相換證을 作成한 境遇에는 運送에 關한 事項은 運送人과 所持人間에 있어서는 貨物相換證에 記載된 바에 依한다.

第132條(貨物相換證의 處分證券性) 貨物相換證을 作成한 境遇에는 運送物에 關한 處分은 貨物相換證으로써 하여야 한다.

第133條(貨物相換證交付의 物權的效力) 貨物相換證에 依하여 運送物을 받을 수 있는 者에게 貨物相換證을 交付한 때에는 運送物 위에 行使하는 權利의 取得에 關하여 運送物을 引渡한 것과 同一한 效力이 있다.

第134條(運送物滅失과 運賃) ①運送物의 全部 또는 一部가 送荷人의 責任없는 事由로 因하여 滅失한 때에는 運送人은 그 運賃을 請求하지 못한다. 運送人이 이미 그 運賃의 全部 또는 一部를 받은 때에는 이를 返還하여야 한다.

②運送物의 全部 또는 一部가 그 性質이나 瑕疵 또는 送荷人의 過失로 因하여 滅失한 때에는 運送人은 運賃의 全額을 請求할 수 있다.

第135條(損害賠償責任) 運送人은 自己 또는 運送周旋人이나 使用人 其他 運送을 爲하여 使用한 者가 運送物의 受領, 引渡, 保管과 運送에 關하여 注意를 懈怠하지 아니하였음을 證明하지 아니하면 運送物의 滅失, 毀損 또는 延着으로 因한 損害를 賠償할 責任을 免하지 못한다.

第136條(高價物에 對한 責任) 貨幣, 有價證券 其他의 高價物에 對하여는 送荷人이 運送을 委託할 때에 그 種類와 價額을 明示한 境遇에 限하여 運送人이 損害를 賠償할 責任이 있다.

第137條(損害賠償의 額) ①運送物이 全部 滅失 또는 延着된 境遇의 損害賠償額은 引渡한 날의 到着地의 價格에 依한다.

②運送物이 一部 滅失 또는 毀損된 境遇의 損害賠償額은 引渡한 날의 到着地의 價格에 依한다.

③運送物의 滅失, 毀損 또는 延着이 運送人의 故意나 重大한 過失로 因한 때에는 運送人은 모든 損害를 賠償하여야 한다.

④運送物의 滅失 또는 毀損으로 因하여 支給을 要하지 아니하는 運賃 其他 費用은 前3項의 賠償額에서 控除하여야 한다.

第138條(順次運送人의 連帶責任, 求償權)

①數人이 順次로 運送할 境遇에는 各 運送人은 運送物의 滅失, 毁損 또는 延着으로 因한 損害를 連帶하여 賠償할 責任이 있다.

②運送人中 1人이 前項의 規定에 依하여 損害를 賠償한 때에는 그 損害의 原因이 된 行爲를 한 運送人에 對하여 求償權이 있다.

③前項의 境遇에 그 損害의 原因이 된 行爲를 한 運送人을 알 수 없는 때에는 各運送人은 그 運賃額의 比率로 損害를 分擔한다. 그러나 그 損害가 自己의 運送區間 內에서 發生하지 아니하였음을 證明한 때에는 損害分擔의 責任이 없다.

第139條(運送物의 處分請求權) ①送荷人 또는 貨物相換證이 發行된 때에는 그 所持人이 運送人에 對하여 運送의 中止, 運送物의 返還 其他의 處分을 請求할 수 있다. 이 境遇에 運送人은 이미 運送한 比率에 따른 運賃, 替當金과 處分으로 因한 費用의 支給을 請求할 수 있다.

②削除

第140條(受荷人의 地位) ①運送物이 到着地에 到着한 때에는 受荷人은 送荷人과 同一한 權利를 取得한다.

②運送物이 到着地에 到着한 後 受荷人이 그 引渡를 請求한 때에는 受荷人의 權利가 送荷人의 權利에 우선한다.

第141條(受荷人의 義務) 受荷人이 運送物을 受領한 때에는 運送人에 對하여 運賃 其他 運送에 關한 費用과 替當金을 支給할 義務를 負擔한다.

第142條(受荷人不明의 境遇의 供託, 競賣權) ①受荷人을 알 수 없는 때에는 運送人은 運送物을 供託할 수 있다.

②第1項의 경우에 運送人은 送荷人에 對하여 상당한 기간을 정하여 運送物의 처분에 대한 指示를 催告하여도 그 기간 내에 指示를 하지 아니한 때에는 運送物을 競賣할 수 있다.

③運送人이 第1項 및 第2項의 規定에 의하여 運送物의 供託 또는 競賣를 한 때에는 지체 없이 送荷人에게 그 통지를 發送하여야 한다.

第143條(運送物의 受領拒否, 受領不能의 境遇) ①前條의 規定은 受荷人이 運送物의 受領을 拒否하거나 受領할 수 없는 境遇에 準用한다.

②運送人이 競賣를 함에는 送荷人에 대한 催告를 하기 전에 受荷人에 對하여 상당한 기간을 정하여 運送物의 受領을 催告하여야 한다.

第144條(公示催告) ①送荷人, 貨物相換證所持人과 受荷人을 알 수 없는 때에는 運送人은 權利者에 對하여 6月以上의 期間을 定하여 그 期間內에 權利를 主張할 것을 公告하여야 한다.

②第1項의 公告는 官報나 日刊新聞에 2回 以上 하여야 한다.

③運送人이 第1項 및 第2項의 規定에 依한 公告를 하여도 그 期間內에 權利를 主張하는 者가 없는 때에는 運送物을 競賣할 수 있다.

第145條(準用規定) 第67條 第2項과 第3項의 規定은 前3條의 競賣에 準用한다.

第146條(運送人의 責任消滅) ①運送人의 責任은 受荷人 또는 貨物相換證所持人이 留保없이 運送物을 受領하고 運賃 其他의 費用을 支給한 때에는 消滅한다. 그러나 運送物에 卽時 發見할 수 없는 毁損 또는 一部 滅失이 있는 境遇에 運送物을 受領한 날로부터 2週間內에 運送人에게 그 通知를 發送한 때에는 그러하지 아니하다.

②前項의 規定은 運送人 또는 그 使用人이 惡意인 境遇에는 適用하지 아니한다.

第147條(準用規定) 第117條, 第120條 乃至 第122條의 規定은 運送人에 準用한다.

第2節 旅客運送

第148條(旅客이 받은 損害의 賠償責任) ①運送人은 自己 또는 使用人이 運送에 關한 注意를 懈怠하지 아니하였음을 證明하지 아니하면 旅客이 運送으로 因하여 받은 損害를 賠償할 責任을 免하지 못한다.

②損害賠償의 額을 定함에는 法院은 被害者와 그 家族의 情狀을 參酌하여야 한다.

第149條(引渡를 받은 手荷物에 對한 責任) ①運送人은 旅客으로부터 引渡를 받은 手荷物에 關하여는 運賃을 받지 아니한 境遇에도 物件運送人과 同一한 責任이 있다.

②手荷物이 到着地에 到着한 날로부터 10

日內에 旅客이 그 引渡를 請求하지 아니한
때에는 第67條의 規定을 準用한다. 그러나
住所 또는 居所를 알지 못하는 旅客에 對
하여는 催告와 通知를 要하지 아니한다.
第150條(引渡를 받지 아니한 手荷物에 對
한 責任) 運送人은 旅客으로부터 引渡를
받지 아니한 手荷物의 滅失 또는 毁損에
對하여는 自己 또는 使用人의 過失이 없으
면 損害를 賠償할 責任이 없다.

第10章 公衆接客業

第151條(意義) 劇場, 旅館, 飮食店 其他 客
의 集來를 爲한 施設에 依한 去來를 營業
으로 하는 者를 公衆接客業者라 한다.
第152條(公衆接客業者의 責任) ①公衆接客
業者는 客으로부터 任置를 받은 物件의 滅
失 또는 毁損에 對하여 不可抗力으로 因함
을 證明하지 아니하면 그 損害를 賠償할
責任을 免하지 못한다.
②公衆接客業者는 客으로부터 任置를 받지
아니한 境遇에도 그 施設內에 携帶한 物件
이 自己 또는 그 使用人의 過失로 因하여
滅失 또는 毁損된 때에는 그 損害를 賠償
할 責任이 있다.
③客의 携帶物에 對하여 責任이 없음을 揭
示한 때에도 公衆接客業者는 前2項의 責任
을 免하지 못한다.
第153條(高價物에 對한 責任) 貨幣, 有價
證券 其他의 高價物에 對하여는 客이 그
種類와 價額을 明示하여 任置하지 아니하
면 公衆接客業者는 그 物件의 滅失 또는
毁損으로 因한 損害를 賠償할 責任이 없
다.
第154條(公衆接客業者의 責任의 時效) ①前
2條의 責任은 公衆接客業者가 任置物을
返還하거나 客이 携帶物을 가져간 後 6月
을 經過하면 消滅時效가 完成한다.
②前項의 期間은 物件이 全部 滅失한 境
遇에는 客이 그 施設을 退去한 날로부터
起算한다.
③前2項의 規定은 公衆接客業者나 그 使用
人이 惡意인 境遇에는 適用하지 아니한다.

第11章 倉庫業

第155條(意義) 他人을 爲하여 倉庫에 物件
을 保管함을 營業으로 하는 者를 倉庫業者
라 한다.
第156條(倉庫證券의 發行) ①倉庫業者는
任置人의 請求에 依하여 倉庫證券을 交付
하여야 한다.
②倉庫證券에는 다음의 事項을 記載하고
倉庫業者가 記名捺印 또는 署名하여야 한
다.
1. 任置物의 種類, 品質, 數量, 包裝의 種
別, 個數와 記號
2. 任置人의 姓名 또는 商號, 營業所 또는
住所
3. 保管場所
4. 保管料
5. 保管期間을 定한 때에는 그 期間
6. 任置物을 保險에 붙인 때에는 保險金額,
保險期間과 保險者의 姓名 또는 商號, 營
業所 또는 住所
7. 倉庫證券의 作成地와 作成年月日
第157條(準用規定) 第129條 乃至 第133條
의 規定은 倉庫證券에 準用한다.
第158條(分割部分에 對한 倉庫證券의 請
求) ①倉庫證券所持人은 倉庫業者에 對하
여 그 證券을 返還하고 任置物을 分割하여
各 部分에 對한 倉庫證券의 交付를 請求
할 수 있다.
②前項의 規定에 依한 任置物의 分割과 證
券交付의 費用은 證券所持人이 負擔한다.
第159條(倉庫證券에 依한 入質과 一部出
庫) 倉庫證券으로 任置物을 入質한 境遇에
도 質權者의 承諾이 있으면 任置人은 債權
의 辨濟期前이라도 任置物의 一部返還을
請求할 수 있다. 이 경우에는 倉庫業者는
返還한 任置物의 種類, 品質과 數量을 倉
庫證券에 記載하여야 한다.
第160條(損害賠償責任) 倉庫業者는 自己
또는 使用人이 任置物의 保管에 關하여 注
意를 懈怠하지 아니하였음을 證明하지 아
니하면 任置物의 滅失 또는 毁損에 對하여
損害를 賠償할 責任을 免하지 못한다.
第161條(任置物의 檢査, 見品摘取, 保存處
分權) 任置人 또는 倉庫證券所持人은 營業

時間內에 언제든지 倉庫業者에 對하여 任置物의 檢査 또는 見品의 摘取를 要求하거나 그 保存에 必要한 處分을 할 수 있다.

第162條(保管料請求權) ①倉庫業者는 任置物을 出庫할 때가 아니면 保管料 其他의 費用과 替當金의 支給을 請求하지 못한다. 그러나 保管期間經過後에는 出庫前이라도 이를 請求할 수 있다.

②任置物의 一部出庫의 境遇에는 倉庫業者는 그 比率에 따른 保管料 其他의 費用과 替當金의 支給을 請求할 수 있다.

第163條(任置期間) ①當事者가 任置期間을 定하지 아니한 때에는 倉庫業者는 任置物을 받은 날로부터 6月을 經過한 後에는 언제든지 이를 返還할 수 있다.

②前項의 境遇에 任置物을 返還함에는 2週間前에 豫告하여야 한다.

第164條(同前 - 不得已한 事由가 있는 境遇) 不得已한 事由가 있는 境遇에는 倉庫業者는 前條의 規定에 不拘하고 언제든지 任置物을 返還할 수 있다.

第165條(準用規定) 第67條 第1項과第2項의 規定은 任置人 또는 倉庫證券所持人이 任置物의 受領을 拒否하거나 이를 受領할 수 없는 境遇에 準用한다.

第166條(倉庫業者의 責任의 時效) ①任置物의 滅失 또는 毁損으로 因하여 생긴 倉庫業者의 責任은 그 物件을 出庫한 날로부터 1年이 經過하면 消滅時效가 完成한다.

②前項의 期間은 任置物이 全部 滅失한 境遇에는 任置人과 알고 있는 倉庫證券所持人에게 그 滅失의 通知를 發送한 날로부터 起算한다.

③前2項의 規定은 倉庫業者 또는 그 使用人이 惡意인 境遇에는 適用하지 아니한다.

第167條(倉庫業者의 債權의 時效) 倉庫業者의 任置人 또는 倉庫證券所持人에 對한 債權은 그 物件을 出庫한 날로부터 1年間 行使하지 아니하면 消滅時效가 完成한다.

第168條(準用規定) 第108條와 第146條의 規定은 倉庫業者에 準用한다.

색 인

▌약력

高麗大學校 法科大學 法學科 卒業
高麗大學校 大學院(法學碩士)
法學博士(高麗大學校)
美國 Louisiana State Univ.에서 研究
高大·明知大·光雲大·仁川大·호서대·강남대 등 講師歷任
증권연수원·보험연수원·사법연수원 등에서 강의
법무부 연구위원 역임
증권예탁원 선임연구위원 역임
금융감독원 조사역 역임
하나금융경영연구소 수석연구원 역임
(현) 서울사이버대 교수

▌주요논문 및 저서

『商法改正內容 解說』(韓國上場會社協議會)
『生活과 法律』(學文社)
『各國의 會社支配構造』(法務部)
『電子商去來國家戰略 樹立을 위한 分野別 政策研究』(共著), 情報通信政策研究院
『日本商法典』(自由)
『(개정판) 전자상거래법』(청림)
『조문별 상법판례 요지』(한국학술정보(주))
『상법총칙·상행위법 개설/회사법 개설/어음·수표법 개설/보험법 개설/해상법 개설』
(한국학술정보(주))
『금융지주회사법』(한국학술정보(주))
『증권거래법 개설』(한국학술정보(주))
『은행법 개설』(한국학술정보(주))
『전자거래법』(한국학술정보(주))

▌연락처

카페 http://cafe.daum.net/lawsum
메일 ssna1@hanmail.net

상법 개설서 시리즈 Ⅰ

[개정1판]

상법총칙·상행위법 개설

초판인쇄 | 2009년 2월 28일
초판발행 | 2009년 2월 28일

지은이 | 나승성
펴낸이 | 채종준
펴낸곳 | 한국학술정보㈜
주　소 | 경기도 파주시 교하읍 문발리 513-5 파주출판문화정보산업단지
전　화 | 031) 908-3181(대표)
팩　스 | 031) 908-3189
홈페이지 | http://www.kstudy.com
E-mail | publish@kstudy.com

등　록 | 제일산-115호(2000. 6. 19)
가　격 | 25,000원

ISBN　978-89-534-1139-5 93360(Paper Book)
　　　978-89-534-1140-1 98360(e-Book)